世 界 名 车 标 志

G M 通用(美)	**CADILLAC** 通用.凯迪拉克(美)	**BUICK** 通用.别克(美)	**CHEVROLET** 通用.雪佛兰(美)	**CORVETTE** 雪佛兰.克尔维特(美)	**PONTIAC** 通用.庞帝克(美)	**AURORA** 奥兹.曙光(美)
TOYOTA 丰田(日)	**LEXUS** 雷克萨斯(日)	**CROWN** 皇冠(日)	**HONDA** 本田(日)	**NISSAN** 日产(日)	**SUZUKI** 铃木(日)	**MAZDA** 马自达(日)
FORD 福特(美)	**LINCOLN** 福特.林肯(美)	**MUSTANG** 福特.野马(美)	**COBRA** 野马.眼镜蛇(美)	**MERCURY** 福特.水星(美)	**DODGE** 克莱斯勒.道奇(美)	**DODGE** 克莱斯勒.公羊(美)
BENZ 奔驰(德)	**BMW** 宝马(德)	**VOLKSWAGEN** 大众(德)	**PORSCHE** 保时捷(德)	**AUDI** 奥迪(德)	**OPEL** 欧宝(德)	**SKODA** 斯柯达(捷)
PEUGEOT 标致(法)	**CITROEN** 雪铁龙(法)	**RENAULT** 雷诺(法)	**PRESIDENT** 总统(日)	**HYUNDAI** 现代(韩)	**KIA** 起亚(韩)	**DAEWOO** 大宇(韩)
ROLLS-ROYCE 劳斯莱斯(英)	**ROLLS-ROYCE** 劳斯莱斯(英)	**BENTLEY** 宾利(英)	**JAGUAR** 美洲虎(英)	**ROVER** 罗孚(英)	**VAUXHALL** 伏克斯(英)	**LAGONDA** 拉贡达(英)
FERRARI 法拉利(意)	**FIAT** 菲亚特(意)	**ALFAROMEO** 阿尔法(意)	**MASERATI** 玛莎拉蒂(意)	**ISORIVOLTA** 伊索(意)	**Lamborghini** 兰伯基尼(意)	**Bugatti** 布加迪(意)
Mini 迷你(英)	**SAAB** 萨博(瑞典)	**VOLVO** 沃尔沃(瑞典)	**EAGLE** 克莱斯勒.鹰(美)	**MITSUBISHI** 三菱(日)	**LADA** 拉达(俄)	**BMC** 英国公司(英)

中国汽车标志

历 史 名 车

1886年，世界第一辆三轮汽车

1908年，福特T型车

1952年，奔驰300SL

（德国大众）甲壳虫车

（德国大众）第五代高尔

（德国）宝马7系列

（英国）劳斯莱斯银刺Ⅲ

汽车种类

乘用车（红旗CA7221L高级乘用车）

乘用车（北京切诺基越野车）

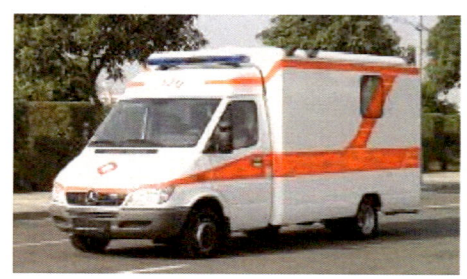

乘用车（专用乘用车）

商用车（东风牌货车）

商用车（城市客车）

商用车（无轨电车）

商用车（专用作业车）

赛车（法拉利）

发动机彩图

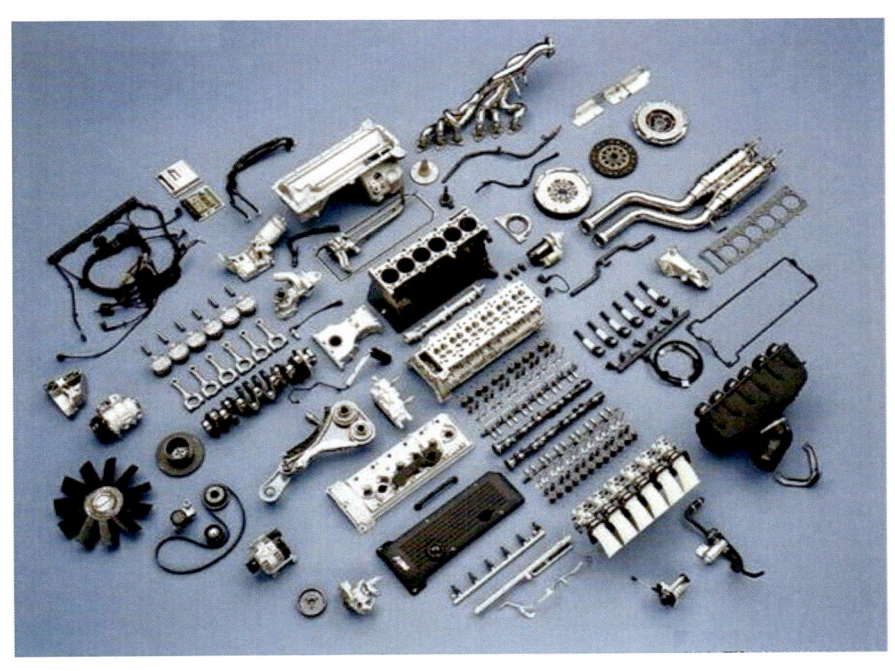

普通高等教育"十一五"国家级规划教材
"十二五"高职高专汽车类教学改革创新教材

汽车构造与原理

（上册 发动机）

第3版

丛书主编　蔡兴旺
丛书副主编　欧阳惠芳　付晓光　王兆海　范爱民
本书主编　蔡兴旺
本书副主编　王兆海　欧阳惠芳
本书参编　许见诚

机械工业出版社

本丛书采用项目导向、任务驱动的方式,将汽车的故障诊断、零部件拆装、构造原理、日常使用维护与主要检查调整等内容有机融合。本书以乘用车为主,突出了现代汽车电子控制技术(如 EFI、VTEC、DLI、SVC、VCM、CCI、ECD、FSI、ISC、CAN、CISS、AT、ABS、EBD、ESP、ASR、ETS、EDS、SRS、CCS、SSS、GPS、TCS、AFS、TPMS 等)及新一代高压共轨电喷柴油机、直喷汽油机、电动汽车等新车型,以及可变气缸控制、可变压缩比、车辆动态集成控制、车载网络 CAN 等新结构、新技术的介绍。

本丛书分《汽车构造与原理 第3版(上册 发动机)》《汽车构造与原理 第3版(下册 底盘、车身和电气设备)》《汽车构造与原理实训 第3版》三册,既可作为普通高等院校高职汽车类各专业的专业基础教材,也可以作为本科、成教、职大、中专技校及汽车培训机构的参考教材。

本书为上册,内容包括汽车总体结构认识、发动机的总体结构原理认识、发动机机体组件、发动机曲柄连杆机构、发动机换气系统、汽油机燃料供给系统、柴油机燃料供给系统、汽油机点火系统、发动机排气污染与防治、发动机冷却系统、发动机润滑系统及发动机起动系统。

本丛书附带多媒体课件,提供了大量的视频、彩图、动画和资料,生动、形象地展示了现代汽车各总成与零部件的构造、工作原理、拆装与检查调整,可以直接用来进行多媒体教学,极大地方便了教师备课、授课和学生课外自学和复习。

图书在版编目(CIP)数据

汽车构造与原理.上册,发动机/蔡兴旺主编.—3版.—北京:机械工业出版社,2014.8(2023.7重印)

普通高等教育"十一五"国家级规划教材 "十二五"高职高专汽车类教学改革创新教材

ISBN 978-7-111-48070-9

Ⅰ.①汽… Ⅱ.①蔡… Ⅲ.①汽车-构造-高等职业教育-教材②汽车-发动机-高等职业教育-教材 Ⅳ.①U463

中国版本图书馆 CIP 数据核字(2014)第 222553 号

机械工业出版社(北京市百万庄大街 22 号 邮政编码 100037)
策划编辑:葛晓慧 责任编辑:葛晓慧 张丹丹
版式设计:霍永明 责任校对:佟瑞鑫
封面设计:马精明 责任印制:单爱军
北京虎彩文化传播有限公司印刷
2023 年 7 月第 3 版第 8 次印刷
184mm×260mm・14 印张・4 插页・337 千字
标准书号:ISBN 978-7-111-48070-9
定价:42.00 元

电话服务 网络服务
客服电话:010-88361066 机 工 官 网:www.cmpbook.com
　　　　　010-88379833 机 工 官 博:weibo.com/cmp1952
　　　　　010-68326294 金 书 网:www.golden-book.com
封底无防伪标均为盗版 机工教育服务网:www.cmpedu.com

第3版前言

由机械工业出版社出版，蔡兴旺教授主编的《汽车构造与原理》（上、下册）和《汽车构造与原理实训》教材从2004年出版到现在，均已修订为第2版，连续印刷21次，受到全国广大师生的认可和好评，其中《汽车构造与原理实训》、《汽车构造与原理》（上册）都被教育部评为"普通高等教育'十一五'国家级规划教材"，《汽车构造与原理实训》还被评为教育部精品教材，"十二五"职业教育国家规划教材立项选题。

近年来，汽车专业教学改革不断深入，汽车新技术和新结构不断涌现，为了适应新形势下汽车相关专业教学改革需要，我们对原教材进行第三次改版，形成了配套的丛书。

本丛书将汽车的故障诊断、零部件拆装、构造原理、日常使用维护与主要检查调整等内容有机融合，将汽车的构造与理论有机融合，突出了对现代汽车电子控制技术等新结构、新技术的介绍。教材编写突出以下主要理念：

1）以社会需求为目标，以职业技能为主线；
2）以学生学习为主体，以老师教学为主导；
3）以工作过程和项目为导向，以任务为驱动；
4）工学结合，理论与实训紧密结合；
5）着力提高学生职业实践技能、创业能力和综合素质；
6）按照学生认识规律进行教材设计，系统性、科学性、前瞻性、思想性和趣味性相结合。

本丛书主要作为普通高等院校高职汽车类各专业的专业基础教材，也可以作为大专、本科、成教、职大、中专技校及汽车培训的参考教材。

本丛书分《汽车构造与原理（上册 发动机）第3版》《汽车构造与原理（下册 底盘、车身与电气设备）第3版》《汽车构造与原理实训 第3版》三册。

本丛书的《汽车构造与原理（上册 发动机）第3版》，由蔡兴旺教授担任主编，王兆海副教授、欧阳惠芳教授级高工担任副主编。编写分工为：蔡兴旺（项目1、2、3、5、7、10、12）、欧阳惠芳（项目4）、王兆海（项目6、8、9）、许见诚（项目11）。

本丛书《汽车构造与原理（下册 底盘、车身与电气设备）第3版》，由蔡兴旺教授和付晓光副教授担任主编，范爱民、赵良红副教授担任副主编。编写分工为：蔡兴旺（项目13.1、13.6、16、17、21、23）、付晓光（项目14、15、22）、范爱民（项目18、20）、赵良红（项目13.2～13.5）、张文玉（项目19）、苏保国（项目13.7、13.8）。

本丛书的《汽车构造与原理实训 第3版》由蔡兴旺教授担任主编，欧阳惠芳、付晓光、王兆海担任副主编。编辑分工为：蔡兴旺（项目1、2、3、5、7、10、12、13.1、13.6、16、17、21、23）、欧阳惠芳（项目4）、付晓光（项目14、15、22）、王兆海（项目6、8、9）、范爱民（项目18、20）、赵良红（项目13.2～13.5）、张文玉（项目19）、苏保国（项目13.7、

13.8）、许见诚（项目11）。

　　本丛书附带多媒体课件，提供了大量的视频、彩图和动画等资料，生动、形象地展示了现代汽车各总成与零部件的构造、工作原理、拆装与检查调整，可以直接用来进行多媒体教学，极大地方便了教师备课、授课和学生课外自学和复习。

　　本书编写及光盘制作过程中，得到广东省教育厅、广州汽车工业集团有限公司、机械工业出版社、广州珠江职业技术学院、深圳职业技术学院、顺德职业技术学院、广州番禺职业技术学院、清华大学、华南理工大学、韶关学院的大力支持与帮助，在此深表感谢。本书引用了国内外一些工厂、研究所、大专院校的产品图样和试验研究资料，在此谨致深切的谢意。

　　本书涉及面广，编者才疏学浅，疏忽谬误之处在所难免，敬请同行专家和广大读者批评指正。

《汽车构造与原理》编写组

汽车常用缩略语

ABS——防抱死制动系统
A/F——空燃比
ASR——驱动防滑系统
AT——自动变速器
BLIS——盲点信息系统
CA——曲轴转角（°）
CAN——控制器局域网
CCS——电子巡航系统
CISS——集成性安全核心系统
CNGV——压缩天然气汽车
DIS——无分电器点火系统
DLI——无分电器电子点火系统
DOD——可变排量技术
DOHC——双顶置凸轮轴
DSC——动态稳定控制系统
EBD——电子控制制动力分配系统
ECD——电控柴油机
ECU——发动机电控单元
EDS——电子差速锁
EFI——电控燃油喷射
EGR——废气再循环
EI——电子点火
ESC——汽车电子稳定控制系统
ESP——电子稳定程序
ETS——电子驱动力调节系统
EV——电动汽车
FCEV——燃料电池汽车

FFV——灵活燃料汽车
FSI——燃料分层喷射
GDI——汽油机缸内直接喷射
GPS——全球卫星定位系统
HCCI——均质充量压缩点燃
HEV——混合动力电动汽车
ISC——怠速控制
KS——爆燃传感器
LPGV——液化石油气汽车
MCE——多循环发动机
MPI——多点汽油喷射系统
OBD-Ⅱ——第二代车载自诊断系统
SOHC——单顶置凸轮轴
SPI——单点汽油喷射系统
SRS——辅助约束系统（安全气囊）
SSS——速度感应式转向系统
SVC——可变压缩比
TCS——牵引力控制系统
TPMS——轮胎压力监视系统
VCM——可变气缸控制发动机
VIN——车辆识别代码
VSA——汽车稳定性辅助系统
VSC——汽车稳定性控制系统
VTEC——可变正时和气门升程电控装置
VVT——可变相位
VDIM——车辆动态集成控制
4WD——4轮驱动

目　录

第 3 版前言
汽车常用缩略语
项目 1　汽车总体结构认识 ……………… 1
　任务 1.1　汽车无法行驶的故障诊断 ……… 2
　　1.1.1　汽车无法行驶的故障案例与场景
　　　　　设置 …………………………………… 2
　　1.1.2　汽车总体结构认识 …………………… 2
　　1.1.3　汽车的定义 …………………………… 2
　　1.1.4　汽车的总体组成 ……………………… 2
　　1.1.5　汽车行驶的基本原理 ………………… 3
　　1.1.6　汽车的分类及代号 …………………… 3
　　1.1.7　汽车无法行驶的故障诊断 …………… 7
　任务 1.2　汽车制动距离过长的故障诊断 …… 7
　　1.2.1　汽车制动距离过长的故障案例与
　　　　　场景设置 ……………………………… 7
　　1.2.2　汽车总体结构认识 …………………… 7
　　1.2.3　汽车主要技术参数 …………………… 7
　　1.2.4　汽车制动距离过长的故障诊断 ……… 9
　知识与技能评价 …………………………… 10
　补充阅读材料 1　汽车与经济建设 ……… 11
　补充阅读材料 2　汽车发展简介 ………… 12
项目 2　发动机的总体结构原理认识 …… 18
　任务 2.1　汽油机起动困难的故障诊断 …… 19
　　2.1.1　汽油机起动困难的故障案例与场景
　　　　　设置 ………………………………… 19
　　2.1.2　发动机拆装实训 …………………… 19
　　2.1.3　汽油机基本结构与工作原理 ……… 19
　　2.1.4　汽车发动机的总体组成 …………… 21
　　2.1.5　汽油机起动困难的故障诊断 ……… 22
　任务 2.2　柴油机功率不足的故障分析与
　　　　　　排除 ………………………………… 23
　　2.2.1　柴油机功率不足的故障案例与
　　　　　场景设置 …………………………… 23
　　2.2.2　柴油机拆装实训 …………………… 23

　　2.2.3　柴油机结构与工作原理特点 ……… 23
　　2.2.4　汽车发动机分类 …………………… 24
　　2.2.5　发动机型号 ………………………… 25
　　2.2.6　发动机的性能指标 ………………… 26
　　2.2.7　发动机特性与特性曲线简介 ……… 29
　　2.2.8　柴油机功率不足的故障诊断 ……… 30
　知识与技能评价 …………………………… 30
项目 3　发动机机体组件 ………………… 32
　任务 3.1　机体与气缸盖结合面漏气的故障
　　　　　　诊断 ………………………………… 33
　　3.1.1　机体与气缸盖结合面漏气故障案例与
　　　　　场景设置 …………………………… 33
　　3.1.2　发动机机体组件拆装实训 ………… 33
　　3.1.3　机体组件结构原理 ………………… 33
　　3.1.4　机体与气缸盖结合面漏气的故障
　　　　　诊断 ………………………………… 36
　　3.1.5　机体结合面检测 …………………… 36
　任务 3.2　曲轴箱窜气严重的故障诊断 …… 36
　　3.2.1　曲轴箱窜气严重故障案例与场景
　　　　　设置 ………………………………… 36
　　3.2.2　曲轴箱窜气严重的故障诊断 ……… 37
　　3.2.3　气缸磨损的检测实训 ……………… 37
　知识与技能评价 …………………………… 38
项目 4　发动机曲柄连杆机构 …………… 39
　任务 4.1　发动机变速时铛铛响的故障排除 …
　　　　　　……………………………………… 40
　　4.1.1　发动机变速时铛铛响的故障案例与
　　　　　场景设置 …………………………… 40
　　4.1.2　活塞连杆组拆装实训 ……………… 40
　　4.1.3　活塞连杆组结构原理 ……………… 40
　　4.1.4　发动机变速时铛铛响的故障分析 … 50
　　4.1.5　活塞连杆组的检测 ………………… 51
　任务 4.2　发动机变速时镗镗响的故障
　　　　　　排除 ………………………………… 51

4.2.1	发动机变速时镗镗响的故障案例与场景设置 …………	51
4.2.2	曲轴飞轮组拆装实训 …………	51
4.2.3	曲轴飞轮组结构原理 …………	51
4.2.4	发动机变速时镗镗响的故障诊断 …	58
4.2.5	曲轴飞轮组的检测 …………	59

知识与技能评价 ………… 59
补充阅读材料 1 可变气缸控制技术 ………… 61
补充阅读材料 2 发动机可变压缩比技术 …… 62

项目 5　发动机换气系统

任务 5.1　发动机压缩时异常响声的故障诊断 ………… 65
　5.1.1　发动机压缩时异常响声的故障案例与场景设置 ………… 65
　5.1.2　发动机换气系统拆装实训 ………… 65
　5.1.3　发动机换气系统结构与工作原理 … 65
　5.1.4　发动机压缩时在进气管口听到"咝咝"声音的故障诊断 ………… 75
　5.1.5　发动机换气系统主要部件及气门密封性的检测 ………… 76

任务 5.2　发动机怠速时嗒嗒响的故障诊断 ………… 76
　5.2.1　发动机怠速时嗒嗒响的故障案例与场景设置 ………… 76
　5.2.2　发动机配气相位原理 ………… 76
　5.2.3　发动机怠速时嗒嗒响的故障诊断 … 78
　5.2.4　发动机配气定时（相位）安装与气门间隙调整实训 ………… 78

任务 5.3　本田 VTEC 系统的故障诊断 … 79
　5.3.1　本田 VTEC 系统故障的案例与场景设置 ………… 79
　5.3.2　本田 VTEC 系统拆装实训 ………… 79
　5.3.3　本田 VTEC 系统结构原理 ………… 79
　5.3.4　本田 VTEC 系统故障码"21"的诊断 ………… 83
　5.3.5　本田 VTEC 系统故障码"21"的检测 ………… 83

任务 5.4　发动机涡轮增压器异常振动和噪声的故障诊断 ………… 84
　5.4.1　发动机涡轮增压器异常振动和噪声故障案例与场景设置 ………… 84
　5.4.2　发动机涡轮增压器的拆装实训 …… 84
　5.4.3　发动机涡轮增压器的结构原理 …… 84

　5.4.4　发动机涡轮增压器异常振动和噪声的故障诊断 ………… 88
　5.4.5　发动机涡轮增压器检测 ………… 88
知识与技能评价 ………… 89

项目 6　汽油机燃料供给系统 ………… 91

任务 6.1　燃油泵不工作故障的检测 …… 92
　6.1.1　燃油泵不工作的故障案例与场景设置 ………… 92
　6.1.2　汽油机燃料供给系统拆装实训 …… 92
　6.1.3　汽油机燃料供给系统的组成及工作原理 ………… 92
　6.1.4　燃油泵不工作的故障诊断 ………… 112
　6.1.5　燃油泵不工作的故障检测 ………… 112

任务 6.2　发动机怠速偏高的故障分析 … 113
　6.2.1　发动机怠速偏高的故障案例与场景设置 ………… 113
　6.2.2　喷油时间控制 ………… 113
　6.2.3　发动机怠速偏高的故障诊断 ……… 119
　6.2.4　发动机数据流读取与检测 ………… 119
知识与技能评价 ………… 119

项目 7　柴油机燃料供给系统 ………… 121

任务 7.1　电控柴油机起动困难的故障诊断 ………… 122
　7.1.1　电控柴油机起动困难的故障案例与场景设置 ………… 122
　7.1.2　电控柴油机拆装实训 ………… 122
　7.1.3　电控柴油机结构原理 ………… 122
　7.1.4　电控柴油机起动困难的故障诊断 ………… 130
　7.1.5　电控喷油器检测 ………… 130

任务 7.2　电控柴油机工作不稳的故障诊断 ………… 130
　7.2.1　电控柴油机工作不稳的故障案例与场景设置 ………… 130
　7.2.2　电控柴油机控制系统工作原理 …… 130
　7.2.3　电控柴油机工作不稳的故障诊断 ………… 136
　7.2.4　电控柴油机及燃油系统故障检测 ………… 136

任务 7.3　电控柴油机冒黑烟的故障诊断 … 136
　7.3.1　电控柴油机冒黑烟的故障案例与场景设置 ………… 136
　7.3.2　柴油机的燃料 ………… 137

7.3.3 柴油机混合气的形成 ……………… 137	项目10　发动机冷却系统 …………… 176
7.3.4 柴油机的燃烧过程 …………………… 141	任务10.1　发动机冷却液温度过高的故障
7.3.5 电控柴油机冒黑烟的故障分析 ……… 142	诊断 ……………………………… 177
7.3.6 柴油机燃料供给系统的使用与	10.1.1 发动机冷却液温度过高的故障案例
维护 …………………………………… 142	与场景设置 ……………………… 177
知识与技能评价 ……………………………… 143	10.1.2 发动机冷却系统拆装实训 ………… 177
补充阅读材料　柴油机传统燃料供给系统 … 144	10.1.3 发动机冷却系统的结构与工作
项目8　汽油机点火系统 ……………… 150	原理 ……………………………… 177
任务8.1　火花塞不跳火的故障诊断 ……… 151	10.1.4 发动机冷却液温度过高的故障
8.1.1 火花塞不跳火的故障案例与场景	分析 ……………………………… 187
设置 …………………………………… 151	10.1.5 发动机冷却液温度过高的检测
8.1.2 点火系统总体拆装 ………………… 151	实训 ……………………………… 187
8.1.3 点火系统的组成及工作原理 ……… 151	任务10.2　发动机冷却液温度过低的故障
8.1.4 火花塞不跳火的故障分析 ………… 155	诊断 ……………………………… 187
8.1.5 火花塞不跳火故障的检修 ………… 155	10.2.1 发动机冷却液温度过低的故障案例
任务8.2　发动机功率下降的故障诊断 …… 155	与场景设置 ……………………… 187
8.2.1 发动机功率下降的故障案例与场景	10.2.2 发动机冷却液温度过低的故障
设置 …………………………………… 155	分析 ……………………………… 187
8.2.2 点火系统零部件的构造与检测 …… 155	10.2.3 发动机冷却液温度过低的检测
8.2.3 发动机功率下降的故障诊断 ……… 160	实训 ……………………………… 187
8.2.4 火花塞的选型与更换 ……………… 161	知识与技能评价 ……………………………… 188
任务8.3　发动机爆燃故障的诊断 ………… 161	项目11　发动机润滑系统 …………… 190
8.3.1 发动机爆燃故障案例与场景	任务11.1　发动机润滑油压力过低的故障
设置 …………………………………… 161	诊断 ……………………………… 191
8.3.2 点火正时控制 ……………………… 161	11.1.1 发动机润滑油压力过低的故障案例
8.3.3 发动机爆燃故障诊断 ……………… 165	与场景设置 ……………………… 191
8.3.4 发动机爆燃故障检测 ……………… 165	11.1.2 发动机润滑系统拆装实训 ………… 191
知识与技能评价 ……………………………… 165	11.1.3 发动机润滑系统结构原理 ………… 191
项目9　发动机排气污染与防治 …… 167	11.1.4 发动机润滑剂 ……………………… 196
任务9.1　汽车尾气排放超标的故障诊断 … 168	11.1.5 润滑系统的使用维护 ……………… 197
9.1.1 汽车尾气排放超标的故障案例与	11.1.6 发动机润滑油压力过低的故障
场景设置 ……………………………… 168	分析 ……………………………… 199
9.1.2 发动机排放的来源及成因 ………… 168	11.1.7 发动机润滑油压力过低故障的
9.1.3 发动机排放控制装置 ……………… 170	检测 ……………………………… 199
9.1.4 汽车尾气排放超标的诊断 ………… 173	任务11.2　发动机润滑油压力过高的故障
9.1.5 汽车尾气排放的检测 ……………… 173	诊断 ……………………………… 200
任务9.2　汽车汽油蒸气泄漏的故障诊断 … 173	11.2.1 发动机润滑油压力过高的故障案例
9.2.1 汽车汽油蒸气泄漏的故障案例与	与场景设置 ……………………… 200
场景设置 ……………………………… 173	11.2.2 发动机润滑油压力过高的故障
9.2.2 汽油蒸发控制系统的结构原理 …… 174	分析 ……………………………… 200
9.2.3 汽车汽油蒸气泄漏的分析 ………… 174	11.2.3 发动机润滑油压力过高故障的
9.2.4 汽车汽油蒸气泄漏的检测 ………… 174	检测 ……………………………… 200
知识与技能评价 ……………………………… 174	知识与技能评价 ……………………………… 200

项目12 发动机起动系统 …………… 202
任务12.1 起动机不转的故障诊断 ………… 203
- 12.1.1 起动机不转的故障案例与场景设置 ………………………… 203
- 12.1.2 起动系统总体拆装实训 ………… 203
- 12.1.3 发动机起动系统总体结构原理 … 203
- 12.1.4 电起动机结构原理 …………… 204
- 12.1.5 减速起动机 …………………… 209
- 12.1.6 起动机不转的故障分析 ………… 211
- 12.1.7 起动机检查与试验 …………… 211

任务12.2 发动机低温起动困难的故障分析与排除 ………………………… 212
- 12.2.1 发动机低温起动困难的故障案例与场景设置 ……………………… 212
- 12.2.2 发动机起动预热装置拆装实训 … 212
- 12.2.3 低温起动与预热装置 …………… 212
- 12.2.4 发动机低温起动困难的故障分析 ……………………………… 214
- 12.2.5 电热塞检测 …………………… 214

知识与技能评价 …………………………… 215

参考文献 ………………………………… 216

项目1 汽车总体结构认识

教学目标与要求

- 掌握汽车的总体组成
- 理解汽车行驶的基本原理
- 学会汽车外部部件辨认
- 学会汽车主要操纵机构的正确使用
- 掌握汽车的分类
- 掌握汽车的主要性能指标
- 了解汽车对经济的推动作用和汽车发展简史

教学重点

※ 汽车的总体组成与分类
※ 汽车的主要性能指标
※ 汽车主要操纵机构的正确使用

教学难点

▲ 汽车行驶的基本原理
▲ 附着力与附着系数的概念

1886年，德国人本茨发明了世界上第一辆汽车，到2013年，全球汽车年产量高达8730万辆，保有量超过10亿辆，汽车为人类社会进步和人们生活做出了巨大贡献（"汽车与经济建设"和"汽车发展简介"分别见补充阅读资料1和2）。

我国汽车也从无到有，从1956年生产出第一辆解放牌汽车，到2013年，年产量达到了2211.68万辆，居世界第一，目前仍然处于高速发展时期。学习掌握汽车技术，已成为当代青年梦寐以求的一个梦想。

任务1.1　汽车无法行驶的故障诊断

1.1.1　汽车无法行驶的故障案例与场景设置

● 桑塔纳2000GSi汽车点火开关处于起动档，起动机不运转，发动机不发动，汽车无法行驶，试分析哪个总成部件有了故障【场景也可以采用其他汽车】。

1.1.2　汽车总体结构认识【学生分组实训，详见教材《汽车构造与原理实训第3版》的"项目1 汽车总体结构认识实训"】

1.1.3　汽车的定义

不同国家、不同时代，对汽车定义有所不同。

根据GB/T 3730.1—2001，我国对汽车的定义是：由动力驱动，一般具有四个或四个以上车轮的非轨道承载车辆，主要用于载运人、货物及其他的一些特殊用途。无轨电车和整车整备质量超过400kg的三轮车辆也属于汽车。

汽车的常见英文单词是"Automobile"，它由"Auto"（自己）和"mobile"（移动）构成；也有的用"Motor vehicle"，由"Motor（发动机）"和"vehicle（车辆）"构成；而"Truck"多指载货汽车；"Bus"指中巴，中型公共汽车；"Car"多指轿车。

1.1.4　汽车的总体组成

汽车通常由发动机、底盘和车身三大部分组成（见图1-1）。

发动机是汽车的动力源，发动机产生故障，汽车就无法正常行驶。现代汽车发动机主要采用的是往复活塞式内燃机，负责将燃料燃烧所产生的热能转化为机械能。它一般由机体组件、曲柄连杆机构、换气系统、燃油系统、润滑系统、冷却系统、点火系统和起动系统组成。

底盘负责将发动机的动力进行传递和分配，并按驾驶人要求进行行驶（加速、减速、

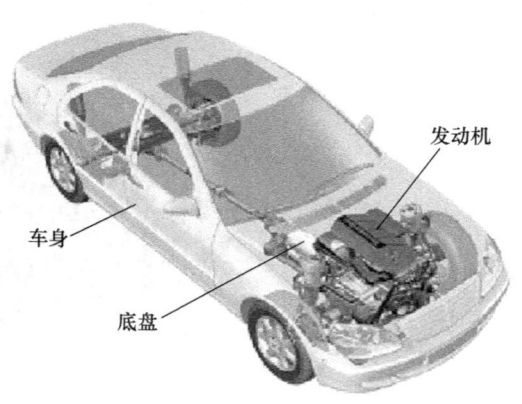

图1-1　汽车总体组成

转向、制动等)。它一般由传动系统、行驶系统、转向系统和制动系统等组成。

车身是驾驶人操作和容纳乘客及货物的场所。一般由车身本体、开启件(门、窗、行李箱和车顶盖等)、附件(座椅、内外饰、仪表电器、刮水器、洗涤器、空调等)和安全保护装置(安全带、安全气囊等)组成,货车及专用车辆还有货箱及专用设备。

1.1.5 汽车行驶的基本原理

1. 汽车行驶的驱动力与行驶阻力

(1) 汽车的驱动力 F_t　汽车发动机输出的转矩经传动系传至驱动轮,产生驱动转矩 T_t (见图1-2),该转矩使车轮对地面产生一圆周力 F_0,同时地面对驱动轮产生反作用力 F_t 推动汽车前进,F_t 称为汽车的驱动力。

$$F_t = T_t / r$$

式中　T_t——作用于驱动轮上的转矩(N·m);
　　　r——车轮半径(m)。

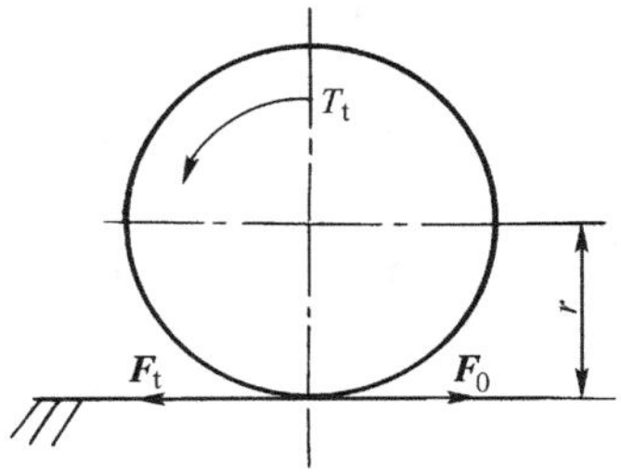

(2) 汽车的行驶阻力 F　汽车行驶时需要克服各种阻力,包括滚动阻力 F_f (见图1-3)、空气阻力 F_w、上坡行驶时的坡度阻力 F_i 和加速行驶时的加速阻力 F_j。行驶阻力之和为

$$F = F_f + F_w + F_i + F_j$$

当汽车驱动力 F_t 等于滚动阻力、空气阻力和坡度阻力之和时,汽车匀速行驶;当驱动力大于后三者之和时,汽车才能起步或加速行驶;当驱动力小于后三者之和时,则汽车无法起步或减速行驶。

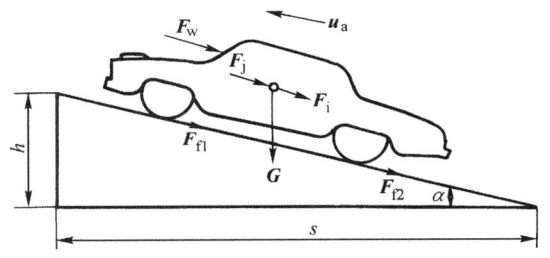

图1-2　汽车的驱动力

2. 汽车行驶的附着条件

汽车的驱动力 F_t 能否得到充分发挥,还受到车轮与地面附着条件的限制。在潮

图1-3　汽车的行驶阻力

湿或冰雪路面上,大的驱动力可能引起车轮相对地面急剧加速滑转,而不能增加地面对车轮的切向反作用力,驱动力不能充分发挥。

地面对轮胎的切向反作用力的极限值称为附着力 F_φ,附着力大小主要取决于路面的种类和状况、轮胎结构、气压和汽车的总体布置。

汽车行驶必须同时满足驱动条件和附着条件,合称驱动—附着条件,即

$$F_f + F_w + F_i \leq F_t \leq F_\varphi$$

1.1.6 汽车的分类及代号

1. 汽车分类

汽车类型繁多,分类方法各不相同,通常按用途分。根据新标准 GB/T 3730.1—2001 规定,我国汽车分为乘用车和商用车两大类。乘用车主要用于载运乘客及其随身行李物品,包括驾驶人座位在内最多不超过9个座位;商用车主要用于商业用途,运送人员和货物。每大类又分若干小类(表1-1)。

表1-1 汽车分类（按用途）

分类		说明					图例
		车身	车顶	座位	车门	车窗	
乘用车	普通乘用车	封闭	硬顶	≥4	2 4	—	
	活顶乘用车	可开启	硬顶 软顶	≥4	2 4	≥4	
	高级乘用车	封闭	硬顶	≥4	4 6	≥6	
	小型乘用车	封闭	硬顶	≥2	2	≥2	
	敞篷车	可开启	软顶 硬顶	≥2	2 4	≥2	
	仓背乘用车	封闭（车身后部有一仓门）	硬顶	≥4	2 4	≥2	
	旅行车	封闭	硬顶	≥4	2 4	≥4	
	多用途乘用车	座位数超过7个，多用途					
	短头乘用车①	短头					
	越野乘用车②	可在非道路上行驶					
	专用乘用车	专门用途（救护车、旅居车、防弹车、殡仪车）					
商用车	客车 小型客车	载客，≤16座（除驾驶人座）					
	城市客车	城市用公共汽车					
	长途客车	城间用客车					
	旅游客车	旅游用车					
	铰接客车	由两节刚性车厢铰接组成的客车					

(续)

分类		说明					图例
		车身	车顶	座位	车门	车窗	
客车	无轨电车	经架线由电力驱动的客车					
	越野客车	可在非道路上行驶的客车					
	专用客车	专门用途的客车					
商用车	半挂牵引车	牵引半挂车的商用车					
	普通货车	敞开或封闭的载货汽车					
	多用途货车	驾驶座后可载3人以上的货车					
货车	全挂牵引车	牵引杆式挂车的货车					
	越野货车	可在非道路上行驶的货车					
	专用作业车	用于特殊工作的货车（消防车、救险车、垃圾车、应急车、街道清洗车、扫雪车、清洁车等）					
	专用货车	用于运输特殊物品的货车（罐式车、乘用车运输车、集装箱运输车等）					

注：① 短头乘用车：指一半以上的发动机长度位于车辆前风窗玻璃最前点以后，并且转向盘的中心位于车辆总长的前四分之一部分内的一种乘用车。

② 越野乘用车：在其设计上所有车轮同时驱动（包括一个驱动轴可以脱开的车辆），或其几何特性（接近角、离去角、纵向通过角、最小离地间隙）、技术特性（驱动轴数、差速锁止机构或其他形式机构）和其他性能（爬坡度）等允许其在非道路上行驶的一种乘用车。

　　汽车按发动机位置及驱动形式不同可分为前置发动机前驱动FF、前置发动机后驱动FR、中置发动机后驱动MR、后置发动机后驱动RR和四轮驱动4DW五种（见图1-4）。

　　四轮驱动是指汽车所有车轮都是驱动轮，一般多用于越野车。汽车驱动情况常用4×2、4×4等表示，前一位数表示汽车总车轮数，后一位数表示汽车驱动轮数。

　　轿车按车身不同分类（见图1-5）有一厢式（发动机舱、客舱和行李箱在外形上形成一个空间形态）、两厢式（发动机舱、客舱和行李箱在外形上形成两个空间形态）、三厢式

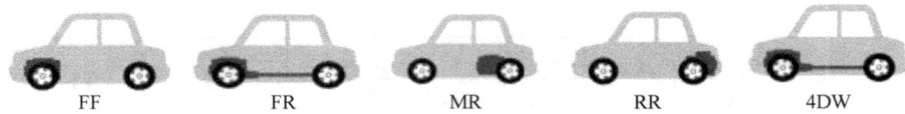

图1-4 汽车发动机位置及驱动形式

(发动机舱、客舱和行李箱在外形上形成三个空间形态)。若轿车顶盖不可开启,称该车身为闭式;若客舱顶为敞顶或按需要可开闭,称该车身为开式。

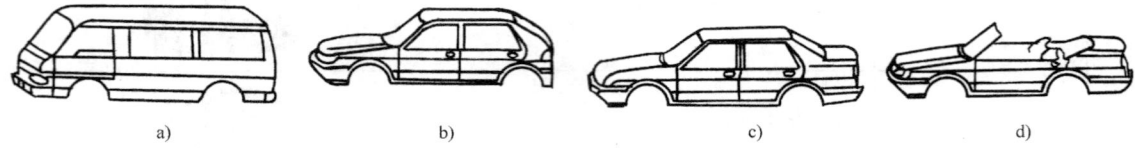

图1-5 轿车车身分类
a) 一厢式 b) 两厢式 c) 三厢式 d) 开式

四轮货车按设计最大总质量不同可分为 W_1 ($\leq 3500 \text{kg}$)、W_2 ($3500 \sim 12000 \text{kg}$) 和 W_3 ($>12000 \text{kg}$) 三类。

若按动力装置类型不同,汽车可分为内燃机汽车、电动汽车、燃气轮机汽车等。

2. 汽车身份证

一辆汽车就只有一个识别代号编码 VIN(Vehicle Identification Number),就像人的身份证号码,它由17位编码组成。从中可以识别出该车的生产国家、制造厂家、汽车类型、品牌名称、车型系列、车身形式、发动机型号、车型年款等信息,它是汽车修理时数据检索、配件采购和经营管理所必须掌握的,以免产生误购、错装等严重后果。

车辆识别代号应位于仪表上靠近风窗立柱的位置(见图1-6),以便于观察检查。

根据 GB 16735—2004 规定,我国汽车代号应与国际车辆识别代号(VIN)接轨,由三部分17位字码组成(见图1-7)。对年产量大于或等于500辆的制造厂,车辆识别代号的第一部分为世界制造厂识别代号(WMI);第二部分为车辆说明部分(VDS);第三部分为车辆指示部分(VIS)。

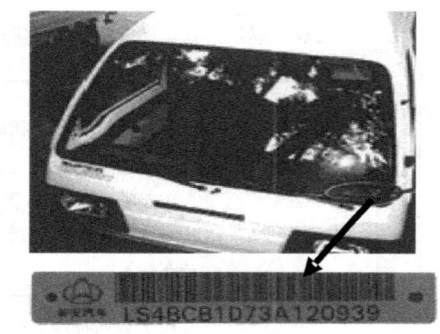

图1-6 车辆识别代号

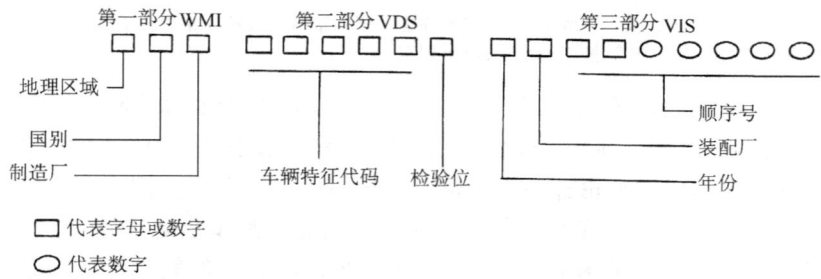

图1-7 我国车辆识别代号编码

1.1.7 汽车无法行驶的故障诊断

提示：问题可能在发动机的起动系统。

任务 1.2　汽车制动距离过长的故障诊断

1.2.1　汽车制动距离过长的故障案例与场景设置

●驾驶人反映，桑塔纳 2000GSi 汽车最近出现制动距离过长的故障，试分析故障可能在哪个系统【场景也可以采用其他汽车】。

1.2.2　汽车总体结构认识【学生分组实训，详见教材《汽车构造与原理实训第3版》的"项目1 汽车总体结构认识实训"】

1.2.3　汽车主要技术参数

1. 汽车主要尺寸参数

汽车的主要尺寸参数包括轴距、轮距、总长、总宽、总高、前悬、后悬等（见图 1-8）。

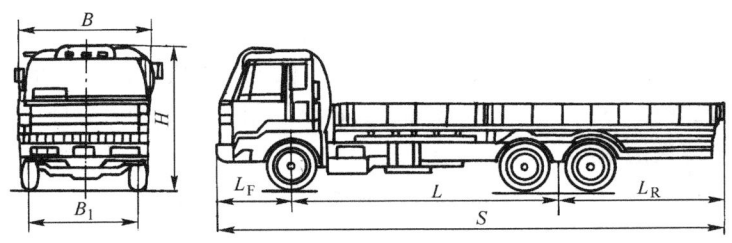

图 1-8　汽车主要尺寸参数

S—总长　B—总宽　H—总高　L—轴距　B_1—前轮距　L_F—前悬　L_R—后悬

（1）轴距 L　轴距指车轴之间的距离。对双轴汽车，轴距就是前、后轴之间的距离；对三轴汽车，轴距是指前轴与中轴之间的距离和前轴与后轴之间的距离的平均值。

（2）前、后轮轮距 B_1、B_2　前、后轮轮距分别指汽车前、后轮中心距离。

（3）汽车的外廓尺寸　汽车的外廓尺寸指总长 S、总宽 B 和总高 H。各国对公路运输车辆的外廓尺寸都有法规限制，以便使其适应该国的公路、桥梁、涵洞和铁路运输的有关标准。我国对公路车辆的限制尺寸是：总高不大于 4m，总宽（不包括后视镜）不大于 2.5m，左、右后视镜等突出部分的侧向尺寸总共不大于 250mm；总长对于载货汽车及越野汽车不大于 12m，对于牵引汽车带半挂车不大于 16m，对于汽车拖带挂车不大于 20m，对于挂车不大于 8m，对于大客车不大于 12m，对于铰接式大客车不大于 18m。

（4）汽车的前悬 L_F 和后悬 L_R　汽车的前悬是指汽车前端至前轮中心之间的悬置部分。前悬处要布置发动机、弹簧前支架、车身前部、保险杠和转向器等，要有足够的纵向布置空间。另外前悬也不宜过长，以免使汽车的接近角过小而影响其通过性。

汽车的后悬是指汽车后端至汽车后轮中心之间的悬置部分。后悬长度主要与货厢长度、轴距及轴荷分配有关。后悬也不宜过长，以免使汽车的离去角过小而引起汽车上、下坡时刮地，同时转弯也不灵活。

2. 汽车的质量参数

汽车的质量参数主要包含汽车的装载质量、总质量、整备质量利用系数和轴荷分配等。

（1）汽车的装载质量　乘用车主要用于载运乘客及其随身的行李或临时物品，一般以座位数计，包括驾驶人座位在内最多不超过 9 个座位；商用车中的客车是以载客量计，载货汽车则以其在良好的硬路面上行驶时所装载货物质量的最大限额（t）计。超载将导致车辆早期损坏，制动距离变长，甚至造成交通事故。

（2）汽车的整备质量　汽车的整备质量指汽车在加满燃料、润滑油、工作液（如制动液）及发动机冷却液并装备（随车工具及备胎等）齐全后（未载人）载货时的总质量。整备质量越小的汽车，其燃油消耗越少，燃油经济性越好。

（3）汽车的总质量　汽车的总质量指已整备完好、装备齐全并按规定载满客、货时的汽车质量。

（4）汽车的整备质量利用系数　汽车的整备质量利用系数指载货汽车的装载量与其整备质量之比。它表明单位汽车整备质量所承受的汽车装载质量。此系数越大，表明该车型的材料利用率及设计与工艺水平越高。

（5）汽车的轴荷分配　汽车的轴荷分配指汽车空载和满载时的整车质量分配到各个车轴上的百分比。它是汽车的重要质量参数，对汽车的牵引性、通过性、制动性、操纵性和稳定性等主要性能以及轮胎的寿命，都有很大的影响。

对于经常在较差路面上行驶的载货汽车，为了保证其在泥泞路面上的通过能力，常将其满载时前轴负荷控制在 26% ~ 27%，以减小前轮滚动阻力，并增大后驱动轮的附着力。

3. 汽车的主要性能指标

汽车的主要性能指标包含汽车的动力性能指标（汽车的最高车速、加速时间、爬坡性能）、燃料经济性指标（汽车的燃料消耗量）、制动性能指标（汽车的制动距离）、通过性能指标（汽车的最小转弯半径、最小离地间隙、接近角、离去角、纵向通过角）、操纵稳定性和汽车有害气体排放等。

（1）汽车的最高车速　汽车的最高车速指在良好的水平路面（混凝土或沥青）上和规定的装载质量条件下汽车所能达到的最高速度（km/h）。它是汽车动力性能的一个重要指标。目前，普通轿车的最高车速一般为 150 ~ 200km/h。

（2）汽车的加速时间　汽车的加速时间指汽车加速到一定车速所需要的时间，常用原地起步加速时间与超车加速时间表示。它也是汽车动力性能的重要指标。轿车常用 0 ~ 100km/h 的换档加速时间来表示其加速时间，如普通轿车的加速时间为 10 ~ 15s。

（3）汽车的爬坡性能　汽车的爬坡性能指汽车满载时在良好路面等速行驶的最大爬坡度。货车的最大爬坡度一般要求在 16.5°左右；越野车要求更高，一般在 30°左右。

（4）汽车的燃料消耗量　汽车的燃料消耗量通常以其百公里油耗衡量，即汽车在良好的水平硬路面上以一定载荷（轿车半载、货车满载）及最高档等速行驶时的百公里燃料消耗量，单位为 L/100km。它是汽车燃料经济性常用的评价指标。

（5）汽车的最小转弯半径　汽车的最小转弯半径指当转向盘转到极限位置、汽车以最低稳定车速转向行驶时，外侧转向轮的中心平面在支承平面上滚过的轨迹圆半径 R（见图1-9）。它表征了汽车能够通过狭窄弯曲地面的能力。最小转弯半径越小，汽车的机动性越好。轿车的最小转弯半径一般为轴距的 2~2.5 倍。

（6）汽车的制动距离　汽车的制动距离指汽车在良好的试验跑道上并在规定的车速下紧急制动（紧急制动时踏板力对于乘用车要求不大于500N，对于其他车要求不大于700N）过程中，由踩下制动踏板开始直至起到完全停车作用时汽车行驶过的距离。按 GB 7258—2012 的要求，乘用车空载以初速度为50km/h 行驶时进行制动的制动距离应不大于 19.0m。

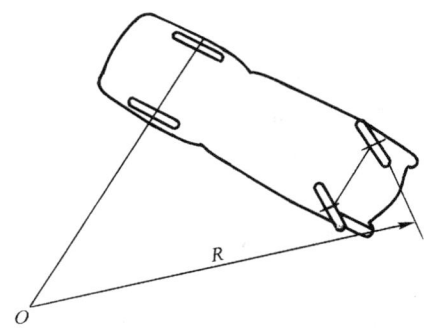

图1-9　汽车最小转弯半径

（7）汽车的最小离地间隙　汽车的最小离地间隙指汽车满载、静止时，平直地面与汽车上的中间区域最低点之间的距离 h（见图1-10）。它反映了汽车无碰撞地通过地面凸起的能力。

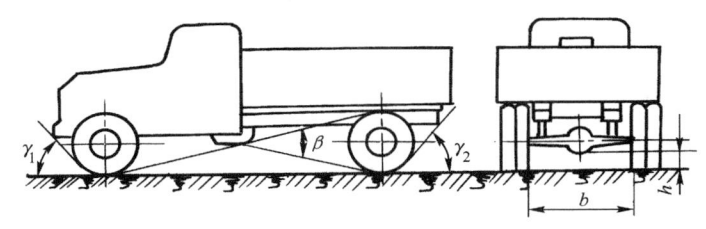

图1-10　汽车通过性能指标

h—最小离地间隙　b—两侧轮胎内缘间距　γ_1—接近角　γ_2—离去角　β—纵向通过角

（8）接近角 γ_1　接近角指汽车满载、静止时，前端突出点向前轮所引的切线与地面间的夹角（见图1-10）。γ_1 越大，越不易发生汽车前端触及地面的情况，汽车的通过性能越好。

（9）离去角 γ_2　离去角指汽车满载、静止时，后端突出点向后轮所引的切线与地面间的夹角（见图1-10）。γ_2 越大，越不易发生汽车后端触及地面的情况，汽车的通过性能越好。

（10）纵向通过角 β　纵向通过角指汽车满载、静止时，垂直于汽车纵向中心平面，分别与前、后车轮轮胎相切、相交并与车轮底盘刚性部件（除车轮）接触的两个平面形成的最小锐角（见图1-10）。它决定了车辆所能通过的最陡坡道。β 越大，汽车通过性越好。

（11）汽车有害气体排放（参见本书项目2.2.6相关部分）

1.2.4　汽车制动距离过长的故障诊断

提示：制动距离是汽车的一个重要指标，制动距离过长一般是汽车制动系统出问题。

项 目 小 结

1. 汽车是由动力驱动，一般具有四个或四个以上车轮的非轨道承载车辆，主要用于载运人、货物及一些特殊用途。

2. 汽车由发动机、底盘和车身三大部分组成。发动机是汽车的动力；底盘将发动机的动力进行传递和分配，并按驾驶人要求进行行驶；车身是驾驶人操作和容纳乘客及货物的场所。

3. 汽车行驶的驱动—附着条件为 $F_f + F_w + F_i \leq F_t \leq F_\varphi$。

4. 我国汽车按照用途不同分为乘用车和商用车两大类。乘用车主要用于载运乘客及其随身行李物品，包括驾驶人座位在内最多不超过9个座位；商用车主要用于商业用途，运送人员和货物。每大类又分若干小类。

5. 一辆汽车就只有一个识别代号编码 VIN，它由17位编码组成，是汽车修理时数据检索、配件采购和经营管理所必须掌握的。

6. 汽车主要参数包括尺寸参数、质量参数、性能参数（最高车速、加速时间、爬坡度、汽车的燃料消耗量、汽车的制动距离、最小转弯半径、汽车的最小离地间隙、接近角、离去角、纵向通过角、汽车有害气体排放）等。

★ 知识与技能评价

一、选择题

1. 下列说法正确的是（　　）。
   A. 汽车是由蒸气驱动的   B. 无轨电车是汽车的一种
   C. 有轨电车是汽车的一种   D. 摩托车是汽车的一种

2. 下列说法正确的是（　　）。
   A. 汽车由发动机、底盘和车身三大部分组成
   B. 汽车车身产生动力
   C. 汽车制动系统属于车身
   D. 我国新标准将汽车按照用途不同分为轿车和货车两大类

3. 乘用车主要用于载运乘客及其随身行李物品，包括驾驶人座位在内最多不超过的座位数是（　　）。
   A. 7个   B. 8个   C. 9个   D. 10个

4. 前置发动机后驱动汽车采用的字母表示是（　　）。
   A. FF   B. MR   C. FR   D. 4WD

5. 对于后轮驱动的汽车，如果增加前轴负荷，会导致（　　）。
   A. 前轮滚动阻力增大   B. 后驱动轮的附着力减小
   C. 前轮转向轻便   D. 制动距离减小

6. 根据 GB 7258—2012 新规定，我国乘用汽车空载以 50km/h 初速度行驶的制动距离应不大于（　　）。
   A. 5m   B. 10m   C. 16m   D. 19m

二、问答题

1. 什么叫汽车的前悬、后悬、接近角和离去角？它们对汽车行驶性能各会产生什么影响？

2. 写出汽车行驶阻力名称,并写出汽车行驶驱动—附着条件。
3. 什么叫汽车的附着力?试分析提高汽车附着力的途径。

三、实操题
1. 测量汽车的接近角和离去角。
2. 测量汽车的最小转弯半径。
3. 粗略测量汽车的制动距离。
4. 正确使用汽车主要操纵机构。

补充阅读材料1 汽车与经济建设

汽车具有高速、机动、舒适、使用方便等优点,备受人们青睐。它极大地方便了人们的生活,提高了劳动生产率,有效地促进了国民经济的发展,许多国家都把汽车产业作为国家的支柱产业。

汽车产业的发展,能有力地拉动一个国家国民经济的综合发展(见图1-11)。有资料报道,每年汽车行业约消耗世界钢铁总产量的24%、橡胶的18%、石油的46%。日本经济高速发展的15年间,汽车工业产值增长了57倍,从而带动国民经济增长了36倍。同时汽车产业的发展,还能有效地促进城市的现代化建设,促进劳动就业。在美国,每6个就业岗位就有一个与汽车有关。有专家预测,到2030年,我国汽车相关产业从业人数将达1亿人以上。

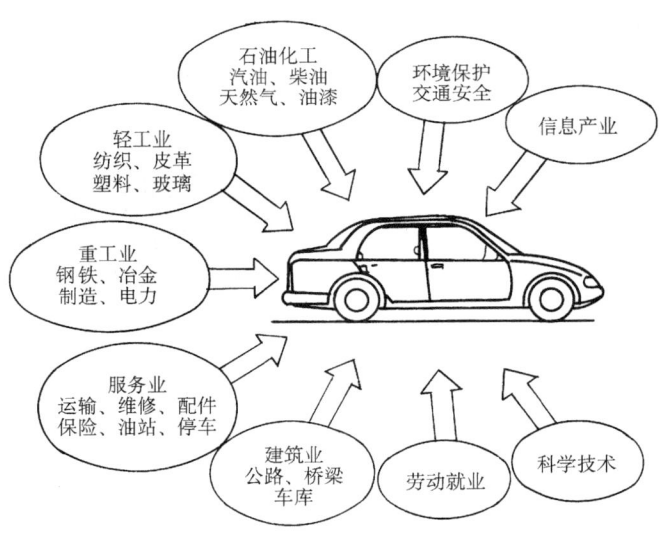

图1-11 汽车产业的作用

汽车产业的发展,还能有力地推动科学技术的发展。汽车是集声、光、机、电、热、电子、化工、美工于一身的高科技产品,也是世界上唯一的一种零件以万计、产量以千万计、保有量以亿计、售价以万元计的商品,其巨大的市场潜力,使它成为各种高新技术争相应用的强大载体。同时汽车产业是现代企业科学管理的集中体现,是大批量、高效率、专业化、标准化产业的代表。

有资料分析指出，汽车产业是一个1:10的产业，即汽车产业1个单位的产出，可以带动整个国民经济总体增加10个单位的产出，可见汽车产业对社会、对人类的巨大贡献。

但是，事物都是一分为二的，在看到汽车对人类的巨大贡献的同时，也应该看到它的负面影响。全世界每年有25万~30万人死于车祸，3000万人受伤，造成巨大的经济损失；全世界10亿多辆汽车，每年向大气排放有害气体7亿多吨，严重污染了大气，危害人们的身体健康。如何趋利避害，是人类的共同目标，也是汽车技术发展的重要任务。

补充阅读材料2　汽车发展简介

1. 汽车的诞生

汽车诞生于1886年，是德国人Karl Friedrich Banz（卡尔·拂里特立奇·本茨）（见图1-12）在总结蒸汽汽车和前人经验的基础上，设计制造出世界上第一辆装用汽油内燃机的三轮汽车（见彩图页3），最高时速18km/h，并于1886年1月26日获得世界上第一项汽车发明专利，该日被人们定为汽车诞生日。同一年，德国人Gottlieb Daimler（歌德里普·戴姆勒）设计制造出第一辆装用汽油内燃机的四轮汽车（见图1-13）。本茨和戴姆勒也因此被誉为汽车之父。

图1-12　汽车之父Banz（本茨）

图1-13　戴姆勒和世界上第一辆四轮汽车

2. 世界汽车工业的发展

汽车的诞生，极大地"缩短"了时间和空间，改变了人们的日常生活，有效地提高了劳动生产率，引起了众多国家的重视，纷纷创办汽车制造厂，使汽车工业迅速崛起。世界主要汽车公司（工厂）创建时间见表1-2。

世界汽车工业发展总体经历了创建、发展、全盛、稳定、兼并改组和再发展等过程，可分为以下三个阶段：

（1）汽车快速发展阶段（19世纪末至20世纪30年代）　继本茨和戴姆勒之后，福特、通用等20余家汽车公司相继成立，汽车生产组织形式也由家庭作坊式过渡到大规模、标准化和流水线生产，出现了美国福特和通用等大汽车公司。

表 1-2 世界主要汽车公司（工厂）创建时间

公司	国家	创建时间	公司	国家	创建时间
奔驰	德国	1883	宾利	英国	1919
戴姆勒	德国	1890	马自达	日本	1920
标致	法国	1890	沃尔沃	瑞典	1924
奥兹莫比	美国	1897	克莱斯勒	美国	1925
雷诺	法国	1899	戴姆勒-奔驰	德国	1926
菲亚特	意大利	1899	法拉利	意大利	1929
欧宝	德国	1899	保时捷	德国	1931
凯迪拉克	美国	1902	日产	日本	1933
福特	美国	1903	丰田	日本	1937
别克	美国	1903	萨博	瑞典	1937
劳斯莱斯	英国	1906	大众	德国	1938
林肯	美国	1907	日野	日本	1942
通用	美国	1908	起亚	韩国	1944
布加迪	意大利	1909	本田	日本	1948
奥迪	德国	1910	一汽	中国	1953
雪佛兰	美国	1911	兰博基尼	意大利	1963
道奇	美国	1914	现代	韩国	1967
雪铁龙	法国	1915	二汽	中国	1967
宝马	德国	1917	大宇	韩国	1967

1913年，福特公司首次采用流水线生产T型汽车，到1920年，实现了每分钟生产1辆汽车的速度。由于T型车（见彩图页3）经济实用，深受当时人们的欢迎，生产量达1546万辆，创下当时汽车单产的世界纪录。1908～1920年，全世界汽车保有量的50%是T型车，为"装在汽车轮子上的美国"立下了不朽的功勋。通用公司则采用合作兼并等方法，先后兼并了凯迪拉克、别克、雪佛兰、庞蒂克等30多个汽车公司，进行集团化生产，分工协作，到1927年成为世界上最大的汽车公司。1984年公司从业人员达81.3万。

这个时期，欧洲忙于战乱，而美国工业发展迅速，人民收入提高，加上政府的政策，使美国的汽车工业得以快速发展，处于世界领先地位。

在汽车产量发展的同时，汽车技术也有很大进步，高速汽油机、柴油机、艾克曼式的转向机构、等速万向节、弧齿锥齿轮和准双曲面齿轮传动、带同步器的变速器、四轮制动、液压减振器、充气轮胎和发电机—蓄电池—起动机系统都是这个时期发明的。

(2) 汽车发展的全盛时期（20世纪30年代至70年代初） 第二次世界大战结束后，欧洲各国也大力发展汽车工业，西欧汽车产量由战前的80万辆猛增到750多万辆，增长了近10倍。德国大众的甲壳虫汽车（见彩图页3）采用流线型设计，减少了风阻和车尾气体涡流，风靡全球，1936～1973年共生产2150万辆，创下了当时汽车单产的世界纪录。大众高尔夫轿车（见彩图页3），款式新颖齐全，外壳镀锌板，12年不锈，深受欢迎，已经生产2000多万辆，欧洲几乎每个家庭都拥有1辆。

在这个时期,日本汽车工业也迅速崛起,在引进、消化的基础上创造出新车型,汽车产量从1963年的100多万辆迅速增加到1970年的400余万辆,其中出口汽车100多万辆,到1985年出口汽车达675万辆。1980~1993年期间,日本的汽车年产量超过美国,跃居世界第一。

这个时期的汽车技术主要是向高速、方便、舒适方面发展,20世纪50年代轿车功率已经达到280kW,最高车速达200km/h,流线型车身、前轮独立悬架、液力自动变速器、动力转向、动力制动、全轮驱动、低压轮胎、子午线轮胎都相继出现。

(3) 汽车企业兼并改组,产量相对稳定时期(20世纪70年代以后) 这个时期的世界汽车年产量稳定在4000万~5000万辆。由于发达国家汽车保有量趋于饱和,汽车生产过剩,市场竞争激烈,日美连续发生5次贸易战,欧美、欧日贸易摩擦不断。各大公司通过参股、控股、转让、兼并,加速了汽车工业国际化和高度垄断。

1998年5月7日,德国最大的汽车工业集团戴姆勒·奔驰公司与美国第三大汽车公司克莱斯勒公司合并,给汽车工业带来了极大震撼。而亚洲的韩国,却在激烈竞争中崛起,汽车工业从20世纪60年代起步,沿着KD装配→零部件国产化→自主开发的发展道路,成功地实现技术跨越,至1997年,汽车总产量、出口量均居全球第5位,产品覆盖了北美、西欧等40多个国家和地区,成为世界汽车产业的一个重要生产基地。

这个时期汽车技术的主要发展方向是提高汽车的安全性和降低排气污染。各种保障安全、减少排气污染的新技术、新车型应运而生,如各种防抱死制动系统、电子控制喷油系统、电子控制点火系统、三元催化转化系统、电动汽车等。

3. 世界汽车生产现状及发展趋势

从统计数据看,2012年世界汽车保有量已超过10亿辆,其中轿车占近70%以上。世界平均每千人汽车拥有量为148辆,美国千人汽车拥有量达812辆,我国为83辆。

2013年世界汽车年产量达8730万辆,产量前10名的国家见表1-3。我国汽车产销分别为2211.68万辆和2198.41万辆,已经连续5年居世界第一位。

表1-3 2013年世界汽车产量排名

名次	国家	年产量/万辆	名次	国家	年产量/万辆
1	中国	2211.68	6	印度	388.09
2	美国	1104.6	7	巴西	374.04
3	日本	963.01	8	墨西哥	305.24
4	德国	571.82	9	泰国	253.26
5	韩国	452.14	10	加拿大	237.98

2013年世界汽车制造商汽车销量排名见表1-4。

表1-4 2013年世界汽车制造商汽车销量排名

名次	汽车制造商	年产量/万辆	与2012年比较(%)
1	日本丰田	991.1	1.8
2	美国通用	971	4.5
3	德国大众	970	5

(续)

名次	汽车制造商	年产量/万辆	与2012年比较（%）
4	韩国现代—起亚	750	6
5	美国福特	633	11.7
6	中国上汽集团	510.58	13.7
7	日本本田	427.9	12.1
8	中国东风集团	353.49	14.8
9	中国一汽集团	160.7	17.4

4. 中国汽车工业发展与现状

中国在解放前没有自己的汽车工业。解放后从无到有，中国历年汽车产量增长如图1-14所示。

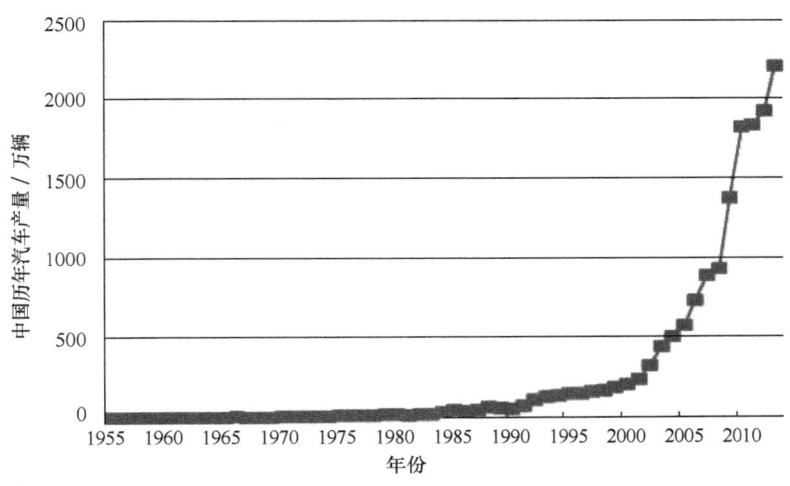

图1-14 中国历年汽车产量增长

我国汽车发展总体经历如下三个阶段：

（1）汽车工业创建成长阶段（1953～1981年）在计划经济指导下，国家集中资金，创建了第一和第二汽车制造厂，奠定了中国的汽车工业基础。第一汽车厂于1953年7月在长春破土动工，1956年7月生产出第一辆解放牌载重汽车（见图1-15），结束了中国不能生产汽车的历史。1958年5月生产出第一辆"东风"牌轿车。第二汽车厂于1967年4月动工兴建，1975年7月投产，主要生产东风牌载货汽车。在这个历史时期，由于大跃进和文化大革命运动的影响，先后形成了二次"汽车热"，全国各省市自治区都办起了汽车厂，全国汽车企业达2000余家，除部分基础较好的汽车厂（南汽、上汽、北汽、济汽、川汽、陕汽等）外，大多数是产品重复、"小而全"、质量差。产品类型主要是中型货车，出现"缺重少轻，轿车基本空白"的局面。至1981年，我国汽车年产量才达17.6万辆。

图1-15 第一辆解放牌汽车

(2) 汽车工业改革开放与改组兼并阶段（1982~2000年）1982年，中国汽车工业公司再次成立。1985年，中央在"七五"规划中，把汽车工业列为国家支柱产业。1987年，我国政府确定了重点发展轿车工业的战略决策。在国家一系列正确方针的指引下，汽车工业一方面进行内部结构调整，产品改型换代；另一方面积极进行改革开放。1984年，我国汽车行业第一个合资企业——北京吉普汽车有限公司成立（与美国克莱斯勒公司合资）。其后长安机器厂与日本铃木、南京汽车公司与依维柯、上海汽车集团与德国大众汽车公司、广州汽车厂与标致、天津汽车公司与日本大发、一汽与大众、二汽与雪铁龙等纷纷进行合作和合资。

1994年，国务院颁布《汽车工业产业政策》，提出汽车产业"到2010年成为国民经济的支柱产业"的奋斗目标。改革开放进一步深入，截至2000年，我国与国外主要汽车公司合资企业见表1-5。国内汽车产业进一步改组兼并，一汽组建第一汽车集团公司，二汽组建东风汽车集团公司，上海汽车集团公司建立了57家合资企业。至1998年，国内14家企业集团（公司）生产的汽车占全国产量的91.21%，初步形成了汽车产业的组织结构优化调整。至2000年，全国汽车年产量达到207.7万辆，全球排名第8位。

表1-5 国内主要汽车公司合资企业

企业	合资方（合资时间）	合资项目（车型）
一汽大众汽车有限公司	一汽集团、德国大众（1991.2）	捷达、奥迪、宝来、高尔夫、速腾、CCG、TI等
一汽海南汽车有限公司	一汽集团、海南汽车制造厂、日本马自达汽车株式会社（1998.1）	马自达、普利马、福美来等
神龙汽车有限公司	东风汽车公司、法国标致雪铁龙集团（1992.5）	富康、毕加索、爱丽舍、世嘉、C5、C2、凯旋、308、408、508、207、307等
上海大众汽车公司	上汽集团、德国大众（1985.3）	桑塔纳、帕萨特、Polo、高尔、途观、途安、朗逸、昊锐、明锐、晶锐等
上海通用汽车有限公司	上汽集团、通用（1997.3）	别克、昂科雷、林荫大道、君越、君威、英朗、凯越、G18、科迈罗、迈锐宝、景程、科鲁兹、爱唯欧、新赛欧、沃蓝达、科帕奇、Escalade、SRX、SLS、CTS等
广州本田汽车有限公司	广州汽车集团公司、东风汽车公司、本田技研工业株式会社（1998.7）	雅阁、奥德赛、飞度、歌诗图、锋范、传祺等
北京奔驰—戴姆勒汽车有限公司	北京汽车控股有限公司、美国戴姆勒公司（1984.11）	切诺基、帕杰罗、欧蓝德、吉普之星、顺途、新城市猎人、铂锐、300C、Jeep2005等
重庆长安铃木汽车有限公司	重庆长安汽车股份有限公司、日本铃木株式会社、日本双日株式会社、铃木（中国）投资有限公司（1993.6）	奥拓、羚羊、雨燕、天语等
东南（福建）汽车工业有限公司	福建省汽车工业集团有限公司、中国台湾裕隆集团（1995.11）	得利卡、富利卡、希旺、翼社、菱悦、戈蓝、君阁、凯领、大捷龙、菱绅、蓝瑟、菱动、菱帅等
南京依维柯汽车有限公司	南京汽车集团有限公司、意大利依维柯有限公司（1996.3）	得意、都灵、宝迪、欧霸、威尼斯、财神、帅虎、欧卡、凌野、开拓者等
江铃汽车股份有限公司	江铃、美国福特汽车有限公司（1995）	全顺、驭胜、宝典、凯锐、陆风等

（3）汽车工业跨越式增长阶段（2001～2010年）在此期间，我国汽车年产量由2001年的234万辆增加到2010年的1826万辆（见图1-16），平均每年增加159万辆，年均增长速度高达25%，实现了跨越式发展。尤其是2009年金融危机，在世界汽车产量全面下降的形势下，中国一枝独秀，出台了《汽车产业振兴规划》，汽车年产量强势增长，首次突破1000万辆，达1379万辆，居世界第一。

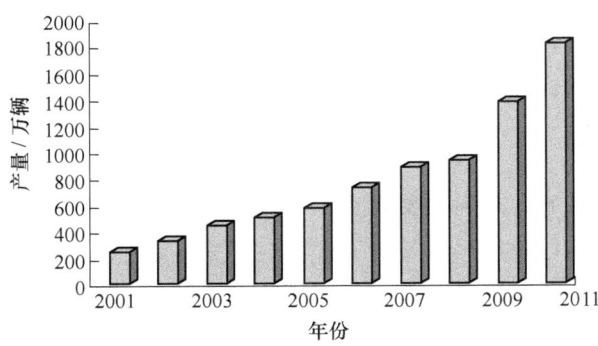

图1-16 中国汽车产量跨越式发展

国内汽车企业进一步改组兼并，结构优化，强强联合。广汽、长丰重组，兵装、中航重组，长安集团收购哈飞和昌河，形成了"5+5"格局，即上汽、东风、一汽、长安、北汽五大汽车集团，加上广汽、华晨、长城、奇瑞、江淮5个骨干汽车企业。2012年国内十大汽车企业汽车销售量如图1-17所示，销售量占全国汽车销售总量的87%，其中上汽、东风、一汽、长安、北汽五大汽车集团的汽车产量就占全国产量的71.7%，集中度进一步提高。

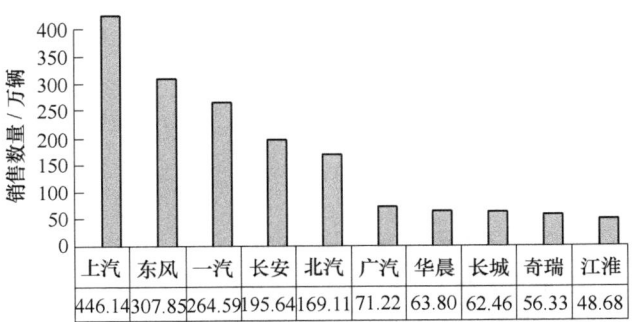

图1-17 2012年中国十大汽车企业集团销售量

我国目前虽然全球产销量第一，但是由于人口众多，人均汽车保有量仍然很低，达不到世界平均水平，乘用车的自主品牌还不多，与世界汽车强国还有一些差距，还没有成为全球汽车强国，有待进一步做大做强。

项目2 发动机的总体结构原理认识

教学目标与要求

- 掌握汽车发动机的作用和主要分类
- 理解汽车发动机的总体组成
- 学会汽车发动机的正确拆装
- 掌握发动机的基本结构与工作原理
- 掌握汽车发动机的主要工作性能指标

教学重点

※ 发动机的基本结构与工作原理
※ 汽车发动机的分类
※ 汽车发动机的主要工作性能指标

教学难点

▲ 汽车发动机的主要工作性能指标

项目 2　发动机的总体结构原理认识

任务 2.1　汽油机起动困难的故障诊断

2.1.1　汽油机起动困难的故障案例与场景设置

● 桑塔纳 2000GSi 汽车发动机经过拆装后,点火开关接通起动档,反复两次均无法起动。经检查发动机零部件正常,起动系统工作正常,请分析故障可能原因【场景也可以采用其他汽车】。

2.1.2　发动机拆装实训【学生分组实训,详见教材《汽车构造与原理实训 第 3 版》的"任务 2.1 从车上拆下与安装发动机总成"、"任务 2.2 发动机基本拆装"】

2.1.3　汽油机基本结构与工作原理

1. 单杠四冲程汽油机基本结构及工作原理

（1）基本结构　单杠四冲程汽油机基本结构如图 2-1 所示。

（2）基本工作原理　四冲程汽油发动机基本工作原理如图 2-2 所示。

1）进气行程。当活塞从上止点（活塞顶面离曲轴中心最远处）向下止点（活塞顶面离曲轴中心最近处）运动时（相当于曲轴转角从 0~180°）,进气门开启,排气门关闭,电控喷油器向进气道喷油,空气与汽油混合后便被吸入气缸,该过程称为进气行程。

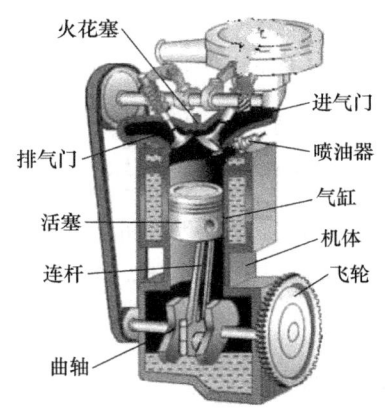

图 2-1　单杠四冲程汽油机基本结构

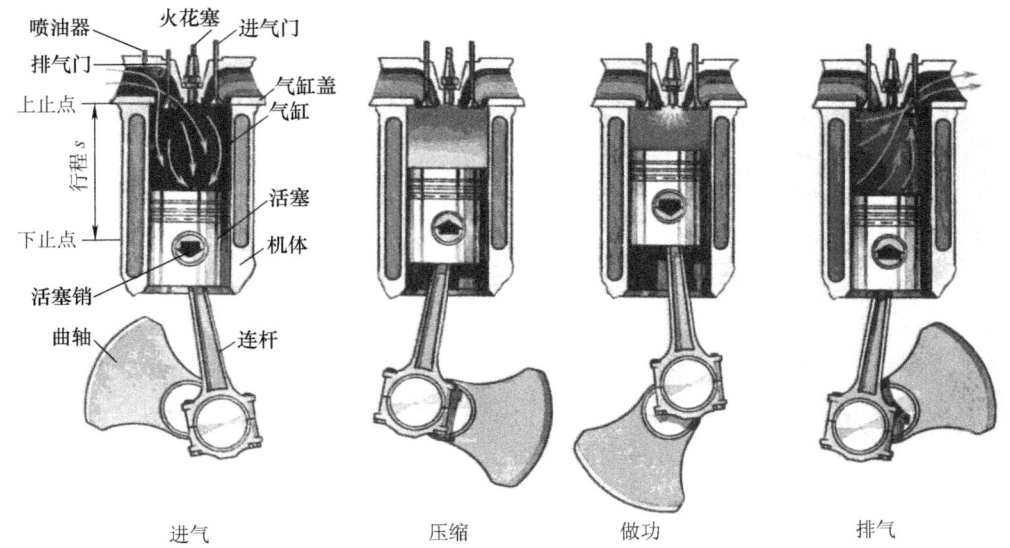

图 2-2　汽油发动机工作原理

2)压缩行程。当活塞继续从下止点向上止点运动时(相当于曲轴转角为180°~360°),进、排气门关闭,进入气缸的混合气被压缩,该过程称为压缩行程。

3)做功行程(膨胀行程)。在压缩行程末,火花塞开始点火,进、排气门都关闭,进入气缸的可燃混合气被点燃、燃烧,放出大量的热能,导致气缸内气体压力和温度迅速增加(最高压力达5MPa,最高温度达2800K),气体体积急剧膨胀,推动活塞从上止点向下止点运动(相当于曲轴转角360°~540°),通过连杆使曲轴旋转并输出机械能,该过程称为做功行程。

4)排气行程。活塞继续从下止点往上止点运动(相当于曲轴转角540°~720°),这时,进气门关闭,排气门开启,燃烧后产生的废气被排出气缸,该过程称为排气行程。

排气结束后,又重新进行进气、压缩、做功和排气行程,循环往复。四冲程汽油机的工作过程见表2-1。

表2-1 四冲程汽油机的工作过程

行程名称	曲轴转角	活塞行向	进气门	排气门
进气	0~180°	↓	开	关
压缩	180°~360°	↑	关	关
做功	360°~540°	↓	关	关
排气	540°~720°	↑	关	开

(3)工作过程分析

1)四冲程发动机。活塞在上、下止点间往复移动四个行程(相当于曲轴旋转了两周),完成进气、压缩、做功、排气一个工作循环的发动机就称为四冲程发动机。

2)冲程与活塞行程。冲程指的是发动机的类型,行程指的是活塞在上、下两个止点之间的距离 s(见图2-2)。一个活塞在一个行程中所扫过的容积称为气缸的工作容积。

$$V_s = \frac{\pi D^2}{4 \times 10^9} s$$

式中 V_s——工作容积(m^3);

D——气缸直径(mm);

s——活塞行程(mm)。

一台发动机所有气缸的工作容积之和称为该发动机的排量。

$$V_{st} = V_s i$$

式中 V_{st}——发动机的排量(m^3);

i——气缸数。

3)压缩行程的作用。一是提高进入气缸内混合气的压力和温度(压缩终了气缸内的气体压力可达0.6~1.2MPa,温度达600~700K),为混合气迅速着火燃烧创造条件;二是可以有效提高发动机的燃烧热效率 η。

气缸内气体被压缩的程度用压缩比 ε 表示,即

$$\varepsilon = \frac{V_a}{V_c}$$

式中 V_a——气缸总容积(活塞处于下止点时,活塞顶部以上的气缸容积);

V_c——气缸燃烧室容积（活塞处于上止点时，活塞顶部以上的容积）。

现代汽油机压缩比一般为 7～11，如 2008 年广州本田第八代雅阁 3.5L 汽油机压缩比达 10.5。

发动机压缩比也不能过高，否则会导致压缩终了温度和压力升高，汽油机产生爆燃燃烧，热负荷、机械负荷、噪声和振动加大，起动困难。

4）发动机示功图。将四冲程发动机在一个工作循环里气缸内气体压力随气缸工作容积或曲轴转角变化的关系以坐标图表示，得到图 2-3 所示的发动机示功图。

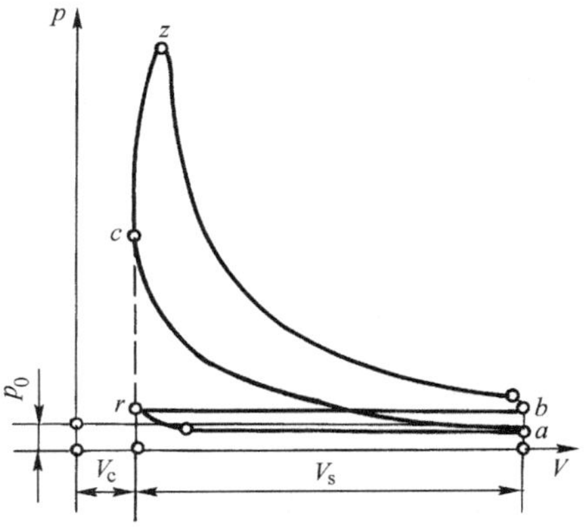

由示功图可以看出发动机一个工作循环里工作状态的变化，检查判断发动机性能的优劣。发动机特征点参数随机型、结构等有所不同，一般范围见表 2-2。

图 2-3 四冲程发动机示功图
ra—进气行程　ac—压缩行程
czb—做功行程　br—排气行程
a—进气终点　c—压缩终点　z—最高燃烧压力
b—做功终点　r—排气终点　p_0—大气压力

2. 多缸四冲程汽油机结构与工作特点

四冲程发动机在一个工作循环的四个行程中，只有一个行程做功，其余三个行程都是耗功的，势必造成曲轴转速不均匀，工作振动大。现代汽车发动机都是多缸发动机，用得最多的是 4 缸、6 缸和 8 缸发动机。

表 2-2　发动机特征点参数

		a	c	z	b	r
汽油机	p	0.075～0.09	0.6～1.2	3～5	0.3～0.5	0.105～0.115
	T	370～400	600～700	2200～2800	1300～1600	900～1200
柴油机	p	0.08～0.09	3.5～4.5	6～9	0.2～0.4	0.105～0.125
	T	300～370	750～1000	2000～2500	1200～1500	800～1000

注：p—气缸内气体压力（MPa）；T—气缸内气体温度（K）。

多缸发动机由多个结构相同的气缸组成，它们一般共用一个机体，一根曲轴。曲轴的曲柄布置应该使各缸做功行程均匀分布在 720°曲轴转角内。如 4 缸发动机曲轴（见图 2-4）相邻工作缸的曲柄夹角为 180°，曲轴每转 180°便有一个气缸做功；又如 6 缸发动机，曲轴每转 120°便有一个气缸在做功。气缸数越多，发动机工作越平稳，但结构也越复杂。

图 2-4　4 缸发动机曲轴

2.1.4　汽车发动机的总体组成

汽车发动机种类繁多，结构复杂，一台发动机由上万个零件组成，但总体上看汽油机都是在一个机体上安装一个机构（曲柄连杆机构）和六大系统（换气系统、燃料供给系统、润滑系统、冷却系统、点火系统和起动系统），见表 2-3 和图 2-5 所示。柴油机则为五大系统，没有点火系统。

表 2-3 汽车发动机总体组成

名 称	功 用	主要部件
机体组件	发动机的骨架，支承着发动机的所有零部件	机体、气缸、气缸盖、气缸垫等
曲柄连杆机构	将活塞顶的燃气压力转变为曲轴的转矩，输出机械能	活塞、连杆、曲轴、飞轮等
换气系统	按照发动机的要求，定时开闭进、排气门，吸入干净空气，排出废气	空气滤清器、进排气管系、配气机构（气门组件、凸轮轴、驱动机构）、排气消声器等
燃料供给系统	按照发动机的要求，定时、定量供给所需要的燃料	汽油机：汽油箱、输油泵、滤清器、压力调节器、各种传感器、电控喷油器、电控单元等（旧汽油机采用化油器） 柴油机：柴油箱、输油泵、滤清器、高压油泵、调速器、喷油器、电控单元、各种传感器等
点火系统	按规定的时刻，准时点燃汽油机气缸内的可燃混合气	蓄电池、点火开关、点火线圈组件、传感器、电控装置、火花塞等
润滑系统	润滑、减摩、延长寿命、密封、清洁、冷却、防锈蚀	油底壳、机油泵、机油滤清器、机油压力表、机油道等
冷却系统	保持发动机在适宜的温度下工作	冷却水泵、风扇、节温器、散热器、冷却水道等
起动系统	起动发动机	蓄电池、起动开关、起动机等

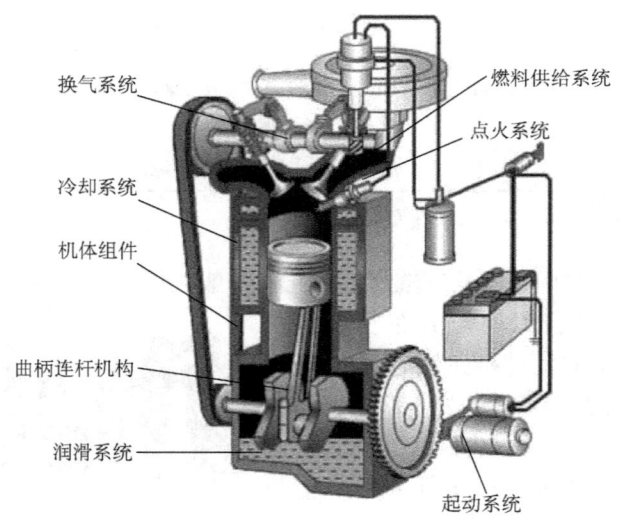

图 2-5 汽车发动机总体组成（汽油机）

2.1.5 汽油机起动困难的故障诊断【学生分组讨论】

提示：汽油机起动困难的可能原因是发动机安装调试方面，深入分析有待发动机结构原理学习完成后进行。

任务2.2 柴油机功率不足的故障分析与排除

2.2.1 柴油机功率不足的故障案例与场景设置

● 长城柴油汽车，配2.8TC发动机，汽车上坡无力。经检查汽车底盘部分都正常，请分析排除故障【场景也可以采用其他柴油汽车】。

2.2.2 柴油机拆装实训【学生分组实训】

柴油机与汽油机最大不同在于柴油机没有点火系统，燃料供给系统也不同，其他部分基本相同，老师可以组织学生独立进行拆装实训。

2.2.3 柴油机结构与工作原理特点

柴油机所用的燃料是柴油。与四冲程汽油机相比，其基本结构特点是没有火花塞，喷油器直接安装在气缸顶，向气缸内喷油（见图2-6）。

其工作原理与四冲程汽油机也有所不同，在进气行程，进入气缸的是纯空气，而不是可燃混合气；在压缩行程末，喷油器向气缸喷入高压柴油，由于气缸的高温高压作用，柴油迅速着火燃烧，使气体急剧膨胀，推动活塞做功。其着火方式属于压燃式，而不是汽油机的点燃式。

由于柴油燃料的性质与汽油不同，黏度高，不易挥发，自燃点低，不会产生爆燃。为了使柴油可靠着火，提高发动机燃烧热效率，柴油机的压缩比比汽油机高得多，一般为16～22，所以其最高燃烧压力也比汽油机高，工作也比汽油机粗暴。柴油机工作过程特征点参数见表2-2。

柴油机与汽油机比较，各有其优缺点（表2-4）。

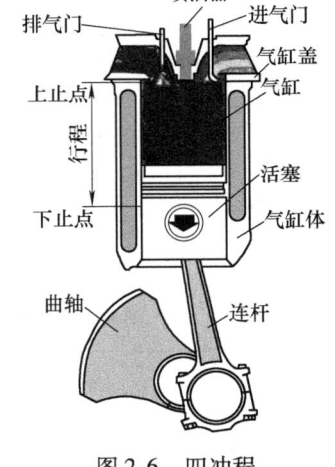

图2-6 四冲程柴油机的基本结构

表2-4 柴油机与汽油机比较

性　　能	汽　油　机	柴　油　机
着火方式	点燃	压燃
燃油消耗	高	低
热效率	30%左右	40%左右
工作平稳性	柔和	粗暴
发动机转速	高（4000～6000 r/min）	低（2500～3000r/min）
升功率	大	小
起动性	易	难
制造维修成本	低	高

(续)

性　能	汽油机	柴油机
质量功率比①	小	大
使用寿命	短	长
排放	CO、HC 多，NO_x、黑烟少	CO、HC 少，NO_x、黑烟多

① 内燃机净质量与标定功率的比值。

随着科技的发展，发动机的一些缺点，都在改进之中。如柴油机的转速在不断提高，奔驰 V230 轿车柴油机的最高转速可达 6000r/min。

2.2.4 汽车发动机分类

发动机种类繁多，根据不同特点有不同分类（见表2-5）。

表2-5 发动机的分类

分类方法	类　别	含　义
按冲程数分	二冲程发动机	活塞经过2个行程完成一个工作循环的发动机
	四冲程发动机	活塞经过4个行程完成一个工作循环的发动机
按着火方式分	点燃式发动机	压缩气缸内的可燃混合气，并用外源点火燃烧的发动机
	压燃式发动机	压缩气缸内的空气或可燃混合气，产生高温，引起燃料着火的发动机
按使用燃料种类分	液体燃料发动机	燃烧液体燃料（汽油、柴油、醇类等）的发动机
	气体燃料发动机	燃烧气体燃料（液化石油气、天然气等）的发动机
	多种燃料发动机	能够使用着火性能差异较大的两种或两种以上燃料的发动机
按进气状态分	非增压发动机	进入气缸前的空气或可燃混合气未经压缩的发动机。对于四冲程发动机也称自吸式发动机
	增压发动机	进入气缸前的空气或可燃混合气先经过压气机压缩，借以增大充量密度的发动机
按冷却方式分	液冷式发动机	用冷却液冷却气缸和气缸盖等零件的发动机
	风冷式发动机	用空气冷却气缸和气缸盖等零件的发动机
按气缸数及布置分	单缸发动机	只有一个气缸的发动机
	多缸发动机	具有两个或两个以上气缸的发动机
	立式发动机	气缸布置于曲轴上方且气缸中心线垂直于水平面的发动机
	卧式发动机	气缸中心线平行于水平面的发动机
	直列式发动机	具有两个或两个以上直立气缸，并呈一列布置的发动机
	V形发动机	具有两个或两列气缸，其中心线夹角呈V形，并共用一根曲轴输出功率的发动机（见图2-7a）
	对置气缸式发动机	两个或两列气缸分别排列在同一曲轴的两边呈180°夹角的发动机（见图2-7b）
	斜置式发动机	气缸中心线与水平面呈一定角度（不是直角）的发动机
按用途分类	有汽车用、机车用、拖拉机用、船用、坦克用、摩托车用、发电用、农用、工程机械用等发动机	

项目2 发动机的总体结构原理认识

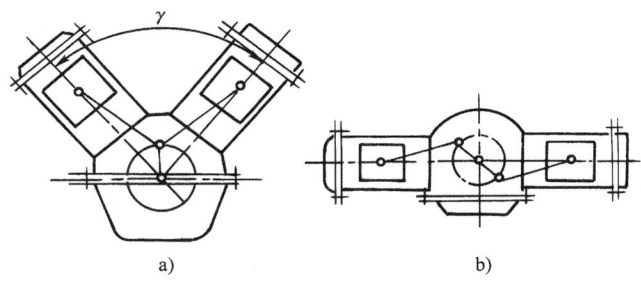

图 2-7 V 形与对置气缸排列
a) V 形发动机 b) 对置气缸式发动机

2.2.5 发动机型号

GB/T 725—2008 规定，我国发动机型号由以下四个部分组成（见图 2-8）。燃料符号见表 2-6。

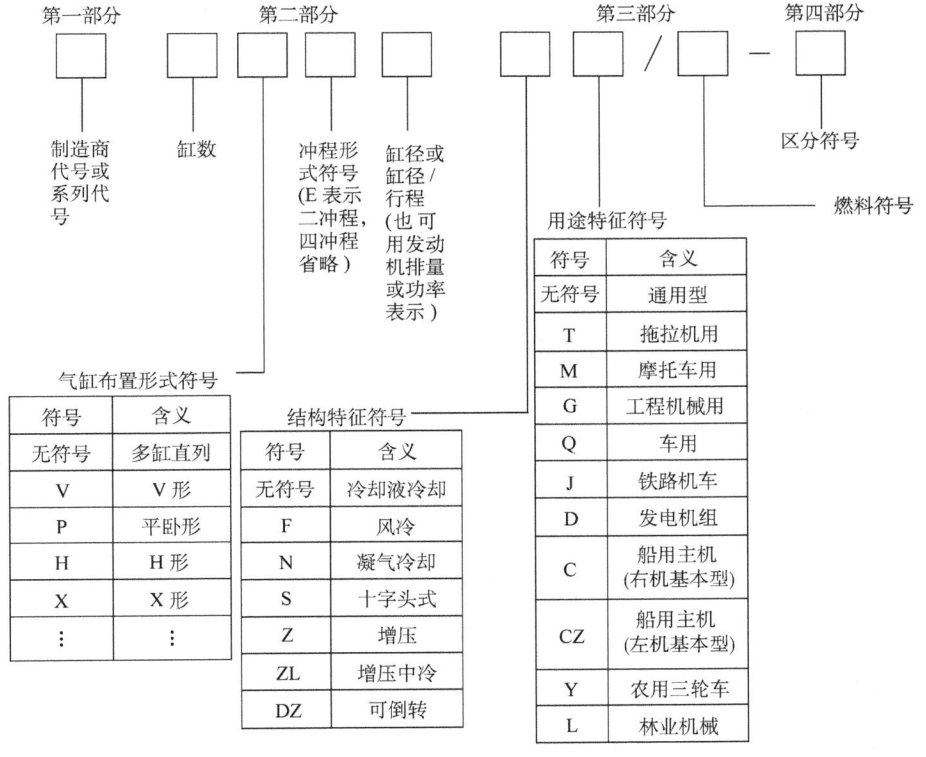

图 2-8 我国发动机型号含义

表 2-6 燃料符号

符号	燃料名称	备注
无符号	柴油	
P	汽油	

(续)

符号	燃料名称	备注
T	天然气（煤层气）	管道天然气
CNG	压缩天然气	
LNG	液化天然气	
LPG	液化石油气	
Z	沼气	各类工业化沼气（农业有机废弃物、工业有机废水物、城市污水处理、城市有机垃圾）允许用1～2个字母的形式表示，如"ZN"表示农业有机废弃物产生的沼气
W	煤矿瓦斯	浓度不同的瓦斯允许用1个小写字母的形式表示，如"Wd"表示低浓度瓦斯
M	煤气	各类工业化煤气（如焦炉煤气、高炉煤气等），允许在M后加一个字母区分煤气的类型
S	柴油/天然气双燃料	其他双燃料用两种燃料的字母表示
SCZ	柴油/沼气双燃料	
M	甲醇	
E	乙醇	
DME	二甲醇	
TME	生物柴油	

注：1. 一般用1～3个拼音字母表示燃料，亦可用成熟的英文缩写字母表示。
　　2. 其他燃料允许制造商用1～3个字母表示。

型号示例

① 汽油机型号。

492Q/P-A——四缸、直列、四冲程、缸径92mm、冷却液冷却、汽车用（A为区分符号）。

② 柴油机型号。

YZ6102Q——六缸、直列、四冲程、缸径102mm、冷却液冷却、汽车用（YZ为扬州柴油机厂代号）。

③ 双燃料发动机。

G12V190ZLS——12缸、V形、缸径190mm、冷却液冷却、增压中冷、燃料为柴油/天然气双燃料（G为系列代号）。

2.2.6 发动机的性能指标

评价一台发动机的好坏，需要用一批性能指标来衡量。常见的性能指标有动力性能指标、经济性能指标、运转性能指标和可靠性、耐久性能指标等。

1. 动力性能指标

发动机动力性能指标常以有效转矩、发动机转速和有效功率等表示。

（1）有效转矩　发动机曲轴输出的平均转矩称为有效转矩，以 T_e 表示，单位为 $N·m$。有效转距与外界施加于发动机曲轴上的阻力矩相平衡，可以用发动机台架试验方法测得。

（2）发动机转速　发动机曲轴每分钟的回转数称为发动机转速，用 n 表示，单位为

r/min。发动机转速的高低,关系到单位时间内做功次数的多少或发动机有效功率的大小。

(3) 有效功率 发动机曲轴输出的功率称为有效功率,用 P_e 表示(单位为 kW)。它等于有效转矩与曲轴角速度的乘积,即

$$P_e = T_e \frac{2\pi n}{60} \times 10^{-3} = \frac{T_e n}{9550}$$

式中 T_e——有效转距(N·m);
  n——曲轴转速(r/min)。

发动机制造厂按国家规定标定的有效功率,称为标定功率。发动机铭牌上标明的功率就是标定功率,标定功率对应的发动机转速称标定转速。

标定功率是根据发动机用途、使用特点以及连续运转时间来确定的,各个国家有所不同,我国发动机功率标定分以下四级,见表2-7。

表 2-7 我国发动机功率标定

分 级	含 义	应 用
15min 功率	在标准环境条件下,发动机能连续稳定运转 15min 时的最大有效功率	汽车等
1h 功率	在标准环境条件下,发动机能连续稳定运转 1h 时的最大有效功率	工程机械、拖拉机等
12h 功率	在标准环境条件下,发动机能连续稳定运转 12h 时的最大有效功率	部分拖拉机和电站等
持续功率	在标准环境条件下,发动机能长期连续稳定运转的最大有效功率	铁路机车、船舶和发电机组等

相同排量的发动机,功率越大,动力性能越好。为了衡量不同发动机的动力性能,发动机还常用升功率 P_c(单位为 kW/L)比较不同发动机的动力性能,它是指发动机在标定工况下每升气缸工作容积所发出的有效功率。升功率越大,发动机动力性能越好。

$$P_c = \frac{P_e}{V_s i}$$

式中 P_c——升功率(kW/L);
  P_e——有效功率(kW);
  V_s——单缸气缸工作容积(L);
  i——气缸数。

2. 经济性能指标

发动机经济性能主要用燃油消耗率或有效热效率等表示。

(1) 燃油消耗率 在 1h 内发动机每发出 1kW 有效功率所消耗的燃油质量(以 g 为单位),称为燃油消耗率,用 b_e[g/(kW·h)]表示。可按下式计算,即

$$b_e = \frac{B}{P_e} \times 10^3$$

式中 B——发动机每小时消耗的燃油质量(kg/h);
  P_e——发动机的有效功率(kW)。

(2) 有效热效率　燃料中所含的热量转变为有效功的比例称为有效热效率，用 η_e 表示

$$\eta_e = \frac{W_e}{Q_1}$$

式中　W_e——发动机的有效功（kJ）；
　　　Q_1——燃料中所含的热量（kJ）。

当测得发动机有效功率 P_e 和每小时消耗的燃油质量 B 时，则

$$\eta_e = \frac{3.6 \times 10^3 P_e}{BHu}$$

或

$$\eta_e = \frac{3.6 \times 10^6}{b_e Hu}$$

式中　Hu——燃料低热值（kJ/kg）。

现代汽车汽油机 η_e 值一般在 0.30 左右，柴油机在 0.40 左右。

3. 运转性能指标

发动机的运转性能指标主要指排放指标、噪声、起动性能等。

(1) 排放指标　发动机的排气中含有多种对人体有害的物质，主要有 CO、HC、NO_x、SO_2、醛类和微粒（含碳烟）等，其主要危害见表 2-8。

表 2-8　发动机主要有害排放及危害

有害排放	有害物特征	危　害
CO	无色、无臭、有毒气体	使人出现恶心、头晕、疲劳等缺氧症状，严重时窒息死亡
NO_2	赤褐色带刺激性的气体	伤害心、肝、肾。与光化学反应形成臭氧和醛等
HC	刺激性的气体	破坏造血机能，造成贫血、神经衰弱，降低肺对传染病的抵抗力。与光化学反应形成臭氧和醛等
光化学烟雾	HC 与 NO_x 在阳光作用下所形成的烟雾，有刺激性	降低大气能见度，伤害眼睛、咽喉，影响植物生长
醛类	较强的刺激性臭味	伤害眼睛、上呼吸道、中枢神经
微粒	碳烟等	伤害肺组织
SO_2	无色、刺激性气体	刺激鼻喉，引起咳嗽、胸闷、支气管炎等

据资料介绍，目前世界汽车保有量为 10 亿辆左右，每年排向大气中的有害物质高达 7 亿多吨，严重污染了大气，已形成公害。为此，各国都制定了相应的汽车排放标准，如美国加州汽车排放法规是目前世界上最严的标准。欧洲 1992 年实行欧 I 排放标准，2008 年实行欧 V 排放标准，2013 年 1 月开始实行欧 VI 排放标准，具体的排放污染物要求见表 2-9。

表 2-9　欧洲货车和公共汽车排放标准　　　［单位：g/(kW·h)］

标准等级	开始实施日期	CO	HC	NO_x	PM	烟雾
欧州 I 号	1992 年，<85kW	4.5	1.1	8.0	0.612	无标准
	1992 年，>85kW	4.5	1.1	8.0	0.36	无标准
欧州 II 号	1996 年 10 月	4.0	1.1	7.0	0.25	无标准
	1998 年 10 月	4.0	1.1	7.0	0.15	无标准

（续）

标准等级	开始实施日期	CO	HC	NO$_x$	PM	烟雾
欧洲Ⅲ号	1999年10月（EEV）	1.0	0.25	2.0	0.02	0.15
	2000年10月	2.1	0.66	5.0	0.1	0.8
欧洲Ⅳ号	2005年10月	1.5	0.46	3.5	0.02	0.5
欧洲Ⅴ号	2008年10月	1.5	0.46	2.0	0.02	0.5
欧洲Ⅵ号	2013年1月	1.5	0.13	0.5	0.01	

我国排放标准参照欧洲法规体系，2000年开始执行欧Ⅰ标准，2003年开始执行欧Ⅱ标准，2005年12月30日起，正式执行国家第三、四阶段机动车排放标准（相当于欧Ⅲ、欧Ⅳ排放标准），自2007年1月1日起，对轻型柴油车实施国Ⅴ排放标准。自2013年2月1日起，北京市第五阶段机动车排放标准（京Ⅴ排放标准，参照欧Ⅴ排放标准）正式实施。

（2）噪声　噪声是发动机工作时发出的一种声强和频率无一定规律的声音，主要有燃烧噪声和机械噪声。它不仅损害人的听觉器官，还伤害神经系统、心血管系统、消化系统和内分泌系统，容易使人性情烦躁，反应迟钝，甚至耳聋，诱发高血压和神经系统的疾病。汽车是城市主要噪声源之一，发动机又是汽车的主要噪声源，应该给予控制。我国的噪声标准（GB/T 18697—2002）中规定，轿车的噪声不大于79dB（A）。

（3）起动性能　起动性能是表征发动机起动难易的指标。发动机起动性能好，便于汽车起步行驶，同时减少了起动时的功率消耗和发动机的磨损。

起动性能一般以一定条件下的起动时间长短来衡量。我国标准规定，不采用特殊的低温起动措施，汽油机在-10℃、柴油机在-5℃以下的气温条件下起动，能在15s以内达到自行运转。

4. 可靠性与耐久性能指标

可靠性与耐久性也是汽车发动机使用中的两个重要指标。

（1）可靠性　可靠性是指发动机在规定的运转条件下，具有持续工作，不至因为故障而影响正常运转的能力。一般以保证期内的不停车故障数、停车故障数、更换主要零件和重要零件数等具体指标来衡量。

（2）耐久性　耐久性是指发动机在规定的运转条件下，长期工作而不大修的性能。一般以发动机从开始使用到第一次大修前累计运转的时间表示。

2.2.7 发动机特性与特性曲线简介

上述发动机的标定功率、标定燃料消耗率等性能指标只是在某些特征点上显示了发动机的动力性能和经济性能。但汽车发动机的工作转速和负荷常常在较大范围内变化，要全面了解发动机在所有工况下的性能指标的变化，就应该了解发动机特性与特性曲线，它对合理使用、检查与维修发动机，都有很强的实用价值。

1. 发动机特性

发动机性能指标随调整情况及运转情况而变化的关系称为发动机特性。

发动机性能指标主要有功率、转矩、燃料消耗率、排气温度、排气烟度等；调整情况主要指柴油机的供油提前角、汽油机的点火提前角、发动机燃料等可调因素对发动机性能的影响；运转情况一般指发动机转速和负荷等。

2. 特性曲线

为了直观显示发动机的特性，常以曲线形式表示，称为发动机特性曲线。图2-9所示为Audi（奥迪）2.4L四缸5气门V6汽油机的外特性曲线。由曲线可以看出该发动机可以达到的最大功率和转矩及其对应的发动机转速，它是正确选购和使用发动机的依据。

2.2.8 柴油机功率不足的故障诊断【学生分组讨论】

提示：柴油机功率不足的故障可能产生的原因牵连到发动机各个系统，深入分析有待发动机结构原理学习完成后进行。

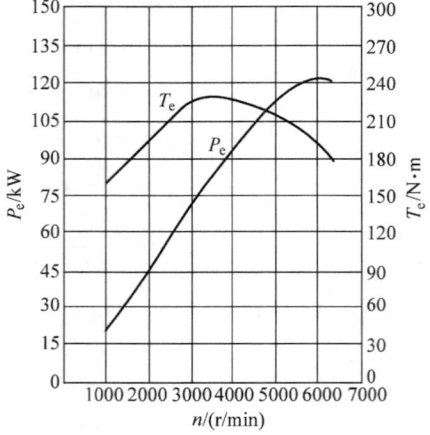

图2-9 Audi（奥迪）2.4L四缸5气门V6汽油机的外特性曲线
P_e—发动机功率 T_e—发动机转矩 n—转速

项 目 小 结

1. 内燃机是将燃料在气缸内燃烧所产生的热能转化为机械能的机器，它具有热效率高、体积小、质量轻、便于移动和起动性好等优点。现代汽车发动机基本都采用内燃机。

2. 拆装发动机应注意安全，注意正确选用拆装工具，拆卸发动机应从外到内、由表及里进行，安装时按相反顺序进行，注意各零部件的配合。

3. 汽车发动机总体结构由机体组件、曲柄连杆机构、换气系统、燃油系统、润滑系统、冷却系统、点火系统（汽油机）和起动系统所组成。

4. 四冲程发动机是活塞在气缸内上、下止点间往复移动四个行程，完成进气、压缩、做功和排气一个工作循环的发动机。

5. 将发动机在一个工作循环里气缸内气体压力随气缸工作容积或曲轴转角变化的关系以坐标图表示即为发动机示功图。利用示功图可以看到发动机一个工作循环里工作状态的变化，检查判断发动机性能优劣。

6. 汽油机在进气时吸入气缸的是可燃混合气，而柴油机是纯空气；汽油机着火方式是点燃式，柴油机是压燃式。

7. 衡量汽车发动机性能的主要指标有动力性能指标（有效转矩、有效功率、转速等）、经济性能指标（燃油消耗率、有效热效率）、运转性能指标（排放指标、噪声、起动性能）和可靠性、耐久性能等。发动机铭牌上标明的功率及相应的转速即为标定功率和标定转速。我国分四级进行功率标定，汽车一般采用15min功率标定。

★ 知识与技能评价

一、选择题

1. 下列说法正确的是（　　）。

项目2 发动机的总体结构原理认识

A. 内燃机是将燃料在气缸内部燃烧产生的热能直接转化为机械能的动力机械
B. 蒸气机是内燃机　　　　C. 柴油机是内燃机　　　　D. 电动摩托车的发动机是内燃机

2. 下列说法正确的是（　　）。
A. 活塞上止点是指活塞顶平面运动到离曲轴中心最远点的位置
B. 活塞在上、下两个止点之间的距离称活塞冲程
C. 一个活塞在一个行程中所扫过的容积称为气缸总容积
D. 一台发动机所有气缸工作容积之和称为该发动机的排量

3. 发动机压缩比的正确说法是（　　）。
A. 气缸燃烧室容积与气缸总容积之比
B. 气缸燃烧室容积与气缸工作容积之比
C. 气缸总容积与气缸燃烧室容积之比
D. 气缸工作容积与气缸燃烧室容积之比

4. 下列说法正确的是（　　）。
A. 四冲程发动机完成进气、压缩、做功、排气一个工作循环，曲轴转过了360°
B. 二冲程发动机完成进气、压缩、做功、排气一个工作循环，活塞在气缸内上下运动两次
C. 柴油机在做功行程时，进、排气门处于关闭状态
D. 压缩比越高越好

5. 在进气行程中，汽油机和柴油机分别吸入的是（　　）。
A. 纯空气和可燃混合气
B. 可燃混合气和纯空气
C. 可燃混合气和可燃混合气
D. 纯空气和纯空气

6. 下列表示发动机动力性能指标的有（　　）。
A. 发动机有效转矩　　　　B. 热效率　　　　C. 燃油消耗率　　　　D. 升功率

7. 下列说法正确的是（　　）。
A. 我国内燃机功率标定分为四级：15min功率、1h功率、12h功率和持续功率
B. 1h功率是指内燃机连续稳定运转1h时的最大有效功率
C. 同一台内燃机，按1h标定的功率比15min标定的功率大
D. 发动机铭牌上标明的功率就是标定功率

8. 下列是发动机主要排气污染物的有（　　）。
A. 碳氢化合物（HC）　　B. 氮氧化物（NO_x）　　C. 噪声　　　　D. CO_2

9. 在发动机排放的废气中，能够在阳光的作用下形成光化学烟雾的气体是（　　）。
A. HC　　　　　　　B. CO　　　　　　　C. NO_x　　　　　　　D. SO_2

二、问答题

1. 画出四冲程汽油机基本结构简图，并且说明其四冲程工作过程。
2. 什么叫发动机有效功率？什么叫标定功率？请写出表达式 $P_e = \dfrac{T_e n}{9550}$ 每个符号的含义，并注明其单位。
3. 已知某发动机铭牌标注为标定功率为96kW，标定转速为6000r/min，测得该工况下每小时燃油消耗量为28kg，求该发动机在标定工况时的燃油消耗率。

三、实操题

正确拆装一台发动机。

项目3 发动机机体组件

教学目标与要求

- 掌握机体组件的组成与结构特点
- 学会机体组件的拆装
- 理解机体组件的常见故障
- 学会机体与气缸盖接合面的平度检测
- 学会气缸圆度、圆柱度和磨损量检测

教学重点

※ 机体组件结构特点
※ 机体与气缸盖接合面的平度检测
※ 气缸圆度、圆柱度和磨损量检测

教学难点

▲ 气缸圆度、圆柱度和磨损量检测

项目 3 发动机机体组件

任务 3.1 机体与气缸盖结合面漏气的故障诊断

3.1.1 机体与气缸盖结合面漏气故障案例与场景设置

● 桑塔纳 2000GSi 汽车发动机起动后,发现机体与气缸盖间的结合面有漏气现象(见图 3-1),涂肥皂液检查可见气泡,请诊断其故障原因【场景也可以采用其他发动机】。

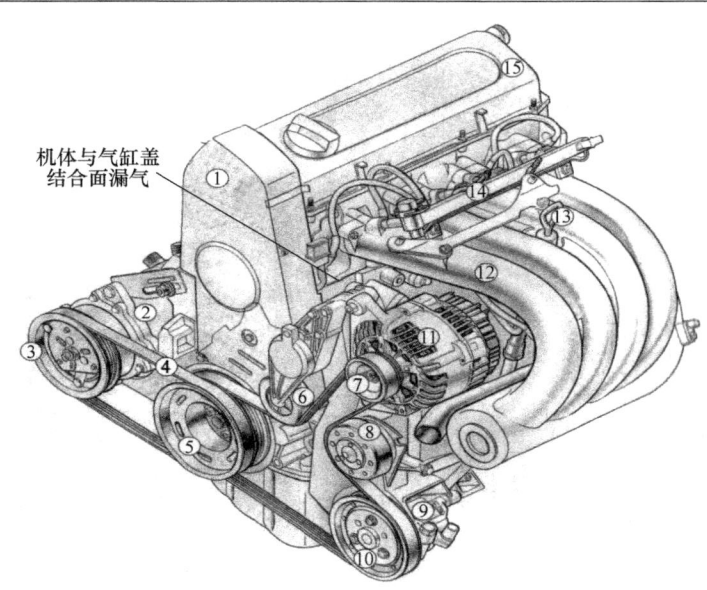

图 3-1 机体与气缸盖结合面漏气

3.1.2 发动机机体组件拆装实训【学生分组实训,详见教材《汽车构造与原理实训 第 3 版》的"任务 2.2 发动机基本拆装"】

3.1.3 机体组件结构原理

机体组件是发动机的骨架,安装着发动机的所有零部件和附件。它主要由机体、气缸盖和气缸盖罩等零部件组成(见图 3-2)。

1. 机体

机体是由气缸(或气缸套)与曲轴箱形成一体的零件(见图 3-3),一般由灰铸铁或铝合金等铸成。

(1)气缸 它是发动机燃烧做功的场所,活塞在其间高速往复运动,表面精度

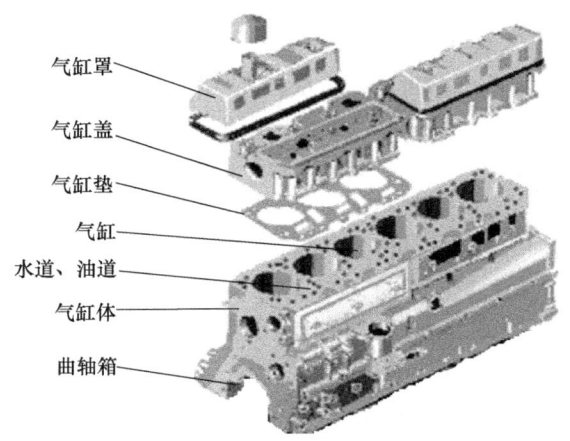

图 3-2 机体组件组成

要求极高。

气缸有直接加工和镶入气缸套两种。为了节省贵金属材料，降低成本，方便维修，现代汽车广泛采用镶入气缸套方法。为了提高气缸表面的耐磨性，目前已经有采用等离子或激光表面处理的缸套。

按气缸套是否与冷却液接触分为干式气缸套和湿式气缸套（见图3-4）两种。干式气缸套外壁不直接与冷却液接触，而和机体的壁面直接接触，强度和刚度都较好，但壁厚较薄，一般为1~3mm，拆装不方便，加工比较复杂，修理时要进行镗缸和磨缸。

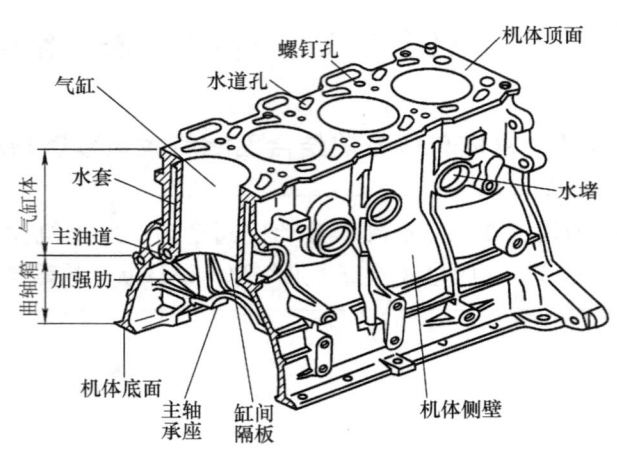

图3-3　汽车发动机机体

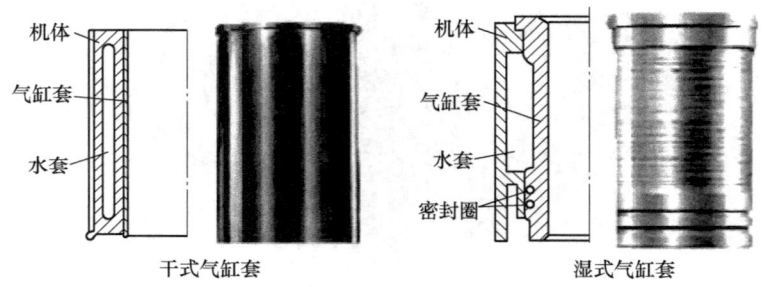

图3-4　气缸套

湿式气缸套外壁直接与冷却液接触，气缸套仅在上、下各有一圆环地带和机体接触，壁厚一般为5~9mm。它散热良好，冷却均匀，加工容易，拆装方便，但其强度、刚度不如干式气缸套好，而且容易产生漏水现象，所以常加1~3道橡胶密封圈或垫片等防止漏水，使用和维修时应密切注意，否则将产生冷却液漏入油底壳的严重后果。气缸套装入气缸后，要高出气缸0.05~0.15mm，以保证可靠压紧气缸垫，防止气缸漏气。

（2）曲轴箱　它是指部分围住曲轴回转空间，有主轴承和安装用的箱形部件（见图3-3）。曲轴箱有通气口与大气相通，其下部与油底壳相连。

根据机体与油底壳安装平面的位置不同，机体通常分为如下三种形式：

1）一般式机体（见图3-5a）。其特点是油底壳安装平面和曲轴旋转中心在同一高度。这种气缸体质量轻，结构紧凑，曲轴拆装方便，但刚度和强度较差。

2）龙门式机体（见图3-5b）。其特点是油底壳安装平面低于曲轴的旋转中心。它的优点是强度和刚度都好，能承受较大的机械负荷；但结构笨重。

3）隧道式机体（见图3-5c）。其特点是曲轴的主轴承孔为整体式，主轴承孔较大，曲轴从气缸体后部装入。优点是结构紧凑，刚度和强度好；但加工精度要求高，曲轴拆装不方便。

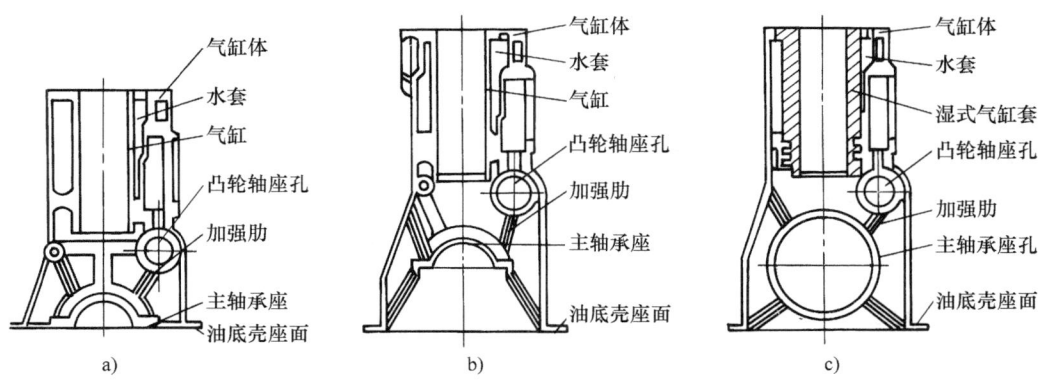

图 3-5 气缸体结构形式
a) 一般式 b) 龙门式 c) 隧道式

机体除了气缸和曲轴箱外,内部有许多水道和油道,外部还铸有发动机号和生产商标记,可作为维修、配件选配和管理的依据。

2. 气缸盖

气缸盖是密封燃烧室的部件（见图 3-6），它由铸铁或铝合金制造，用螺栓固定在机体上面。螺栓紧固方法不正确或拧紧力矩不当，容易造成气缸盖变形，与机体结合面漏气，应予注意。

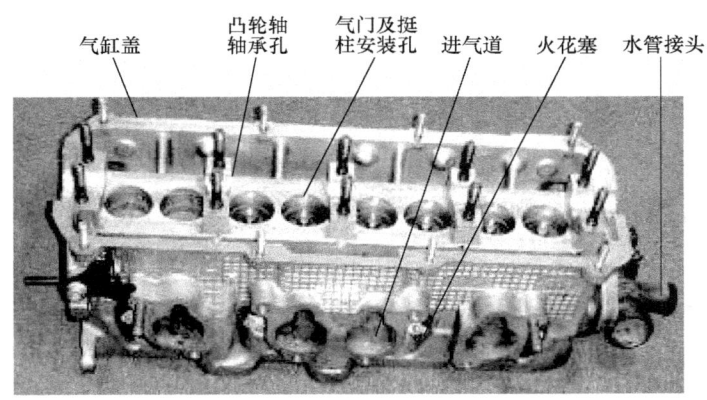

图 3-6 桑塔纳 2000GSi 汽车发动机气缸盖

气缸盖分单体式、块状和整体式三种。单体式气缸盖只覆盖一个气缸，块状气缸盖能覆盖部分（两个以上）气缸，整体式气缸盖能覆盖所有气缸。

气缸盖内部铸有冷却液套，与机体的冷却液孔相通。缸盖上还装有进、排气门座和气门导管孔,用于安装进、排气门,还有进、排气道等。汽油机的气缸盖上加工有安装火花塞和电控喷油器的孔,柴油机的气缸盖上加工有安装喷油器的孔。顶置凸轮轴式发动机的气缸盖上还加工有凸轮轴轴承孔。

燃烧室表面容易产生积炭,维修时应予以清除。

3. 气缸盖垫片

气缸盖垫片（见图 3-7）安装在气缸盖和气缸体之间,其功用是保证气缸盖与气缸体接触面的密封,防止漏气、漏水和漏油。目前应用较多的是金属(铜、钢等)——石棉结构的气缸盖垫片,有的气缸盖垫片还在石棉中心用编织的钢丝网或有孔钢板为骨架,以适应发动机强化要求。

安装气缸盖垫片时,应注意将光滑的一面朝向机体,否则容易被高压气体冲坏。所有气缸垫上的孔要和机体上的孔对齐。

3.1.4　机体与气缸盖结合面漏气的故障诊断【学生分组讨论】

提示:机体结合面漏气的可能原因(见图3-8)。

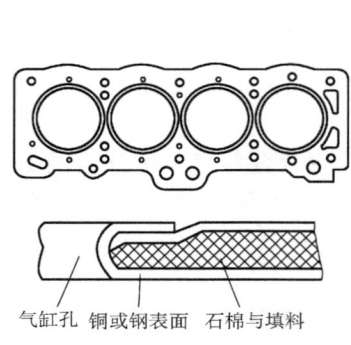

图3-7　气缸盖垫片

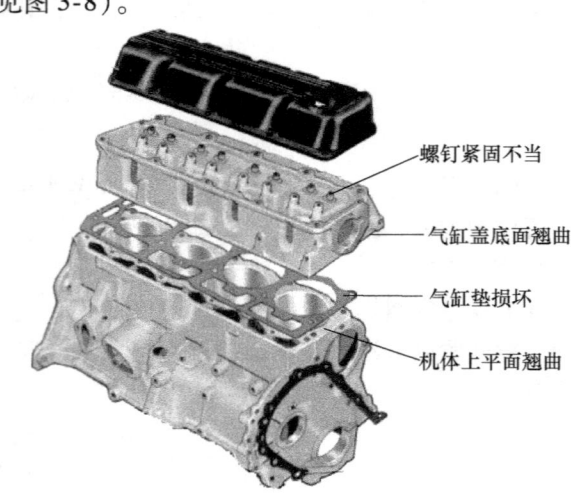

图3-8　机体结合面漏气的可能原因

3.1.5　机体结合面检测【学生分组实训,详见教材《汽车构造与原理实训 第3版》的"项目3.1 机体上平面和缸盖下平面翘曲的检查"】

1. 气缸盖紧固螺钉检查

可松开气缸盖紧固螺钉,按照由内及外、分多次拧紧螺钉到规定力矩的方法重新紧固。

2. 气缸盖垫片检查

检查气缸盖垫片安装方向是否正确,是否有破损。

3. 机体上平面翘曲变形检查

任务3.2　曲轴箱窜气严重的故障诊断

3.2.1　曲轴箱窜气严重故障案例与场景设置

● 有一台捷达轿车ATK发动机检修更换新活塞环后,起动困难,工作时曲轴箱严重窜气(见图3-9),排气管冒蓝烟,燃料和机油消耗增加。检修时活塞环已经安装正确,气门密封也状态良好。

项目 3　发动机机体组件

图 3-9　曲轴箱严重窜气

3.2.2　曲轴箱窜气严重的故障诊断【学生分组讨论】

发动机机体组件常见故障与排除可参考表 3-1。

表 3-1　发动机机体组件常见故障与排除

故障现象	故障原因	排除方法
气缸盖垫片周围漏气，起动困难	机体上平面翘曲	修复或更换
	气缸盖下平面翘曲	修复或更换
	气缸盖垫片破裂	更换气缸盖垫片
排气管冒蓝烟，曲轴箱窜气，起动困难，功率下降	气缸磨损严重	修复或更换
排气管冒白烟，起动困难，功率下降，冷却液温度升高	气缸盖垫片破裂	更换气缸盖垫片
	机体上平面翘曲	修复或更换
	气缸盖下平面翘曲	修复或更换
	气缸裂纹	更换

3.2.3　气缸磨损的检测实训【学生分组实训，详见教材《汽车构造与原理实训第 3 版》的"任务 3.2　气缸磨损和变形的检查"】

1. 气缸磨损的特征

气缸呈上大下小的不规则锥形，对应于第一道活塞环上止点稍下的位置磨损最大，在气缸最上部与活塞环不接触的部位则没有磨损，形成一个明显的台阶，俗称"缸肩"；在横截面的磨损呈不规则椭圆，一般是活塞侧压力作用区磨损较大。

2. 气缸磨损量、圆度和圆柱度的检测

项 目 小 结

1. 机体组件是发动机的骨架，主要由机体、气缸盖和气缸盖垫片等零部件组成。
2. 机体分平底式、龙门式和隧道式三种；气缸套有干式、湿式两种；气缸盖分单体式、块状和整体式三种。

3. 气缸使用后会出现磨损和失圆，严重时将导致起动困难，工作时曲轴箱严重窜气，排气管冒蓝烟，燃料和机油消耗增加。可采用量缸表测量其磨损量、圆度和圆柱度。磨损超过极限值时，应进行更换和镗、磨缸。

4. 机体、气缸盖结合面翘曲，或气缸垫安装不当、损坏，会导致机体结合面出现漏气现象，可采用水平尺检查平面翘曲，通过铲削或磨削加工修理。

★ 知识与技能评价

一、选择题

1. 下列说法正确的是（　　）。
   A. 干式气缸套外壁直接与冷却液接触
   B. 干式气缸套壁厚比湿式气缸套薄
   C. 干式气缸套安装后比湿式气缸套强度和刚度好
   D. 干式气缸套比湿式气缸套散热好

2. 学生 a 说，三种形式的气缸体中，一般式气缸体曲轴拆装最方便。学生 b 说一般式气缸体发动机质量轻，机体高度小。他们的说法应该是（　　）。
   A. 只有学生 a 正确　　　　　　　　B. 只有学生 b 正确
   C. 学生 a 和 b 都正确　　　　　　　D. 学生 a 和 b 都不正确

3. 学生 a 说安装气缸垫时，不应将光滑的一面朝向气缸体，否则容易被高压气体冲坏。学生 b 说拧紧气缸盖螺栓时，必须按从中央对称地向四周扩展的顺序一次拧紧到规定的力矩。他们的说法应该（　　）。
   A. 只有学生 a 正确　　　　　　　　B. 只有学生 b 正确
   C. 学生 a 和 b 都正确　　　　　　　D. 学生 a 和 b 都不正确

二、问答题

1. 机体组件由哪些主要零部件组成？结构特征如何？
2. 气缸磨损的特征是什么？磨损后会产生什么后果？
3. 机体与气缸盖平面翘曲会产生什么后果？

三、实操题

1. 检测一台发动机气缸盖平面是否翘曲。
2. 检测一台发动机气缸磨损量、圆度和圆柱度。

项目4 发动机曲柄连杆机构

> 教学目标与要求

- 掌握曲柄连杆机构的结构原理
- 学会曲柄连杆机构的拆装
- 学会曲柄连杆机构主要零部件检测
- 学会多缸四冲程内燃机的工作过程分析
- 掌握发动机可变气缸控制技术
- 理解发动机可变压缩比技术

> 教学重点

※ 曲柄连杆机构结构特点
※ 多缸四冲程内燃机工作过程分析
※ 曲柄连杆机构主要零部件检测

> 教学难点

▲ 多缸四冲程内燃机的工作过程分析

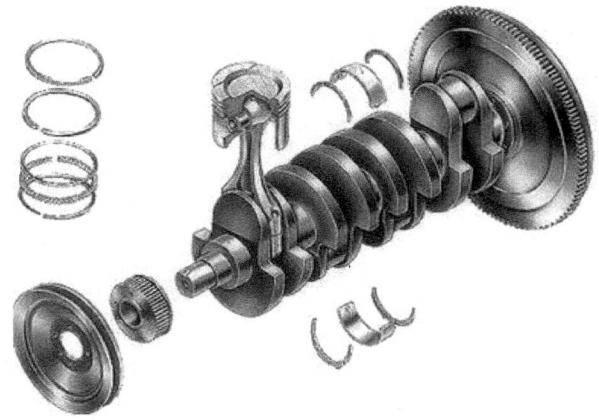

任务 4.1　发动机变速时铛铛响的故障排除

4.1.1　发动机变速时铛铛响的故障案例与场景设置

● 桑塔纳 2000GSi 汽车发动机转速变化时，出现"铛铛"的异常响声，伴随着发动机机油压力降低【场景也可以采用其他发动机】。

4.1.2　活塞连杆组拆装实训【学生分组实训，详见教材《汽车构造与原理实训第 3 版》的"任务 2.3 发动机基本拆装"】

4.1.3　活塞连杆组结构原理

活塞连杆组件（见图 4-1）由活塞、活塞环、活塞销、连杆和连杆轴承等组成。

1. 活塞

（1）活塞的功用　活塞承受气缸中的气体压力，并通过活塞销将此力传给连杆驱动曲轴旋转，活塞顶部还与气缸盖、气缸壁一起组成燃烧室。

（2）活塞的工作特点　活塞直接与高温气体接触，散热条件差，工作时顶部温度高达 600～700K，且温度分布很不均匀，容易破坏活塞与其相关零件的配合。温度过高，间隙过小，容易造成活塞拉缸；间隙过大，又会导致压缩不良，功率下降，油耗上升。

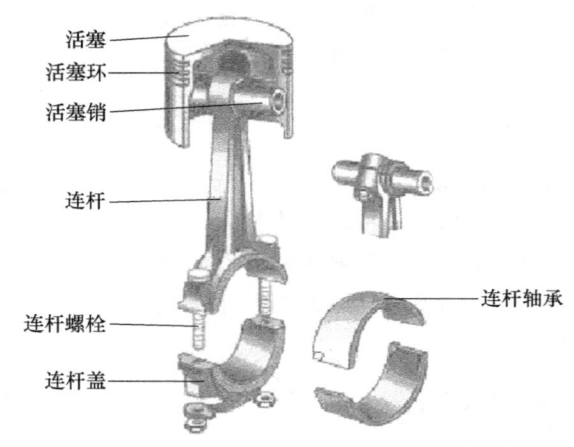

图 4-1　活塞连杆组件

活塞顶部承受气体压力很大，在做功行程中汽油机的活塞瞬时承受的最大压力值达 3～5MPa，柴油机高达 6～9MPa，增压发动机可达 14～16MPa，并承受侧压力的作用，加速了活塞表面的磨损，也容易引起活塞变形。

活塞在气缸内以很高的速度（10～14m/s）往复变速运动，产生很大的惯性力，使活塞受到周期性交变的拉伸、压缩和弯曲载荷。

鉴于活塞的上述工作特点，要求活塞要有足够的刚度和强度，传力可靠，导热性能好，耐高压、高温、耐磨损，质量轻，尽可能地减小往复惯性力。因此，汽车发动机的活塞目前一般都采用高强度铝合金，只在一些低速柴油机上采用高级铸铁或耐热钢。活塞的结构也作了精巧设计。

（3）活塞的结构　活塞由顶部、头部、槽部和裙部四部分组成（见图 4-2）。

1）活塞顶部。它是燃烧室的组成部分，其形状、位置和大小都是为了满足可燃混合气形成和燃烧的要求，其顶部有平顶、凸顶和凹顶三种。

平顶活塞顶部是一个平面（见图 4-3a），结构简单，制造容易，受热面积小，顶部应力分布较为均匀，一般用在汽油机上，柴油机很少采用。

凸顶活塞的顶部凸起（见图4-3b），起导向作用，有利于改善换气过程。二冲程汽油机常采用凸顶活塞。

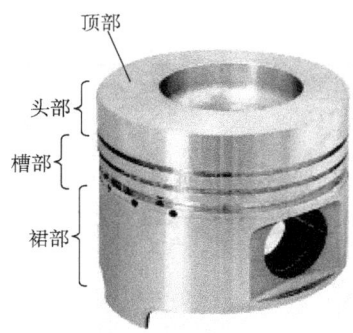

图4-2 活塞的结构

 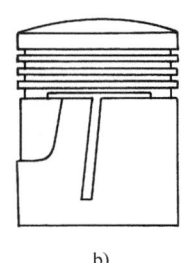

图4-3 活塞顶部形状
a）平顶活塞 b）凸顶活塞

凹顶活塞顶部呈凹坑，有各种形状（见图4-4），凹坑的形状和位置必须有利于可燃混合气的形成和燃烧。凹顶的大小还可以用来调节发动机的压缩比。

 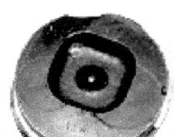    

图4-4 凹顶活塞的凹坑形状

有些活塞顶打有各种记号（见图4-5），用以显示活塞及活塞销的安装和选配要求，应严格按要求进行。

活塞顶常进行硬膜阳极氧化处理，以形成高硬度的耐热层，增大热阻，减少活塞顶部的吸热量。

2）活塞头部。活塞第一道气环槽以上的部分称为活塞头部，用来承受气体压力和传递热量。有的活塞在头部还加工有隔热槽（见图4-6），起隔热作用。将活塞顶的热量分流，把原来由第一活塞环承担的热量传给第二、第三活塞环。

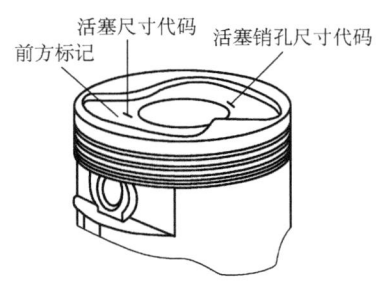 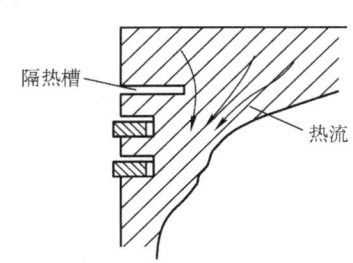

图4-5 活塞顶标志　　　　　　　　　图4-6 活塞隔热槽

为了加强活塞头部的强度，有的铝合金活塞头部铸入了纤维增强合金环（见图4-7）。

3）活塞槽部。活塞槽部也称为防漏部，是指活塞环槽部分，用以安装活塞环，起密封、传热等作用，一般有 2~3 道气环槽和 1 道油环槽，在油环槽底面上钻有许多径向小孔，使被油环从气缸壁上刮下的机油经过这些小孔流回油底壳（见图 4-7）。

为了增强环槽的强度和耐磨性，通常在第一、第二道环槽处镶嵌保护圈（见图 4-8）。

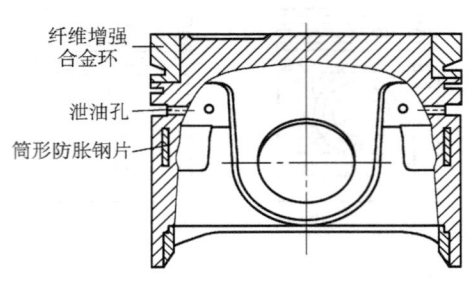 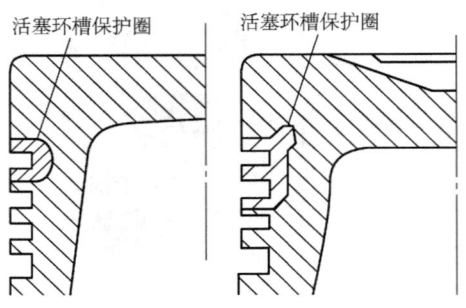

图 4-7 活塞头部合金环和油环槽泄油孔　　　　图 4-8 活塞环槽保护圈

4）活塞裙部。活塞裙部指从油环槽下端面起至活塞最下端的部分。活塞裙部对活塞在气缸内的往复运动起导向作用，并承受气体侧压力。

为了使活塞在正常工作温度下与气缸壁保持比较均匀的间隙，以免在气缸内卡死或加大局部磨损，必须在冷态下预先把活塞裙部加工成特定的形状。

① 预先将活塞裙部加工成椭圆形（见图 4-9a）。活塞裙部的厚度很不均匀，活塞销座孔部分的金属厚，受热膨胀量大，沿活塞销座轴线方向的变形量大于其他方向。另外，活塞裙部承受气体侧压力的作用，导致沿活塞销轴的变形量大于其他方向。为了使活塞裙部在工作时具有正确的圆柱形，在加工时预先把活塞裙部做成椭圆形，椭圆的长轴方向与活塞销座垂直，短轴方向沿活塞销座方向。

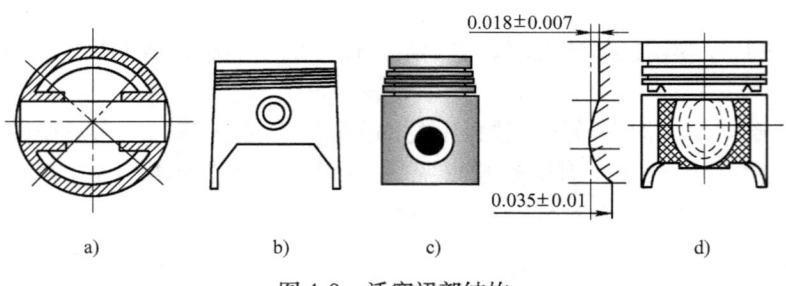

图 4-9 活塞裙部结构
a）裙部椭圆　b）锥形　c）阶梯形　d）桶形

② 预先将活塞裙部做成锥形、阶梯形或桶形。活塞的温度是上部高、下部低，造成膨胀量上部大、下部小。为了使工作时活塞上下直径趋于相等，即为圆柱形，就必须预先把活塞裙部制成上小下大的锥形（见图 4-9b）、阶梯形（见图 4-9c）或桶形（见图 4-9d）。桶形活塞在任何工作状态下都能得到良好的润滑，但加工难度大。

③ 拖鞋式裙部（见图 4-10）。在现代高速汽车发动机上，广泛采用半拖鞋式或拖鞋式裙部。把裙部不受侧压力的两边部分金属去掉，即为半拖鞋式裙部，若全部金属去掉，则为拖鞋式裙部，以减小惯性力，减小销座附近的热变形量。该结构裙部弹性好，质量轻，活塞

与气缸的配合间隙较小,能够避免与曲轴平衡重发生运动干涉。

④ 预先在活塞裙部开槽(见图 4-10)。在裙部开横向的隔热槽,可以减小活塞裙部的受热量;在裙部开纵向膨胀槽,可以补偿裙部受热后的变形量。槽的形状有"T"形或"Π"形。裙部开竖槽后,会使其开槽的一侧刚度变小,在装配时应使其位于做功行程中承受侧压力较小的一侧。通常柴油机活塞受力大,裙部一般不开槽。

⑤ 裙部铸恒范钢片(见图 4-11)。为了减小铝合金活塞裙部的热膨胀量,有些汽油机活塞在活塞裙部或销座内铸入热膨胀系数低的恒范钢片。恒范钢为低碳铁镍合金,其膨胀系数仅为铝合金的 1/10,而销座通过恒范钢片与裙部相连,牵制了裙部的热膨胀变形量。

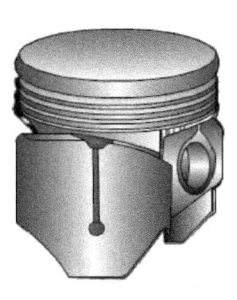

图 4-10 拖鞋式裙部

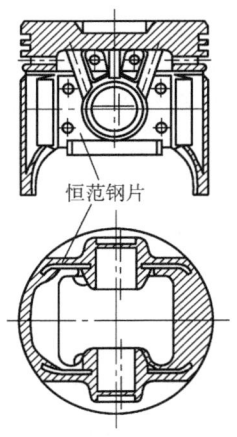

图 4-11 裙部铸恒范钢片

⑥ 自动热补偿活塞。若将图 4-11 中的恒范钢片改为普通碳素钢片,则由于两种金属的热膨胀系数不同,当温度升高时双金属壁发生弯曲,而钢片两端的距离基本不变,从而限制了裙部的热膨胀量。因为这种控制热膨胀的作用随温度升高而增大,所以称这种活塞为自动热补偿活塞。

⑦ 镶筒形钢片活塞。如图 4-12 所示,在浇铸这种活塞时,钢筒夹在铝合金中间,在铝合金冷凝时,由于铝合金的收缩比钢大得多,于是在钢筒与内侧铝合金层之间形成收缩缝隙,而钢筒外侧的铝合金层包紧在钢筒上,使钢筒产生压应力。当发动机工作时,随着活塞温度的升高,首先要消除钢筒与内侧铝合金层间的收缩缝隙和钢筒与外侧铝合金层的残留应力,然后才向外侧膨胀,结果使整个活塞裙部的热膨胀量相应减小。

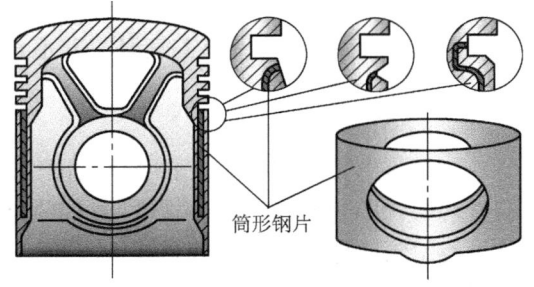

图 4-12 镶筒形钢片活塞

为了提高裙部摩擦和磨合性能,有的还在活塞裙部表面喷涂石墨、锡或二氧化钼。

(4) 活塞的冷却 为了减轻活塞顶部和头部的热负荷,常采取机油冷却,常见的方法有:

1) 喷射冷却。从连杆小头上的喷油孔或从安装在机体上的喷油嘴喷射机油到活塞内表面,如图 4-13a、b 所示。

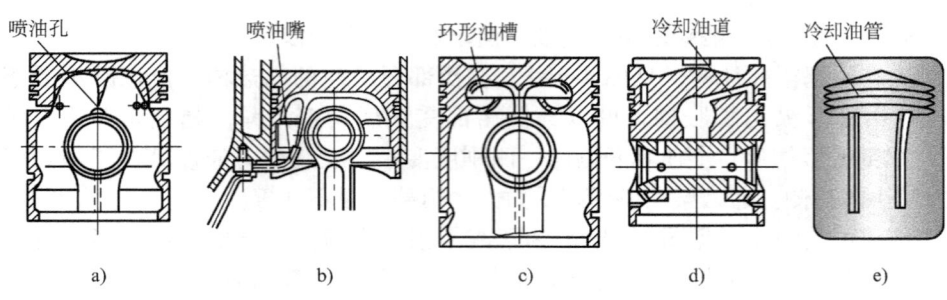

图 4-13 活塞的冷却
a)、b) 喷射冷却 c) 振荡冷却 d)、e) 强制冷却

2）振荡冷却。从连杆小头上的喷油孔将机油喷入活塞内壁的环形油槽中，由于活塞的运动使机油在油槽中产生振荡而冷却活塞，如图 4-13c 所示。

3）强制冷却。在活塞头部铸出冷却油道或铸入冷却油管，使机油在其中强制流动以冷却活塞，如图 4-13d、e 所示。强制冷却法被增压发动机广泛采用。

（5）活塞销孔偏置结构（见图 4-14） 有些高速汽油机的活塞销孔中心线偏离活塞中心线平面，向做功行程中受侧压力的一方偏移了 1~2mm。这种结构可使活塞在压缩行程到做功行程中较为柔和地从压向气缸的一面过渡到压向气缸的另一面，以减小敲缸的声音。在安装时要注意，活塞销偏置的方向不能装反，否则换向敲击力会增大，使裙部受损。

2. 活塞环

活塞环是具有弹性的开口环，有气环和油环之分。一般一个活塞有 2~3 道气环，1 道油环（见图 4-15）。

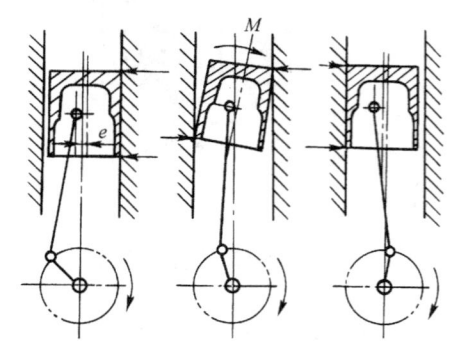

图 4-14 活塞销孔偏置结构
e—偏移量 M—力矩

（1）气环

1）气环的作用。气环的作用是保证气缸与活塞间的密封性，防止漏气，并且把活塞顶部吸收的大部分热量传给气缸壁，由冷却液带走。

2）气环基本结构。气环基本结构如图 4-16 所示。

3）气环的工作原理。气环开有切口，具有弹性，在自由状态下外径大于气缸直径，它与活塞一起装入气缸后，外表面紧贴在气缸壁上，形成第一密封面（见图 4-17）；被封闭的气体不能通过环周与气缸

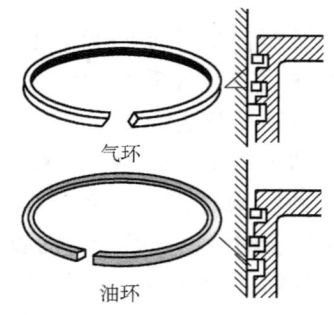

图 4-15 活塞环

之间，便进入了环与环槽的空隙，一方面把环压到环槽端面形成第二密封面；另一方面，作用在环背的气体压力又大大加强了第一密封面的密封作用。气环的密封效果一般与气环数量有关，汽油机一般采用 2 道气环，柴油机一般采用 3 道气环。

4）气环的种类。按气环的截面形状不同分，常见的有矩形环、扭曲环、锥面环、梯形

环、桶面环、开槽环和顶岸环等（见图4-18）。

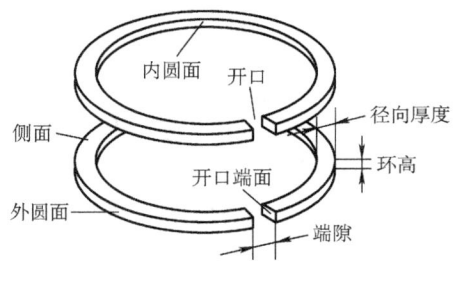

图4-16 气环基本结构

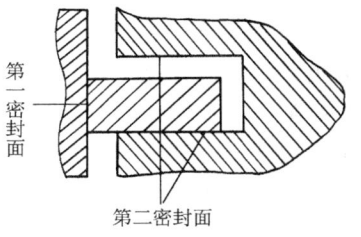

图4-17 气环密封原理

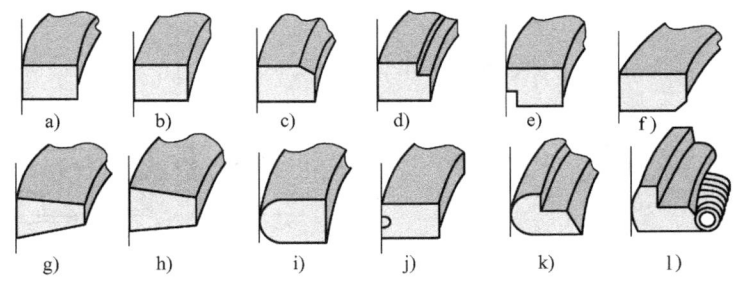

图4-18 活塞环截面种类
a) 矩形环 b) 锥面环 c)、d) 上内切正扭曲环 e) 下外切正扭曲环
f) 下内切反扭曲环 g) 梯形环 h) 楔形环 i) 桶面环 j) 开槽环 k)、l) 顶岸环

① 矩形环（见图4-18a）。其断面为矩形，结构简单，制造方便，易于生产，应用最广。但矩形环随活塞往复运动时，会把气缸壁面上的机油不断送入气缸中（见图4-19）。这种现象称为"气环的泵油作用"。这是因为活塞下行时，由于环与气缸壁的摩擦阻力及环的惯性，环被压靠在环槽的上端面，气缸壁面上的油被刮入下边隙和内边隙；活塞上行时，环又被压靠在环槽的下端面，结果第一道环背隙里的机油就进入燃烧室，燃烧后形成蓝烟冒出，造成机油消耗量增加；还会在燃烧室内形成积炭，造成气缸、活塞、活塞环磨损加剧，甚至使活塞环在环槽内卡死失效；会使火花塞积炭，不能正常点火。可见泵油作用是很有害

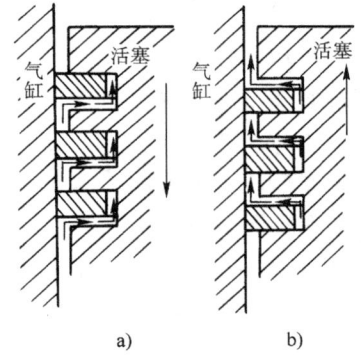

图4-19 矩形环的泵油作用
a) 活塞下行 b) 活塞上行

的，必须设法消除。除了在气环的下面装有油环外，广泛采用了非矩形断面的扭曲环。

② 锥面环（见图4-18b）。其断面呈锥形，外圆工作面上加工一个很小的锥面（0.5°～1.5°），减小了环与气缸壁的接触面，提高了表面接触压力，有利于磨合和密封。活塞下行时，便于刮油；活塞上行时，由于锥面的"油楔"作用，能在油膜上"飘浮"过去，减小磨损。

安装锥面环时，不能装反，否则会引起机油上窜。由于锥面环锥角度很小，不易分辨，所以在环的上侧面做有标记（见图4-20），常见的标志有"0,"、"00"、"T1"、"T2"、"R"、"R1"、"R2"、"S"、"2.5"等。一般"R"代表厂标，字母后的"1"、"2"表示安装位置

为第一道、第二道活塞环;"S"代表标准环,"2.5"代表修理尺寸为+0.25mm活塞环。

③ 扭曲环（见图4-18c、d、e、f）。扭曲环是在矩形环的内圆上边缘或外圆下边缘切去一部分,使断面呈不对称形状,在环的内圆部分切槽或倒角的称为内切环,在环的外圆部分切槽或倒角的称为外切环。装入气缸后,由于断面不对称,外侧作用力合力F_1（见图4-21b）与内侧作用力合力F_2之间有一力臂e,产生了扭曲力矩,使活塞环发生扭曲变形。活塞上行时,扭曲环在残余油膜上"浮过",可以减小摩擦和磨损。活塞下行时,则有刮油效果,避免润滑油上窜。同时,由于扭曲环在环槽中上、下跳动的行程缩短,可以减轻"泵油"的副作用。目前被广泛应用于第二道活塞环槽上,安装时必须注意断面形状和方向,内切口朝上,外切口朝下,不能装反。

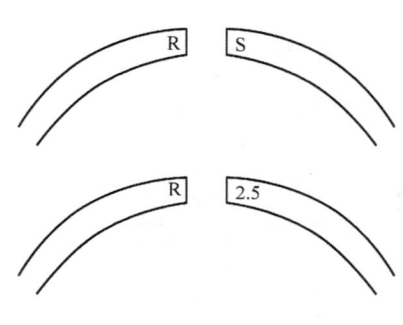

图4-20 活塞环安装标记

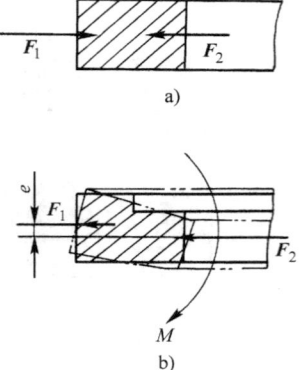

图4-21 扭曲环的作用原理
a) 矩形环 b) 扭曲环

若将内圆面上的边缘或外圆下的边缘切除一部分,整个气环将扭曲成碟子形,则称这种环为正扭曲环（见图4-18c、d、e）;若将内圆面的下边切除一部分,气环将扭曲成盖子形,则称其为反扭曲环（见图4-18f）。在环面上切去部分金属称为切台。

④ 梯形环（见图4-18g）。其断面呈梯形,工作时,梯形环在压缩行程和做功行程随着活塞受侧压力的方向不同而不断地改变位置,这样会把沉积在环槽中的积炭挤出去,避免了环被粘在环槽中而折断。因此可以延长环的使用寿命。但缺点是加工困难,精度要求高。楔形环（见图4-18h）也有梯形环的清除积炭作用,而且因为截面不对称,装入气缸后还会发生扭曲,兼有扭曲环的作用。

⑤ 桶面环（见图4-18i）。桶面环的外圆为凸圆弧形。当桶面环上下运动时,均能与气缸壁形成楔形空间,使机油容易进入摩擦面,减小磨损。由于它与气缸呈圆弧接触,故对气缸表面的适应性和对活塞偏摆的适应性均较好,有利于密封,但凸圆弧表面加工较困难。

⑥ 开槽环（见图4-18j）。在外圆面上加工出环形槽,在槽内填充能吸附机油的多孔性氧化铁,有利于润滑、磨合和密封。

⑦ 顶岸环（见图4-18k、l）。断面为"L"形,因为顶岸环距活塞顶面近（见图4-22）,做功行程时,燃气压力能迅速作用于环的上侧面和内侧面,使环的下面与环槽的下

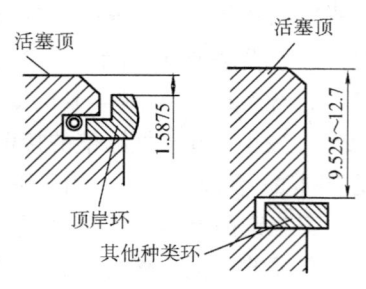

图4-22 顶岸环特点

面、外侧面与气缸壁面贴紧，有利于密封，还可以减少汽车尾气中 HC 的排放量。

按气环的开口形状不同，顶岸环主要有直开口、斜开口和阶梯开口等（见图 4-23）。直开口加工容易，但密封性差；阶梯形开口密封性好，工艺性差；斜开口的密封性和工艺性介于前两种开口之间，斜角一般为 30°或 45°。

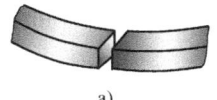 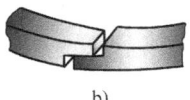 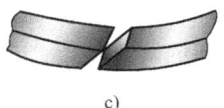

图 4-23 活塞环开口形状
a) 直开口 b) 阶梯开口 c) 斜开口

活塞环在高温、高压、高速和润滑极其困难的条件下工作，一直是发动机上使用寿命最短的零件，目前广泛采用合金铸铁铸造，第一道气环外圆面镀铬以提高耐磨性，其余环一般镀锡或磷化。

（2）油环

1）油环的作用。油环起布油和刮油的作用。下行时，刮除气缸壁上多余的机油，上行时在气缸壁上铺涂一层均匀的油膜。这样既可以防止机油窜入气缸燃烧，又可以减少活塞、活塞环与气缸壁的摩擦阻力，还能起到封气的辅助作用。

2）油环种类和结构：油环有槽孔式、槽孔撑簧式和组合式三种。

① 槽孔式油环。槽孔式油环又叫整体式油环。环的外圆柱面中间加工有凹槽，形成上下两道刮油唇，槽中钻有小孔或开切槽，槽孔式油环的断面形状如图 4-24 所示。

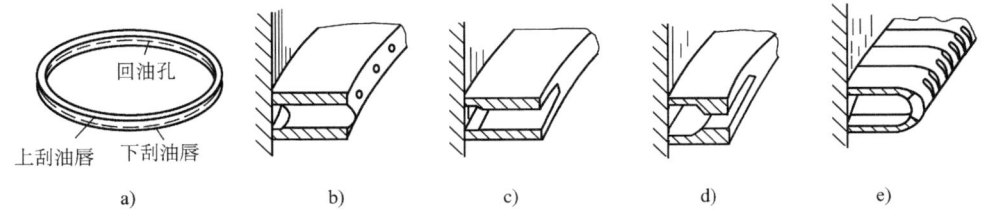

图 4-24 槽孔式油环的断面形状
a) 槽孔式油环 b) 圆孔断面 c) 长孔断面 d) 渠形断面 e) 弯片形断面

② 槽孔撑簧式油环。在槽孔油环的内圆面加装撑簧即为槽孔撑簧式油环。一般作为油环撑簧的有螺旋弹簧、板形弹簧和轨形弹簧三种（见图 4-25）。这种油环由于增大了环与气缸壁的接触压力，而使环的刮油能力和耐久性有所提高。

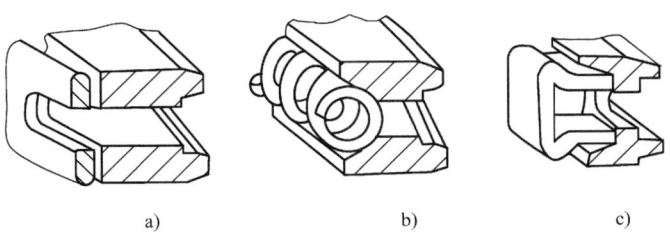

图 4-25 槽孔撑簧式油环
a) 板形撑簧油环 b) 螺旋撑簧油环 c) 轨形撑簧油环

③ 组合式油环。其结构形式多样（见图4-26），一般由上下数片刮油钢片与中间的扩张器组成。扩张器有轨形撑环、撑簧、轴向衬环和径向衬环等多种形式，它们使刮油钢片紧紧压向气缸壁和活塞环槽。刮油钢片表面镀铬，很薄，对气缸的比压力（单位截面积上活塞环对气缸壁的压力）大，刮油效果好；而且数片刮油钢片彼此独立，对气缸失圆和活塞变形的适应性好；回油通路大，质量轻。近年来汽车发动机上越来越多地采用了组合式油环。组合式油环的缺点主要是制造成本高。

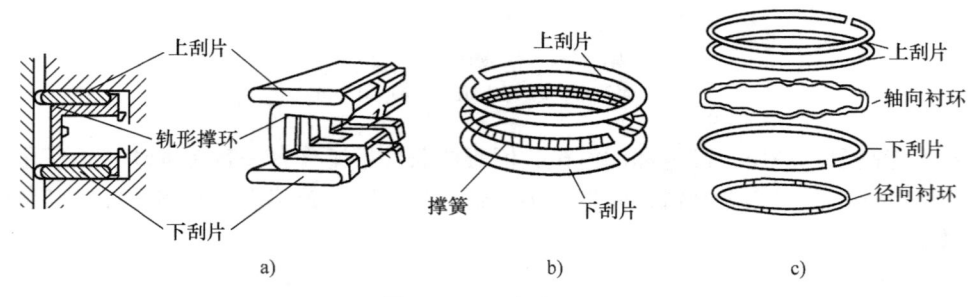

图 4-26 组合式油环
a) 轨形撑环油环 b) 撑簧油环 c) 多衬簧油环

3. 活塞销

活塞销的作用是连接活塞和连杆小头，将活塞承受的气体作用力传给连杆。

活塞销的内孔有三种形状：圆柱形、组合形（两段截锥与一段圆柱组合）和两段截锥形（见图4-27）。

活塞销与活塞销座孔及连杆小头衬套孔的连接方式有全浮式和半浮式两种（见图4-28）。

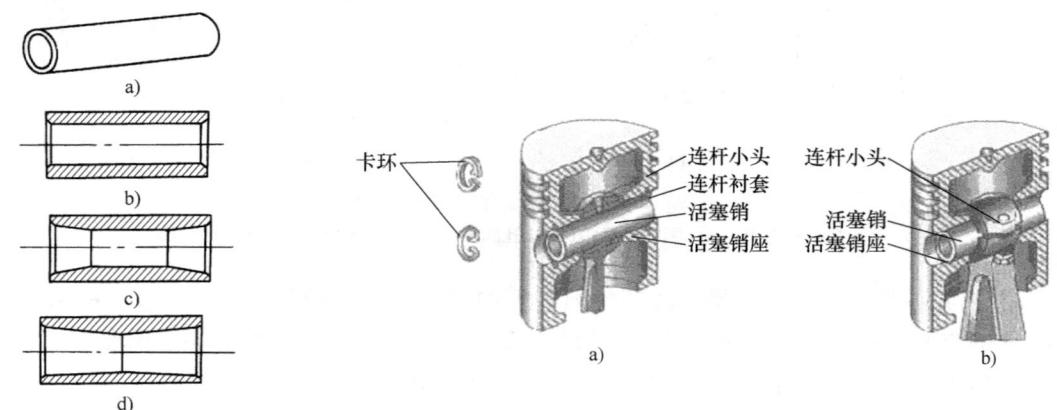

图 4-27 活塞销
a) 活塞销 b) 圆柱形内孔
c) 组合形内孔 d) 两段截锥形

图 4-28 活塞销的连接方式
a) 全浮式 b) 半浮式

"全浮式"是指当发动机工作时，活塞销、连杆小头和活塞销座都有相对运动，使磨损均匀。为了防止活塞销轴向窜动刮伤气缸壁，在活塞销两端装有卡环，进行轴向定位。由于铝活塞热膨胀系数比钢大，为了保证在高温工作时活塞销与活塞销座孔有正常的间隙（0.01~0.02mm），在冷态时为过渡配合，装配时，应先把铝活塞加热到一定程度，再装入活塞销。

"半浮式"的特点是活塞销中部与连杆小头采用紧固螺栓连接，活塞销只能在两端销座内作自由摆动，而和连杆小头没有相对运动，所以不需要连杆衬套。活塞销不会作轴向窜动，不需要卡环。此种形式在小轿车上应用较多。

4. 连杆

（1）连杆的功用　连杆的功用是连接活塞与曲轴，将活塞的往复运动转变成曲轴的旋转运动。

（2）连杆的结构　连杆由连杆小头、连杆杆身和连杆大头等部分组成（见图4-29）。

连杆小头与活塞销相连。对全浮式活塞销，由于工作时连杆小头孔与活塞销之间有相对运动，所以在连杆小头孔中压入减摩的青铜连杆衬套。为了润滑活塞销与衬套，在连杆小头和衬套上铣有油槽或钻有油孔，以收集发动机运转时飞溅上来的润滑油并用以润滑。有的发动机连杆小头采用压力润滑，在连杆杆身内钻有纵向的压力油通道。半浮式活塞销与连杆小头是紧密配合的，所以连杆小头孔内不需要衬套，也不需要润滑。

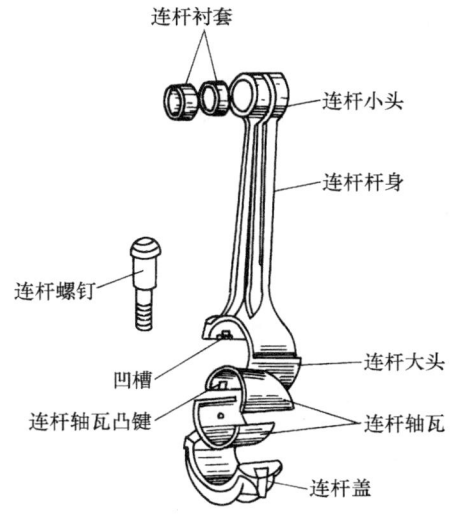

图4-29　连杆的结构

连杆杆身通常做成"工"字形断面，抗弯强度好，质量小，大圆弧过渡，且上小下大。采用压力法润滑的连杆，杆身中部制有连通大头、小头的油道。

连杆大头与曲轴的连杆轴颈相连，大头有整体式和分开式两种。一般都采用分开式，分开式又分为平分和斜分两种（见图4-30）。

平分式——剖分面与连杆杆身轴线垂直（见图4-30a），汽油机多采用这种连杆。因为一般汽油机连杆大头的横向尺寸都小于气缸直径，可以方便地通过气缸进行拆装。

斜分式——剖分面与连杆杆身轴线成30°~60°夹角（见图4-30b）。柴油机多采用这种连杆。因为柴油机压缩比大，受力较大，曲轴的连杆轴颈较粗，相应的连杆大头尺寸往往超过了气缸直径。为了使连杆大头能通过气缸，便于拆装，一般都采用斜切口。安装斜切口的连杆盖时应注意方向。

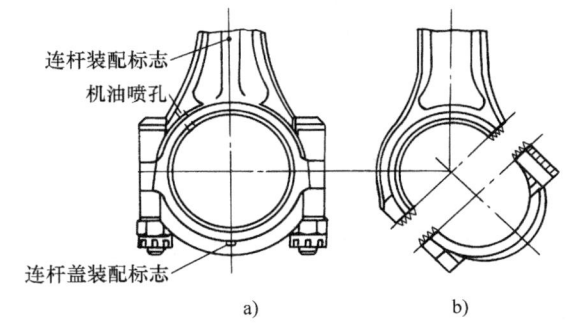

图4-30　连杆大头
a）平分式　b）斜分式

把连杆大头分开可取下的部分称为连杆盖，连杆与连杆盖配对加工，加工后，在它们同一侧打上装配标志，安装时不得互相调换或变更方向。为此，在结构上采取了定位措施。平切口连杆盖与连杆的定位多采用连杆螺栓定位，利用连杆螺栓中部精加工的圆柱凸台或光圆柱部分与经过精加工的螺栓孔来保证。斜切口连杆常用的定位方法有锯齿定位、圆销定位、套筒定位和止口定位，如图4-31所示。

连杆盖和连杆大头用连杆螺栓连在一起，连杆螺栓在工作中承受很大的冲击力，若折

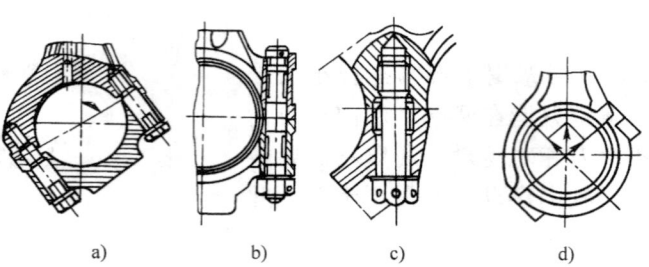

图 4-31　分开式连杆大头定位方法
a）锯齿定位　b）圆销定位　c）套筒定位　d）止口定位

断或松脱，将造成严重事故。为此，连杆螺栓都采用优质合金钢，并经精加工和热处理特制而成，损坏后绝不能用其他螺栓来代替。安装连杆盖拧紧连杆螺栓螺母时，要分 2～3 次交替均匀地拧紧，最后用力矩扳手拧紧到规定的力矩，拧紧后还应可靠地锁紧。

连杆大头孔内装有瓦片式滑动轴承（见图 4-32），简称连杆轴瓦。

轴瓦分上、下两个半片。半个轴瓦在自由状态下不是半圆形，当它们装入连杆大头孔内时，又有过盈，故能均匀地紧贴在大头孔壁上，具有很好的承受载荷和导热的能力。

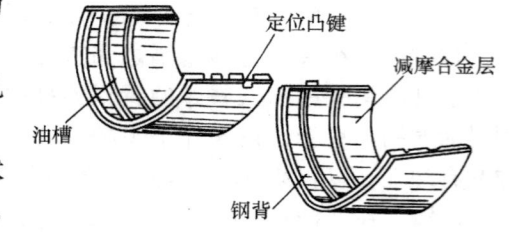

图 4-32　连杆轴瓦

连杆轴瓦上制有定位凸键，安装时嵌入连杆大头和连杆盖的定位槽中，以防轴瓦前后移动或转动，有的轴瓦上还制有油孔，安装时应与连杆上相应的油孔对齐。

轴瓦材料目前多采用 1～3mm 薄壁钢背轴瓦，在其内表面浇铸有减摩合金层。减摩合金层具有质软、容易保持油膜、磨合性好、摩擦阻力小、不易磨损等特点。减摩合金常采用的有白合金（巴氏合金）、铜基合金和铝基合金。

V 形发动机左右两侧对应两个气缸的连杆是装在曲轴的一个连杆轴颈上的，称为叉形连杆，它有如下三种形式：

① 并列式（见图 4-33a）。相对应的左右两缸连杆并列安装在同一连杆轴颈上。

② 主副式（见图 4-33b）。一列缸的连杆为主连杆，直接安装在连杆轴颈上，另一列连杆为副连杆，铰接在主连杆大头（或连杆盖）上的两个凸耳之间。

③ 叉式（见图 4-33c）。左右对应的两列气缸连杆中，一个连杆大头做成叉形，跨于另一个连杆厚度较小的大头两端。

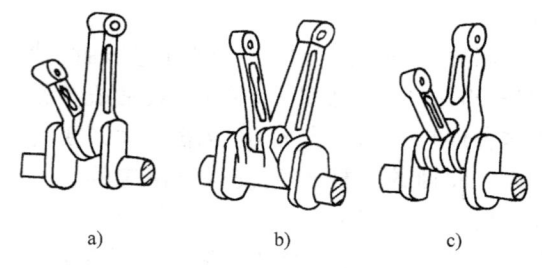

图 4-33　叉形连杆
a）并列式　b）主副式　c）叉式

4.1.4　发动机变速时铛铛响的故障分析【学生分组讨论】

提示：从活塞连杆组各配合间隙过大方面考虑。

4.1.5 活塞连杆组的检测【学生分组实训,详见教材《汽车构造与原理实训第3版》的"任务4.1 活塞环间隙的检查"和"任务4.2 连杆弯扭曲的检查"】

任务4.2 发动机变速时镗镗响的故障排除

4.2.1 发动机变速时镗镗响的故障案例与场景设置

● 桑塔纳2000GSi汽车发动机转速变化时,出现"镗镗"的异常响声,发动机机油压力随之降低【场景也可以采用其他发动机】。

4.2.2 曲轴飞轮组拆装实训【学生分组实训,详见教材《汽车构造与原理实训第3版》的"任务2.2 发动机基本拆装"】

4.2.3 曲轴飞轮组结构原理

曲轴飞轮组件主要由曲轴、飞轮和一些附件组成,如图4-34所示。

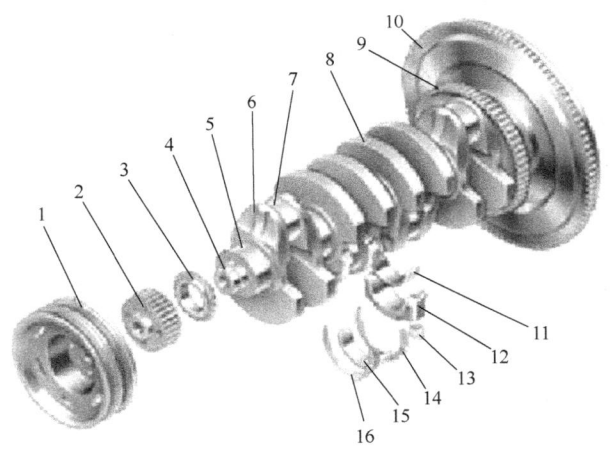

图4-34 曲轴飞轮组件
1—曲轴带轮 2—曲轴正时齿轮带轮 3—曲轴链轮
4—曲轴前端 5—曲轴主轴颈 6—曲柄臂
7—曲柄销(连杆轴颈) 8—平衡重块
9—转速传感器脉冲轮 10—飞轮 11、15—主轴瓦
12—主轴瓦盖 13—螺母 14、16—止推垫片

1. 曲轴

(1) 曲轴的功用 曲轴是发动机最重要的机件之一。它与连杆配合将作用在活塞上的气体压力变为旋转的动力,传给底盘的传动机构。同时,驱动配气机构和其他辅助装置,如风扇、水泵、发电机等。

曲轴一般用中碳钢或中碳合金钢模锻而成。为了提高耐磨性和耐疲劳强度，轴颈表面经高频感应淬火或渗氮处理，并经精磨加工，以达到较高的表面硬度和表面粗糙度的要求。若曲轴表面磨损或失圆，则应进行磨修或更换。

（2）曲轴的结构 曲轴一般由主轴颈5、曲柄销（连杆轴颈）7、曲柄臂6、平衡重块8、主轴瓦11等组成。一个主轴颈、一个连杆轴颈和一个曲柄臂组成了一个曲柄，曲轴的曲柄数等于气缸数（直列式发动机）；V形发动机曲轴的曲柄数等于气缸数的一半。

1）主轴颈。曲轴的支承部分，通过主轴瓦支承在曲轴箱的主轴瓦座中。主轴瓦的数目不仅与发动机的气缸数目有关，还取决于曲轴的支承方式。曲轴的支承方式一般有两种，一种是全支承曲轴，另一种是非全支承曲轴（见图4-35）。

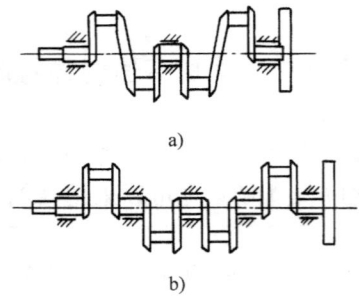

全支承曲轴：曲轴的主轴颈数比气缸数目多一个，即每一个连杆轴颈两边都有一个主轴颈。这种支承，曲轴的强度和刚度都比较好，并且减轻了主轴瓦载荷，减小了磨损。

图4-35 曲轴的支承方式
a）非全支承 b）全支承

非全支承曲轴：曲轴的主轴颈数比气缸数目少或与气缸数目相等，主轴瓦载荷较大，但缩短了曲轴的总长度，使发动机的总体长度有所减小。

有的大型发动机曲轴采用组合式，由若干段组合在一起，通过滚动轴承支承在机体上。

2）曲柄销（连杆轴颈）。连杆轴颈是曲轴与连杆的连接部分，直列发动机的连杆轴颈数和气缸数相等。V形发动机的连杆轴颈数等于气缸数的一半。

3）曲柄臂。曲柄臂是主轴颈和连杆轴颈的连接部分。为了平衡惯性力，曲柄臂处铸有（或紧固有）平衡重块。它用来平衡发动机不平衡的离心力矩，有时还用来平衡一部分往复惯性力，使曲轴旋转平稳。

曲柄连杆机构的运动惯性力如图4-36所示。当活塞上下变速运动时，要产生往复惯性力F_j（方向与大小随运动位置而变化）；同时，由于曲柄、曲柄销和连杆大头绕曲轴轴线旋转，产生旋转惯性力，即离心力F_c，其方向沿曲柄半径向外，其大小与曲柄半径、旋转部分的质量及曲轴转速有关。往复惯性力和旋转惯性力的作用，导致发动机振动零部件的变形和磨损，必须采取平衡措施。

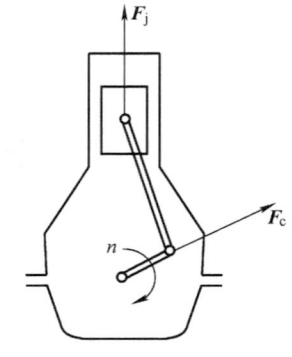

对于4缸、6缸等多缸发动机，由于曲柄对称布置，往复惯性力和离心力及其产生的力距，从整体上看相互平衡。图4-37a所示为4缸发动机曲轴的受力与平衡，第一和第四连杆轴颈的离心力F_1和F_4，与第二和第三连杆轴颈的离心力F_2和F_3因

图4-36 曲柄连杆机构的运动惯性力

大小相等、方向相反而互相平衡；F_1和F_2形成的力偶矩M_{1-2}与F_3和F_4形成的力偶矩M_{3-4}也能互相平衡。但两个力偶矩都给曲轴造成了弯曲载荷，曲轴若刚度不够就会产生弯曲变形，引起主轴颈和轴瓦偏磨。为了减轻主轴瓦负荷，一般都在曲柄的相反方向设置平衡重（见图4-37b）。

在一些高档发动机上，还采用加装平衡轴的方法进行惯性力的平衡，使发动机运转更加平稳。

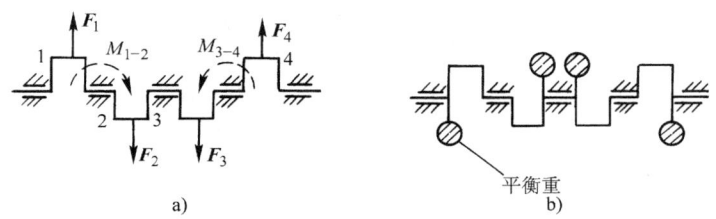

图 4-37　4 缸发动机曲轴的受力与平衡
a）受力　b）惯性力平衡

曲轴曲柄的布置，不但影响到发动机的平衡，还影响到发动机的工作顺序。

多缸发动机的点火顺序应均匀分布在 720°曲轴转角内，并且使连续做功的两缸相距尽可能远，以减轻主轴瓦的载荷，避免可能发生的进气重叠现象。

4 缸四冲程发动机的点火间隔角为 720°/4 = 180°，4 个曲柄布置在同一平面内（见图 4-38）。1、4 缸与 2、3 缸互相错开 180°，其点火顺序的排列有两种可能，即 1-3-4-2 或 1-2-4-3，其工作循环分别见表 4-1 和表 4-2。

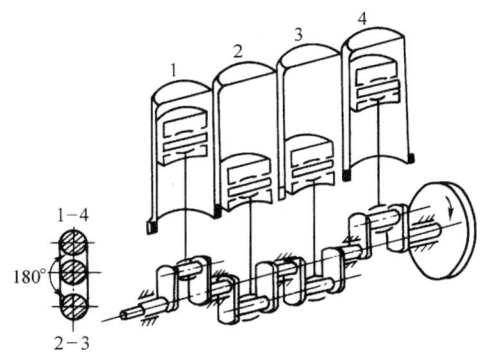

图 4-38　4 缸四冲程发动机曲柄布置

表 4-1　4 缸四冲程发动机工作循环（点火顺序 1-3-4-2）

曲柄转角/(°)	第一缸	第二缸	第三缸	第四缸
0 ~ 180	做功	排气	压缩	进气
180 ~ 360	排气	进气	做功	压缩
360 ~ 540	进气	压缩	排气	做功
540 ~ 720	压缩	做功	进气	排气

表 4-2　4 缸四冲程发动机工作循环（点火顺序 1-2-4-3）

曲柄转角/(°)	第一缸	第二缸	第三缸	第四缸
0 ~ 180	做功	压缩	排气	进气
180 ~ 360	排气	做功	进气	压缩
360 ~ 540	进气	排气	压缩	做功
540 ~ 720	压缩	进气	做功	排气

6 缸四冲程直列发动机的点火间隔角为 720°/6 = 120°，6 个曲柄分别布置在三个平面内（见图 4-39），有两种点火顺序，1-5-3-6-2-4 和 1-4-2-6-3-5，前者工作循环见表 4-3。

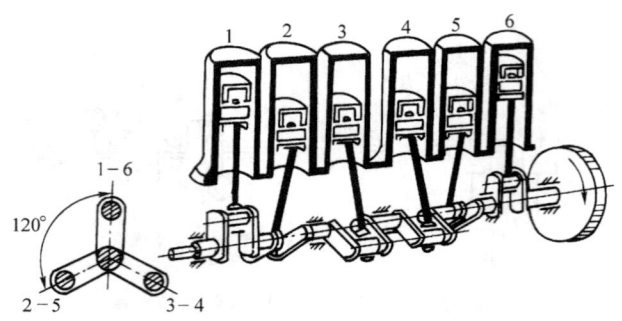

图 4-39 6 缸四冲程直列发动机曲柄布置

表 4-3 6 缸四冲程直列发动机工作循环（点火顺序 1-5-3-6-2-4）

曲柄转角/(°)		第一缸	第二缸	第三缸	第四缸	第五缸	第六缸
0 ~ 180	60	做功	排气	进气	做功	压缩	进气
	120						
	180			压缩	排气		
180 ~ 360	240	排气	进气			做功	压缩
	300						
	360			做功	进气		
360 ~ 540	420	进气	压缩			排气	做功
	480						
	540			排气	压缩		
540 ~ 720	600	压缩	做功			进气	排气
	660						
	720		排气	进气	做功	压缩	

6 缸四冲程 V 形发动机的点火间隔角仍为 120°，3 个曲柄互成 120°（见图 4-40），点火顺序为 R1-L3-R3-L2-R2-L1（R1 代表面向发动机前端右侧的第一缸，向后依次为 R2、R3，L1 代表面向发动机前端左侧的第一缸，向后依次为 L2、L3）。它的工作循环见表 4-4。

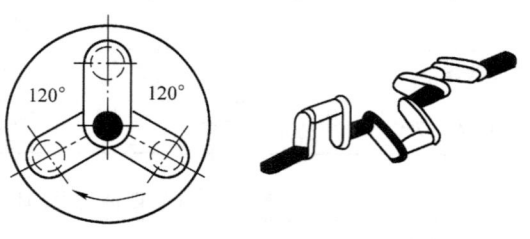

图 4-40 6 缸四冲程 V 形发动机曲柄布置

8 缸四冲程 V 形发动机的点火间隔角为 720°/8 = 90°，发动机左右两列对应的一对连杆共用一个曲柄，所以 V 形 8 缸发动机只有 4 个曲柄（见图 4-41）。曲柄布置可以与 4 缸发动机相同，4 个曲柄互相错开 90°。点火顺序有两种：R1-L1-R4-L4 – L2-R3-L3-R2 和 L1-R4-L4 – L2-R3-R2-L3-R1，前者工作循环见表 4-5。

4）曲轴前端（见图 4-42）。曲轴前端装有定时齿轮 4、驱动风扇和水泵的带轮 7 以及起动爪 8 等。为了防止润滑油沿曲轴轴颈外漏，在曲轴前端装有一个甩油盘 5，它随曲轴转动，将漏出的润滑油甩回油底壳。甩油盘外斜面向后，安装时应注意方向，否则会产生相反效果。在齿轮室盖上装有油封 6，防止润滑油外漏。

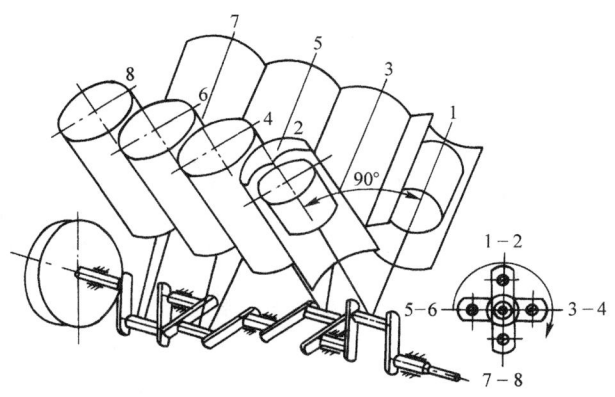

图 4-41 8 缸四冲程 V 形发动机曲柄布置

表 4-4 V6 发动机工作循环（点火顺序 R1-L3-R3-L2-R2-L1）

曲柄转角/（°）		R1	R2	R3	L1	L2	L3
0～180	60	做功	排气	进气	做功	进气	压缩
	120						
	180			压缩	排气		
180～360	240	排气	进气			压缩	做功
	300						
	360			做功	进气		
360～540	420	进气	压缩			做功	排气
	480						
	540			排气	压缩		
540～720	600	压缩	做功			排气	进气
	660			进气	做功		
	720		排气				压缩

表 4-5 V8 发动机工作循环（点火顺序 R1-L1-R4-L4－L2-R3-L3-R2）

曲柄转角/（°）		R1	R2	R3	R4	L1	L2	L3	L4
0～180	90	做功	做功	排气	压缩	压缩	进气	排气	进气
	180		排气	进气		做功			压缩
180～360	270	排气			做功		压缩	进气	
	360		进气	压缩		排气			做功
360～540	450	进气			排气		做功	压缩	
	540		压缩	做功		进气			排气
540～720	630	压缩			进气		排气	做功	
	720		做功	排气		压缩			进气

5）曲轴后端。曲轴后端用来安装飞轮。在后轴颈与飞轮凸缘之间制成挡油凸缘和回油螺纹，并安装有油封或密封填料等，以阻止润滑油向后窜漏（见图4-43）。

6）曲轴的轴向定位。由于曲轴经常受到离合器施加于飞轮的轴向力作用，有的曲轴前端采用斜齿传动，使曲轴产生前后窜动，影响了曲柄连杆机构各零件的正确位置，增大了发动机磨损、异响和振动，故必须进行曲轴轴向定位。另外，曲轴工作时会受热膨胀，还必须留有膨胀的余地。

曲轴定位一般采用滑动推力轴承，安装在曲轴前端或中后部主轴瓦上。

推力轴承有两种形式：翻边主轴瓦的翻边部分或具有减摩合金层的半圆环止推片（见图4-44），磨损后可更换。

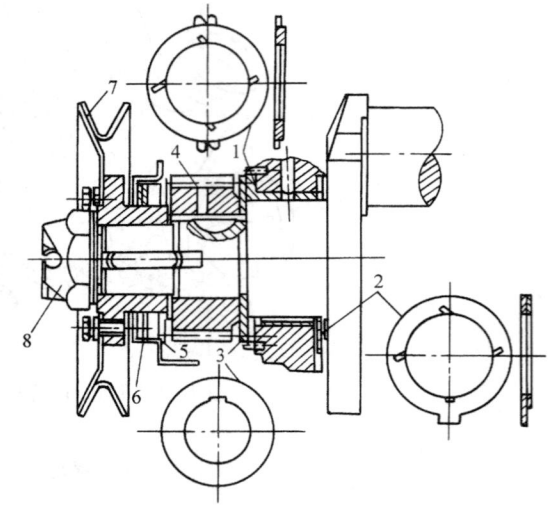

图4-42　曲轴前端结构
1、2—滑动推力轴承　3—止推片　4—定时齿轮
5—甩油盘　6—油封　7—带轮　8—起动爪

7）曲轴润滑。为了润滑曲轴主轴颈和曲柄销（连杆轴颈），在轴颈上钻有油道，并由斜油道相通（见图4-45），再与机体的主油道连通。

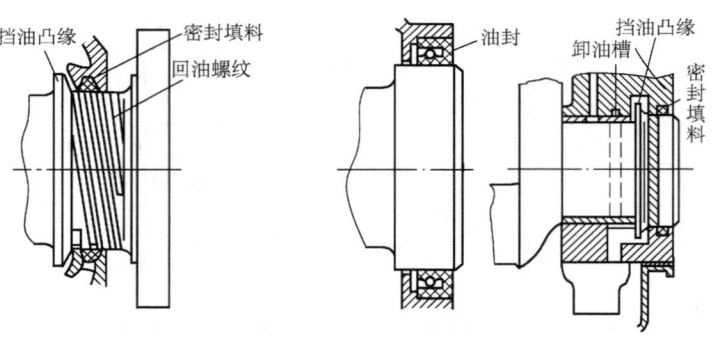

图4-43　曲轴后端

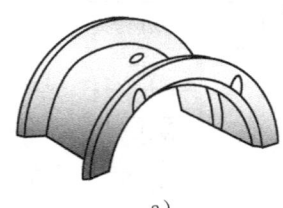 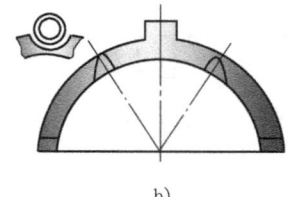

a)　　　　　　　　b)

图4-44　曲轴推力轴承
a）翻边轴瓦　b）半圆环止推片

2. 曲轴扭转减振器

在发动机的工作过程中，经连杆传给连杆轴颈的作用力的大小和方向都是周期性变化

的，所以曲轴各个曲柄的旋转速度也是忽快忽慢呈周期性变化，导致各曲柄之间产生周期性相对扭转的现象称为曲轴的扭转振动，简称扭振。曲轴扭振会造成发动机磨损加剧、功率下降。当振动强烈时甚至会扭断曲轴。扭转减振器的功用就是吸收曲轴扭转振动的能量，消减扭转振动。

汽车发动机多采用橡胶扭转减振器、硅油扭转减振器和硅油—橡胶扭转减振器。

（1）橡胶扭转减振器 如图4-46a所示，减振器壳体与曲轴连接，并通过橡胶层与减振质量连接在一起。

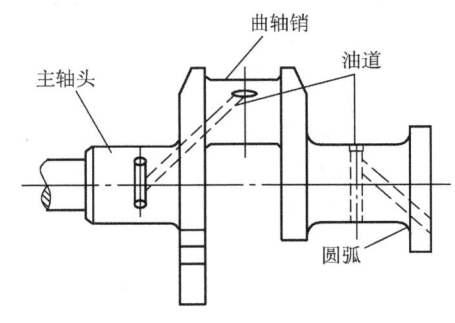

图4-45 曲轴润滑

发动机工作时，减振器壳体与曲轴一起振动，由于减振质量惯性滞后于减振器壳体，因而在两者之间产生相对运动，使橡胶层来回揉搓，振动能量被橡胶的内摩擦阻尼吸收，从而使曲轴的扭振得以消减。

图4-46b所示为带轮—橡胶扭转减振器，它的工作原理与前面相似，类似结构被应用于东风EQ6100-1和YC6105QC等发动机上。

橡胶扭转减振器结构简单，工作可靠，制造容易，在汽车上广泛应用。但其阻尼作用小，橡胶容易老化，故在大功率发动机上较少应用。

（2）硅油扭转减振器 如图4-47a所示，减振器壳体与曲轴连接。侧盖与减振器壳体组成封闭腔，其中滑套着减振质量。减振质量与封闭腔之间留有一定的间隙，里面充满高黏度硅油。

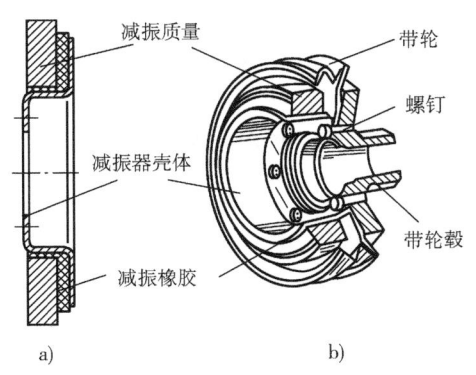

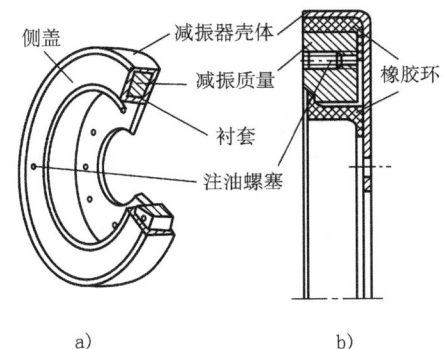

图4-46 橡胶扭转减振器
a）橡胶扭转减振器 b）带轮—橡胶扭转减振器

图4-47 硅油扭转减振器
a）硅油扭转减振器 b）硅油—橡胶扭转减振器

当发动机工作时，减振器壳体与曲轴一起旋转，减振质量则被硅油的黏性摩擦阻尼和衬套的摩擦力所带动。由于减振质量相当大，因此它近似作匀速运动，于是在减振质量与减振器壳体间产生相对运动。曲轴的振动能量被硅油的内摩擦阻尼吸收，使扭振消除或减轻。

硅油扭转减振器减振效果好，性能稳定，工作可靠，结构简单，维修方便，但它需要良好的密封和较大的减振质量，致使减振器尺寸较大。

（3）硅油—橡胶扭转减振器 如图4-47b所示，扭转减振器中的橡胶环主要用作弹性体，并用来密封硅油和支撑减振质量。在封闭腔内注满高黏度硅油。硅油—橡胶扭转减振器集中了硅油减振器和橡胶减振器的优点，即体积小，质量轻和减振性能稳定等。

3. 飞轮

飞轮是一个很重的铸铁圆盘（见图4-48），用螺栓固定在曲轴后端的接盘上，具有很大的转动惯量。其主要功用是储存做功行程的能量，用于克服进气、压缩和排气行程的阻力和其他阻力，使曲轴能均匀地旋转。

飞轮外缘压有齿圈与起动电动机的驱动齿轮啮合，供起动发动机用；汽车离合器也装在飞轮上，利用飞轮后端面作为驱动件的摩擦面，用来对外传递动力。

在飞轮轮缘上做有记号（刻线或销孔）供找上止点用。当飞轮上的记号与外壳上的记号对正时，正好是上止点（见图4-49）。有的还有进排气相位记号、供油（柴油机）或点火（汽油机）记号，供安装和修理用。

图4-48　飞轮

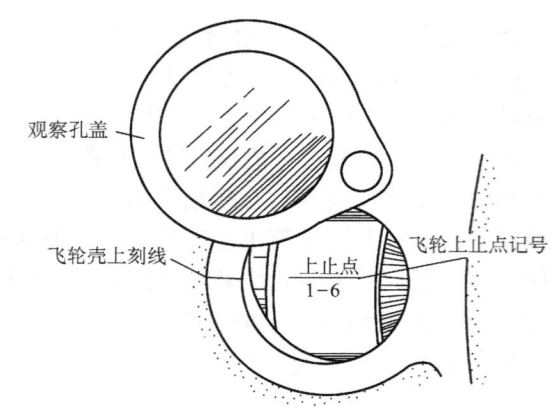

图4-49　飞轮记号

飞轮与曲轴在制造时一起进行过动平衡实验，在拆装时应严格按相对位置安装。飞轮紧固螺钉承受作用力大，应按规定力矩和正确方法拧紧。

4.2.4　发动机变速时镗镗响的故障诊断【学生分组讨论】

发动机曲柄连杆机构常见故障与排除可参考表4-6。

表4-6　曲柄连杆机构常见故障与排除

故障现象	故障原因	排除方法
排气管冒蓝烟，起动困难，功率下降	活塞环磨损严重	更换
	活塞磨损严重	更换
	连杆弯、扭曲	更换或修复
声响异常	曲轴径向间隙过大，转速变化时发出"喧喧"声	更换主轴瓦
	曲轴轴向间隙过大，转速变化时发出"咯噔"声	调整
	活塞销间隙过大，急速与低速变速时发出"嗒嗒"响	更换连杆衬套
	连杆径向间隙过大，转速变化时发出"哨哨"声	更换连杆轴瓦
	连杆弯、扭曲，产生"哒哒"敲缸声	校正连杆或更换
	活塞环折断，产生钝哑的"啪啪"响	更换
	活塞环磨损严重，产生"咝咝"的漏气响	更换

(续)

故障现象	故障原因	排除方法
曲轴箱窜气，气缸压力下降，起动困难，功率下降	活塞环磨损严重	更换
	连杆弯、扭曲	校正连杆或更换
	活塞偏缸	调整安装
水温过高	活塞磨损严重	更换
	活塞环磨损严重	更换
	活塞环间隙过小	修复或更换

4.2.5 曲轴飞轮组的检测【学生分组实训，详见教材《汽车构造与原理实训第3版》的"任务4.3 曲轴磨损及变形的检查"和"任务4.4 曲轴安装间隙的检查"】

项目小结

1. 曲柄连杆机构由活塞连杆组件和曲轴飞轮组件组成。活塞连杆组件主要由活塞、活塞销、活塞环、连杆、连杆轴承、连杆螺钉等组成；曲轴飞轮组件主要由曲轴、曲轴轴承、曲轴齿轮、带轮、飞轮等组成。

2. 活塞一般都采用高强度铝合金制成。其顶部有各种凹坑，组成各种燃烧室；头部有的加工有隔热槽、纤维增强合金环等；头部有活塞环槽；裙部起导向作用，并承受侧压力。整个活塞上小下大，裙部呈椭圆形；有的开有膨胀槽，采用拖鞋式裙部等防止活塞卡死的措施。

3. 活塞环有气环和油环两类。气环起密封、传热作用，有矩形环、扭曲环、锥面环、梯形环、桶面环、开槽环、顶岸环等各种截面形状；油环起布油、刮油、传热作用，有槽孔式、槽孔撑簧式和组合式三种。活塞环安装时应注意安装位置和方向。

4. 连杆由连杆小头、连杆杆身、连杆大头和连杆螺栓等部分组成，连杆螺栓都采用优质材料和工艺特制而成，不能用其他螺栓代替，安装时，要按要求可靠地锁紧。

5. 曲轴一般由主轴颈、曲柄销（连杆轴颈）、曲柄臂、平衡重等组成。曲轴前端装有定时齿轮、带轮、甩油盘、扭转减振器等，曲轴后端连接飞轮。曲轴与主轴瓦之间要求有一定的径向和轴向间隙。

6. 曲轴的曲柄布置应该使各缸点火顺序均匀分布在720°曲轴转角内。4缸机的点火顺序只有1-2-4-3和1-3-4-2两种。根据曲轴的曲柄布置和点火顺序，可分析多缸发动机各缸的工作状况。

7. 发动机可变气缸控制技术是指发动机能够根据汽车外界负荷变化，让部分气缸停止工作的控制技术，它可有效降低发动机燃料消耗和排气污染。

★ 知识与技能评价

一、选择题

1. 下列说法正确的是（   ）。

A. 活塞工作时，顶部温度高，底部温度低
B. 活塞工作时，顶部温度高达 2000～3000K
C. 在做功行程，汽油机的活塞瞬时承受的最大压力值达 6～9MPa
D. 在做功行程，柴油机的活塞瞬时承受的最大压力比汽油机小

2. 下列说法正确的是（　　）。
A. 活塞裙部对活塞在气缸内的往复运动可以起导向作用
B. 活塞裙部在做功时起密封作用
C. 活塞裙部在做功时起承受气体侧压力的作用
D. 活塞裙部安装有 2～3 道活塞环

3. 学生 a 说活塞裙部应该加工成圆形。学生 b 说活塞裙部应该加工成椭圆形。他们的说法应该是（　　）。
A. 只有学生 a 正确　　　　B. 只有学生 b 正确
C. 学生 a 和 b 都正确　　　D. 学生 a 和 b 都不正确

4. 下列说法正确的是（　　）。
A. 活塞一般制成上小下大的锥形或阶梯形
B. 活塞一般制成上大下小的锥形或阶梯形
C. 桶形活塞在任何工作状态下都能得到良好润滑
D. 活塞一般制成上下直径相等的圆柱形

5. 活塞气环主要作用是（　　）。
A. 密封　　　　B. 布油　　　　C. 导热　　　　D. 刮油

6. 学生 a 说活塞环中的扭曲环可以减小摩擦和磨损。学生 b 说扭曲环安装错误时会产生"泵油"作用。他们的说法应该是（　　）。
A. 只有学生 a 正确　　　　B. 只有学生 b 正确
C. 学生 a 和 b 都正确　　　D. 学生 a 和 b 都不正确

7. 学生 a 说组合式油环的刮油钢片对气缸的比压力大，刮油效果好。学生 b 说组合式油环的刮油钢片彼此独立，对气缸壁面适应性好。他们的说法应该是（　　）。
A. 只有学生 a 正确　　　　B. 只有学生 b 正确
C. 学生 a 和 b 都正确　　　D. 学生 a 和 b 都不正确

8. 下列说法正确的是（　　）。
A. 连杆螺栓是由高碳钢材料制造成的
B. 连杆螺栓是由优质合金钢材料制造成的
C. 连杆螺栓紧固时应该分 2～3 次交替均匀地拧紧
D. 连杆螺栓应该以最大力矩拧紧

9. 学生 a 说连杆轴瓦材料内表面浇铸有耐磨合金层，其耐磨合金层具有高硬度的特点。学生 b 说连杆轴瓦材料内表面常采用巴氏合金，其合金层具有质软的特点。他们的说法应该是（　　）。
A. 只有学生 a 正确　　　　B. 只有学生 b 正确
C. 学生 a 和 b 都正确　　　D. 学生 a 和 b 都不正确

10. 下列说法正确的是（　　）。
A. 飞轮的主要功用是储存做功行程的能量，增加发动机功率
B. 飞轮的主要功用是储存做功行程的能量，用于克服进气、压缩和排气行程的阻力和其他阻力，使曲轴均匀地旋转
C. 飞轮轮缘上的记号是供发动机安装和修理用的
D. 飞轮紧固螺钉承受作用力大，应以最大力矩拧紧

二、问答题

1. 有一台四缸内燃机,工作顺序为 1-3-4-2,当第 3 缸处于排气下止点时,请分析各缸活塞的工作状况。

2. 已知某直列 6 缸发动机点火顺序是 1-5-3-6-2-4,当曲轴从 0 旋转到 180°时,第 1 缸处于做功行程,请分析判断当曲轴从 360°旋转到 540°时,第 6 缸应处于什么行程?

三、实操题

1. 正确拆装活塞连杆组件和曲轴飞轮组件,并说明各零部件结构的特点。
2. 正确检测活塞环各种间隙。
3. 正确检测连杆弯、扭曲。
4. 正确检测曲轴磨损及变形。

补充阅读材料 1 可变气缸控制技术

1. 可变气缸控制的意义

从多缸发动机工作分析可知,发动机各气缸按照工作顺序全部参加做功,这是不合理的,往往导致"大马拉小车"的现象,如 6 缸发动机在怠速或小负荷时,6 个气缸仍然全部点火做功,会造成发动机功率浪费,燃油消耗上升。

为此,美国通用公司、克莱斯勒公司、德国奔驰公司、日本本田公司都先后开发出随汽车负荷变化,让部分气缸停止工作的控制技术,美国通用公司称为 DOD(Displacement on Demand)可变排量技术,日本本田公司称为 VCM(Vacuum Control Modulator)可变气缸控制技术。

目前,最成功的是本田公司的 VCM 技术,已经应用于本田第八代雅阁发动机上,广州本田第八代雅阁 3.5L 发动机也同步采用 VCM 发动机,功率可达 206kW/6200r/min,它能根据需要,控制发动机在 3、4、6 缸三种模式工作,既可以作为 V6 发动机工作,也可以"变身"为直列 3 缸发动机或者 V 形 4 缸发动机。使用表明,该 VCM 发动机相对于上一代雅阁所配备的 3.0L 发动机,燃油消耗降低了 7%,90km/h 等速油耗仅为 6.8L,排放达国Ⅳ标准。荣获"全球十佳发动机"称号。

2. 可变气缸控制发动机基本结构原理

(1) 基本结构 以广州本田第八代雅阁 VCM 发动机(见图 4-50)为例,其控制机构 i-VTEC(Variable Valve Timing and Valve Lift Electronic Control System)是一套可变气门配气相位和气门升程电子控制系统(见图 4-51),它由车用计算机控制,能根据需要控制某缸的进、排气门的开闭,当进、排气门处于关闭时,该气缸便停止工作。

图 4-50 VCM 发动机

(2) 工作原理 广州本田第八代雅阁 VCM 发动机有以下三种工作模式:

1) 全负荷工作模式:在发动机起动、加速或者低档位爬坡时,发动机会起动所有的气缸工作,以满足发动机对动力输出的需求。

2) 怠速及低负荷工作模式。当发动机怠速或汽车处于中低速运行时,VCM 系统会通过控制 VTEC 系统,关闭发动机一侧 3 个气缸的进、排气,并且切断供油,完成从 V6 发动机到直列3缸发动机工作模式的切换。此时,这台3.5L发动机的实际工作排量只有1.75L。

3) 中负荷工作模式。在中等速度、高速巡航和缓坡行驶时,发动机将会用4个气缸来运转。此时,VCM系统会保持发动机每一列3个气缸中靠远端的两个气缸正常工作,另外一个气缸则会被关闭。

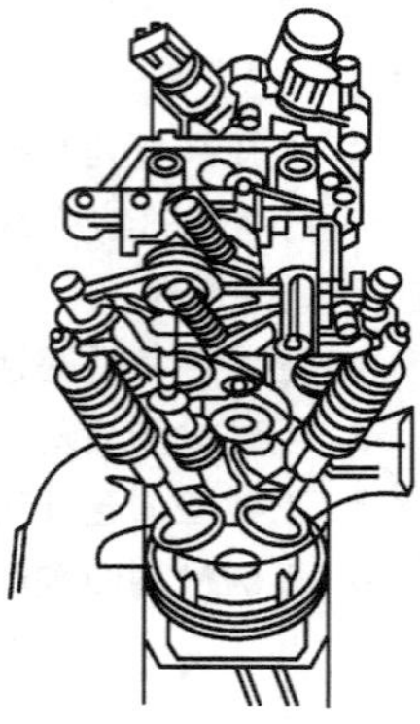

VCM系统对发动机进行变缸操作前,会根据节气门开度传感器、发动机转速传感器、车速传感器、冷却液温度传感器等信号进行数据测算,以便判断是否应当根据当前的工作负荷来启用相应的3缸或者4缸工作方案。此外,该系统还会确定发动机润滑油压力是否支持VCM系统进行工作模式的切换,以及在发动机进行变排量操作后,催化转化器的温度是否仍会保持在适当范围内。

如果VCM系统判断发动机变缸,那么系统会被命令率先调整点火正时和节气门的开度,以方便气缸开、闭能够平稳过渡。但是停止做功的这些气缸的火花塞依然在点火,以保证火花塞的温度会在气缸重新投入工作时可以达到工作要求,防止气缸内残余的油气混合物造成火花塞油污,而导致点火效率下降。而且这些气缸的活塞依然处于正常运转状态,以使发动机各个缸内的零件磨损状况一致。摇臂和气缸零件在不同温度下磨损程度的不同则是非常微小、可以忽略的。

图4-51 VTEC系统

为了防止发动机变排量时产生振动和噪声,通过ACM主动控制发动机支撑系统来控制发动机振动,通过ANC主动噪声控制系统减小噪声。

发动机是否处于部分气缸工作,可以从仪表板上的"ECO"灯判断,灯亮说明发动机处于3缸或4缸工作模式。当驾驶人把加速踏板踩下深一些,想要获得较大的动力输出时,"ECO"灯马上就会熄灭,如果加速踏板松开持续1~3s后,"ECO"灯又会亮起。

补充阅读材料2 发动机可变压缩比技术

1. 可变压缩比的意义

发动机压缩比是指气缸总容积与燃烧室容积的比值。传统的发动机制造完成后,气缸总容积与燃烧室容积都是定值,所以压缩比是不可变动的。

固定压缩比发动机并不合理,如汽油机,全负荷工况最容易发生爆燃,要求较小的压缩比,而部分负荷工况不容易发生爆燃,则要求较大的压缩比,以提高燃油经济性。能根据发动机工作负荷变化自动调节压缩比的发动机即称为可变压缩比发动机。目前已有原瑞典萨博(Saab)汽车公司开发的可变压缩比SVC(Saab Variable Compression)发动机,压缩比可在8~14之间变化;法国MCE—5 Development公司开发的多循环发动机MCE(Multi Cycle Engine),压缩比可在7~20之间变化。试验证明,它们都有效地降低了发动机的燃料消耗,减少了低转速时CO、HC的排放量,而且能够燃用多种燃料。

2. 可变压缩比发动机的基本结构与工作原理

以原瑞典萨博汽车公司开发的萨博1.6L 5缸SVC发动机为例,其与传统发动机的主要差别在于,发动机分成上、下两部分。上部是整体气缸盖,包含着气缸盖、气门和气缸(见图4-52),下部是曲轴箱,由机体、曲轴、连杆和活塞组成。下部曲轴箱固定不动,上部的整体气缸盖可以绕曲轴箱转动。

项目 4 发动机曲柄连杆机构

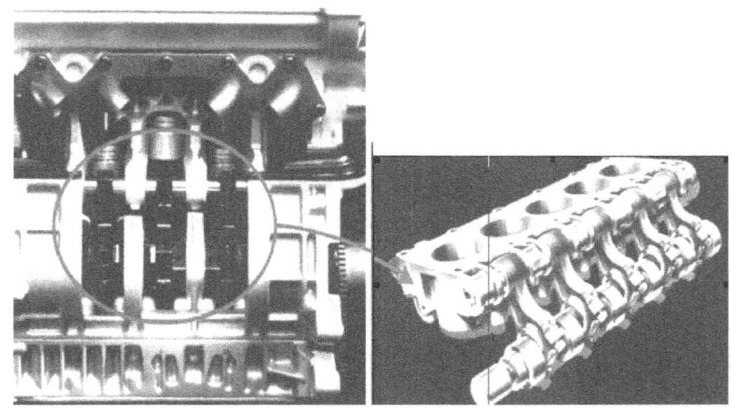

图 4-52 可变压缩比发动机

整体气缸盖的转动依靠液压调节装置驱动，转动的最大角度为 4°。发动机上部相对于下部的倾侧，扩大了活塞到达上止点时燃烧室的容积，从而减小了压缩比。相反，减小整体气缸盖的倾斜度，燃烧室容积减小，压缩比就提高。

SVC 发动机利用电子控制系统，时时检测发动机转速、负荷和燃油质量，计算出最佳压缩比，再驱动液压调节装置，转动气缸盖，达到不断改变压缩比的目的。

项目5 发动机换气系统

教学目标与要求

- 掌握换气系统的总体组成、作用与工作原理
- 掌握配气机构的类型、组成、结构与工作原理
- 掌握配气定时及充气效率的概念及作用
- 学会换气系统的拆装
- 学会配气相位安装及气门间隙调整
- 理解可变气门控制系统的结构与工作原理
- 理解可变进气管控制系统的结构与工作原理
- 掌握发动机废气涡轮增压的结构与工作原理

教学重点

- ※ 配气机构的类型、组成、结构与工作原理
- ※ 配气定时及充气效率的概念及作用
- ※ 配气相位概念及配气机构安装
- ※ 可变气门控制系统的结构与工作原理
- ※ 废气涡轮增压

教学难点

- ▲ 配气定时及充气效率的概念及作用
- ▲ 配气相位概念及配气机构安装
- ▲ 可变气门控制系统的结构与工作原理

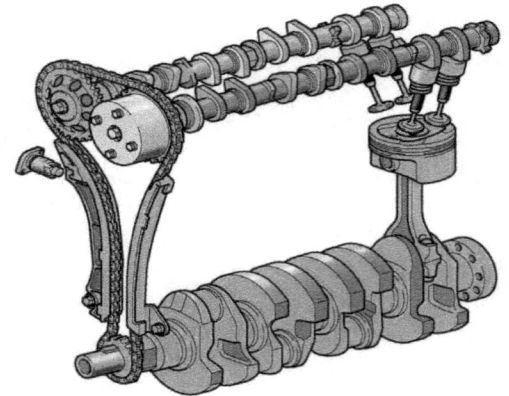

任务 5.1　发动机压缩时异常响声的故障诊断

5.1.1　发动机压缩时异常响声的故障案例与场景设置

● 转动桑塔纳 2000GSi 汽车发动机曲轴，压缩行程时在进气管口可以听到"呲呲"异常响声，请分析诊断故障原因【场景也可以采用其他发动机】。

5.1.2　发动机换气系统拆装实训【学生分组实训，详见教材《汽车构造与原理实训第 3 版》的"任务 2.2 发动机基本拆装"】

5.1.3　发动机换气系统结构与工作原理

换气系统的作用是根据发动机各缸的工作循环和着火次序适时地开启和关闭各缸的进、排气门，使足量的纯净空气或空气与燃油的混合气及时地进入气缸，并及时地将废气排出。

换气系统主要由空气滤清器、进气管系、配气机构、排气管系和消声器等组成，如图 5-1 所示。

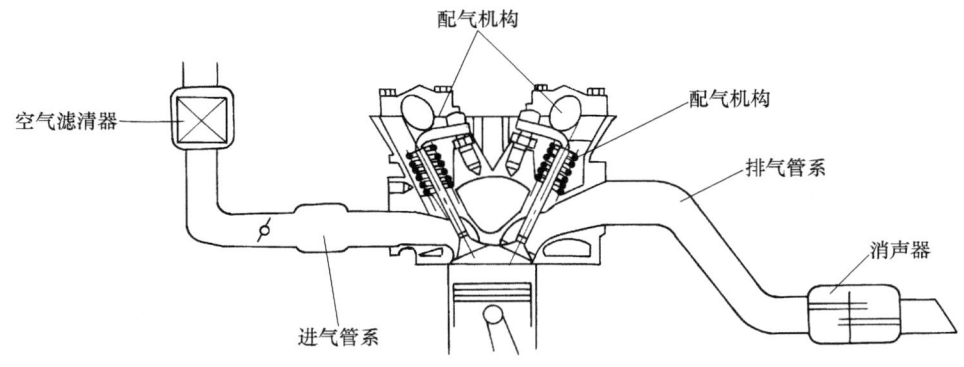

图 5-1　发动机换气系统组成

1. 空气滤清器

（1）空气滤清器的作用　它是去除新鲜空气中尘埃和油雾的装置。试验证明，空气中来尘的 75%（质量分数）以上是高硬度的 SiO_2，若发动机不装空气滤清器，将使活塞磨损量增加约 3 倍，活塞环磨损量增加约 9 倍，发动机寿命将缩短 2/3。

（2）空气滤清器的基本结构与工作原理　以现代轿车常用的干式纸滤芯空气滤清器为例（见图 5-2），在滤清器外壳内装有滤芯，它是用经过树脂处理的微孔滤纸做成的，滤芯的上、下两端有塑料密封圈密封。发动机工作时，空气由盖与外壳间的空隙进入，经纸质滤芯过滤，进入进气总管。

为了降低有害的 CO、HC 排放，一些汽油机装有恒温进气装置，其作用是使进气温度保持在 35~40℃之间。它是在普通空气滤清器上增设一套空气加热与控制系统（见图 5-3），两个进气口，一个接热空气管，另一个接冷空气进气导流管，由控制阀控制两个进气管的

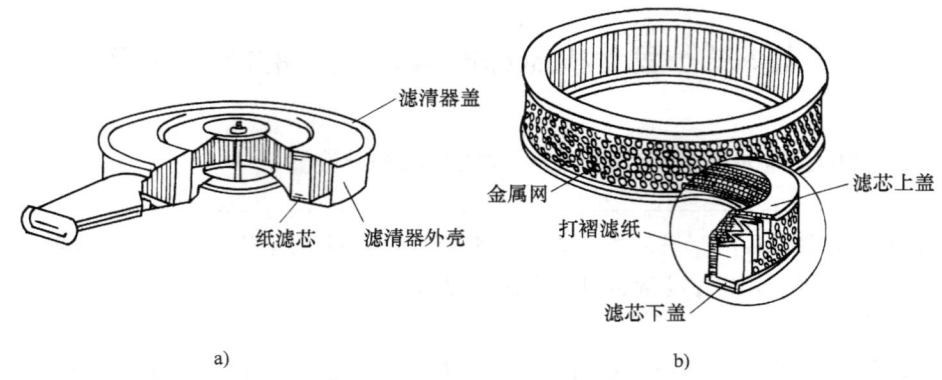

图 5-2 干式纸滤芯空气滤清器
a）滤清器总成　b）纸滤芯

开闭。

当发动机冷起动时，汽车前罩下的环境温度低于35℃，进气温度传感器通过控制机构使控制阀关闭进气导流管，打开热空气管，冷空气从排气歧管上部的热炉加热，经热空气管和空气滤清器进入发动机。当温度超过53℃时，温度控制机构使控制阀完全关闭热空气管，进入空气滤清器的空气全部是环境空气。

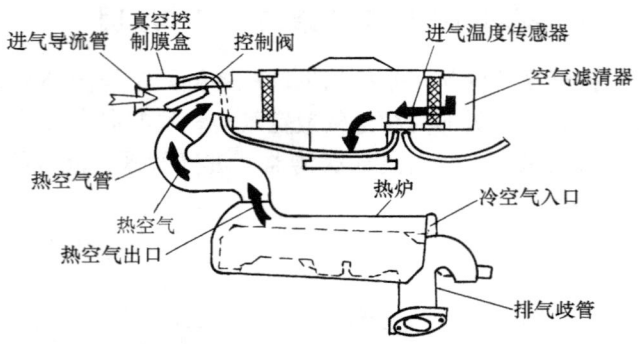

图 5-3 带恒温进气装置的空气滤清器

当温度在35～40℃时，控制阀部分开启，两个进气口均有空气流过。

（3）空气滤清器的分类

1）按工作原理分。空气滤清器按工作原理不同有惯性式和过滤式两大类。惯性式是利用气流高速旋转的离心力作用，将空气中的尘埃和杂质分离；过滤式则是利用滤芯材料滤除空气的尘埃和杂质。根据发动机使用环境的不同，可以采用其中的一种或两种（也称综合式）过滤方式。

2）按滤芯材料分。空气滤清器按滤芯材料不同有纸滤芯、铁丝网滤芯等。纸滤芯具有质量小、成本低、滤清效果好等优点。纸滤芯有干式和湿式两种。湿式纸滤芯经油浸处理，使用寿命更长，滤清效果更好，但不能反复使用，需定期更换。干式纸滤芯可以反复使用，广泛应用于汽车发动机上。

2. 进气管系

进气管系由进气总管和进气歧管组成，如图5-4所示。

（1）进气总管　进气总管指空气滤清器

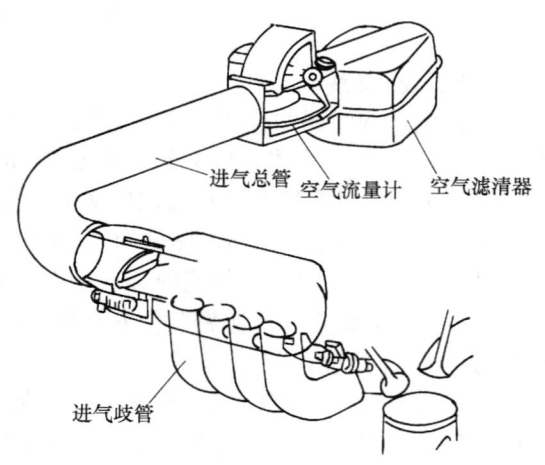

图 5-4 发动机进气管系

至进气歧管之间的管道。为了提高发动机的充气效率,通常按有效利用进气压力波的原理设计进气管的长度、形状和结构。

进气总管上常附有各种形状的气室,以减小节气门开度频繁变化时的进气脉动。

在电控燃油喷射式发动机中,进气总管还装有空气流量计或进气歧管绝对压力传感器,以便对进入气缸的空气量进行计量。

(2) 进气歧管　进气歧管指进气总管后向各气缸分配空气的支管。

进气歧管的温度很重要,因为温度太低,汽油将凝结在管壁上,混合气雾化不良,这时应进行适当的加热,以利于燃油的蒸发。但加热过度,又将减少进入气缸的气体质量,使发动机的功率下降。通常的加热方式有陶瓷热敏电加热、排气加热及循环冷却液加热等。

3. 排气管系

排气管系由排气歧管和排气总管组成(见图5-5)。它的作用是汇集发动机各缸的废气,使之安全地排入大气中。

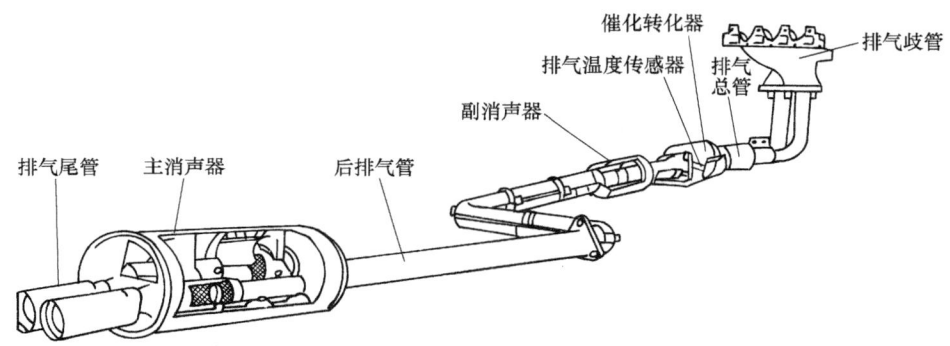

图5-5　排气管系与消声器

根据发动机排气管数不同,排气管系可分为单排气系统和双排气系统。直列型发动机通常采用单排气系统(见图5-5);V形发动机有的采用单排气系统(见图5-6a),也有的采用双排气系统(见图5-6b)。

4. 排气消声器

发动机工作,排气门刚打开时,排气压力达$0.3 \sim 0.5$MPa,温度为$600 \sim 800$℃。同时,由于排气的间歇性,使气流呈脉动形式。如果让废气直接排入大气,必然产生强烈的气流脉动噪声。并且高温气体排入大气,有时还带有未燃烧完全的火焰或火星,也会对环境造成危害。因此,必须在汽车上安装消声器(见图5-5),以减小排气噪声和消除废气中的火焰或火星,使废气安全地排入大气。

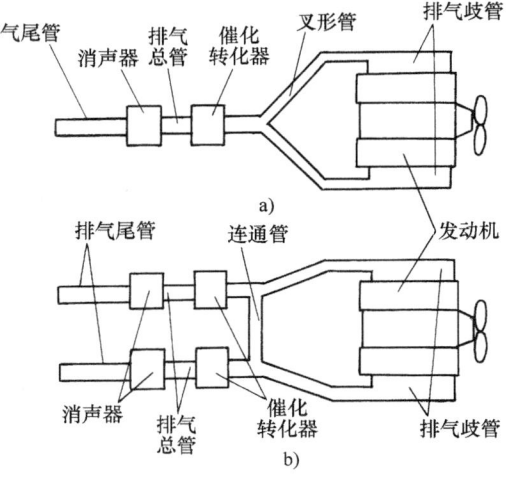

图5-6　V形发动机排气管布置
a) 单排气系统　b) 双排气系统

消声器的基本工作原理是通过多次地变动排气气流方向或重复地使气流通过收缩又扩大

的断面，或将气流分割为许多小的支流并沿着不平滑的平面流动等方法，以消耗废气中的能量，衰减排气气流的压力波，降低噪声。

典型的排气消声器构造如图5-7所示。它的外壳用薄钢板制成，有的还在消声器内充填吸声材料。消声器两端各有一入口和出口，中间有隔板，将其分隔成几个尺寸不同的消声室，各消声室间用多孔管连接。废气进入多孔管和消声室后，膨胀冷却，不断改变流动方向，逐渐降低和衰减其压力和压力波动，消耗了能量，最终使排气噪声得到消减。

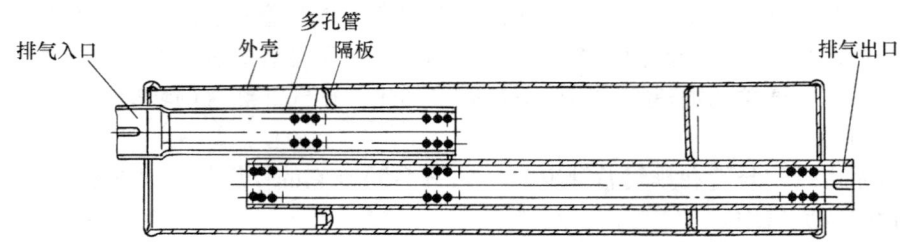

图5-7 排气消声器构造

5. 配气机构

（1）配气机构的作用　配气机构的作用是根据发动机工作循环和点火次序，适时地开启和关闭各缸的进、排气门，使纯净空气或空气与燃油的混合气及时地进入气缸，废气及时地排出。

（2）配气机构总体组成与工作原理

1）配气机构总体组成。以顶置双凸轮轴同步带传动的配气机构（见图5-8）为例，它主要由气门组件（进气门组件和排气门组件，含进、排气门，进、排气门座，气门弹簧，气门锁夹，气门导管等）、气门驱动机构（液压挺柱）、进气凸轮轴和排气凸轮轴以及凸轮轴传动机构（含曲轴正时带轮、凸轮轴传动带轮、同步带、张紧轮等）组成。

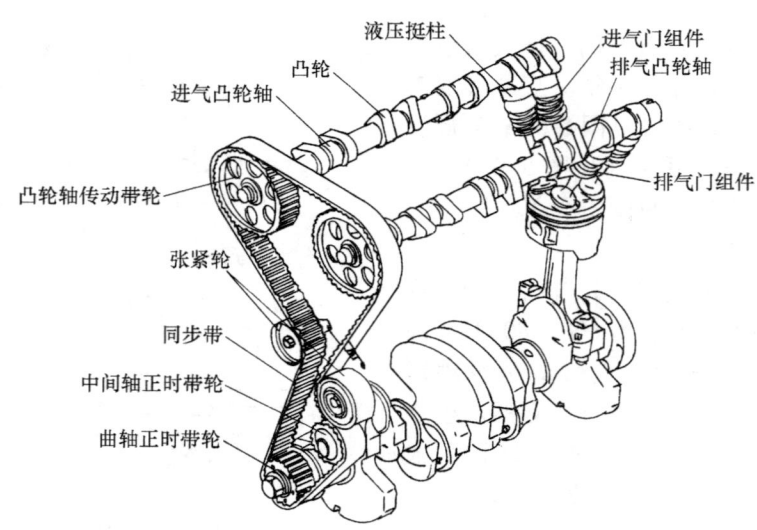

图5-8 配气机构总体组成

2）配气机构工作原理。发动机工作时，通过同步带带动进、排气凸轮轴旋转。当进气凸轮轴某缸的进气凸轮克服气门弹簧力作用压下进气门时，进气门开启，开始进气；当进气

项目5　发动机换气系统

凸轮轴转到凸轮的基圆段时，该进气门在气门弹簧的作用下回位，关闭进气门，进气停止。排气门的开闭原理与进气门类似。

各缸进、排气门开闭的时刻取决于各进、排气凸轮的相对位置及进、排气凸轮轴与曲轴的相对位置，前者由设计制造保证，后者则由正确安装与调整配气机构来达到。

（3）配气机构的分类

1）按气门的布置位置分。按气门的布置位置不同，配气机构可以分为侧置气门式和顶置气门式。

侧置式的气门布置在气缸的一侧，使燃烧室结构不紧凑，热量损失大，气道比较曲折，进气流通阻力大，从而使发动机的经济性和动力性变差。目前，这种布置形式已被淘汰。

现代汽车发动机均采用气门布置在气缸盖上的顶置式气门结构（见图5-8）。

2）按凸轮轴布置位置分。按凸轮轴布置位置不同，配气机构分为上置凸轮轴配气机构、中置凸轮轴配气机构、下置凸轮轴配气机构三种。

① 下置凸轮轴配气机构（见图5-9）。将凸轮轴布置在曲轴箱上，由曲轴正时齿轮带动凸轮轴旋转。这种结构布置的主要优点是凸轮轴离曲轴较近，可用齿轮驱动，传动简单。但存在零件较多、传动链长、系统弹性变形大、影响配气准确性等缺点。在现代轿车高速发动机中已趋于淘汰。目前国产轻、中型汽车上还有应用。

② 中置凸轮轴配气机构（见图5-10）。将凸轮轴布置在曲轴箱上。与下置凸轮轴相比，省去了推杆，由凸轮轴经过挺柱直接驱动摇臂，减小了气门传动机构的往复运动质量，适应更高速的发动机。

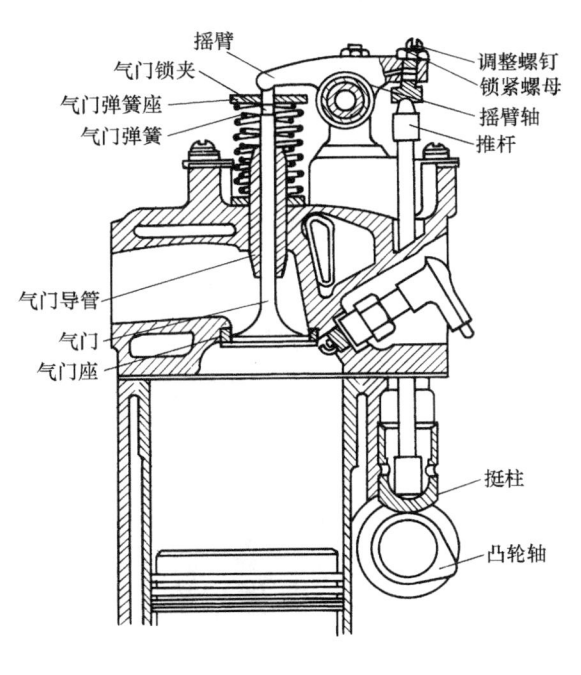

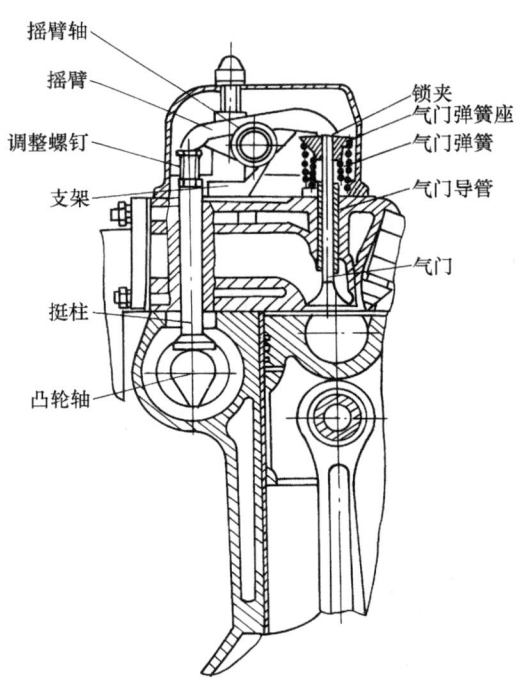

图5-9　下置凸轮轴配气机构　　　　　　图5-10　中置凸轮轴配气机构

③ 上置凸轮轴配气机构。将凸轮轴直接布置在气缸盖上，直接通过摇臂或凸轮来推动

气门的开启和关闭。这种传动机构没有推杆等运动件，系统往复运动质量大大减小，非常适合现代高速发动机，尤其是轿车发动机。

根据顶置气门凸轮轴的个数不同，上置凸轮轴配气机构又分为单顶置凸轮轴（SOHC）和双顶置凸轮轴（DOHC）两种。

单顶置凸轮轴（见图5-11）仅用一根凸轮轴同时驱动进、排气门，结构简单，布置紧凑。

双顶置凸轮轴由两根凸轮轴分别驱动进、排气门。其有两种布置形式，一种是凸轮通过摇臂驱动气门（见图5-12），另一种是凸轮直接驱动气门（见图5-8），这种双凸轮轴布置有利于增加气门数目，提高进排气效率，提高发动机转速，是现代高速发动机配气机构的主要形式。

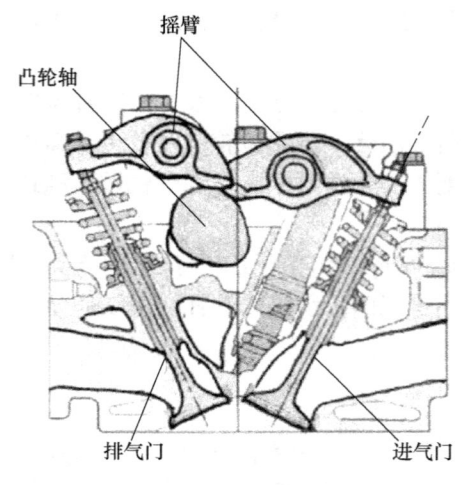

图5-11 单顶置凸轮轴

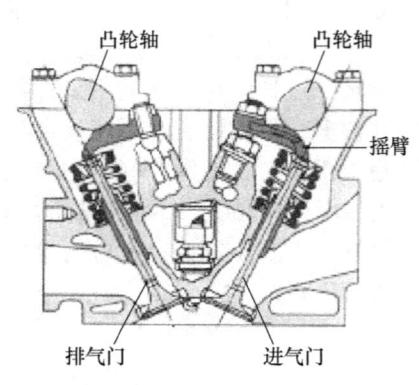

图5-12 双顶置凸轮轴

3）按曲轴和配气凸轮轴的传动方式分。根据曲轴和配气凸轮轴的传动方式不同，配气机构可分为齿轮传动、链传动和同步带传动三种。

① 齿轮传动（见图5-13）。凸轮轴下置、中置的配气机构大多采用齿轮传动。一般从曲轴到凸轮轴间的传动只需一对正时齿轮，必要时可加装中间齿轮。为了啮合平稳，减小噪声，正时齿轮多用斜齿轮，也有的采用夹布胶木制造，以减小噪声。

为了装配时保证配气相位正确，齿轮上都有正时标记，装配时必须按要求对齐。

② 链传动（见图5-14）。链传动多用在凸轮轴顶置的配气机构中。为使传动链在工作时具有一定的张力而不至于脱落，一般装有导链板和张紧轮等。这种传动的优点是布置容易，若传动距离较远，还可用两级链传动。缺点是结构质量及噪声较大，链的可靠性和耐久性不易得

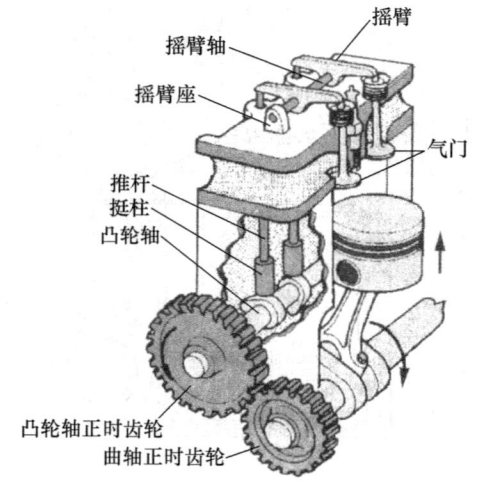

图5-13 凸轮轴的齿轮传动

到保证。

③ 同步带传动 现代高速发动机广泛采用同步带传动（见图5-8）。同步带用氯丁橡胶制成，中间夹有玻璃纤维和尼龙织物，以增加强度。同步带的张力可以由张紧轮进行调整。这种传动方式可以减小噪声，减小结构质量和降低成本。

4）按每缸气门的数目分。根据每缸气门的数目不同，配气机构有2气门、3气门、4气门和5气门之分。

传统发动机都采用每缸2气门（一个进气门，一个排气门）。为了改善发动机的充气性能，应尽量加大气门的直径，但由于气缸的限制，气门的直径不能超过气缸直径的一半。因此，现代汽车发动机中，普遍采用多气门（3~5气门）结构，使发动机的进排气流通截面积增大，提高了充气效率，改善了发动机的动力性能、经济性能和排放性能。

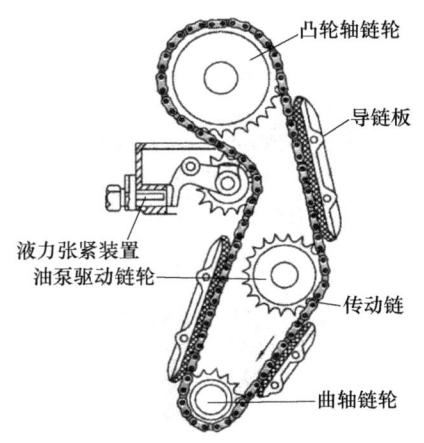

图5-14 凸轮轴的链传动

当每缸采用4气门时，气门的排列方式有两种：一种是同名气门排成两列（见图5-15a），由一根凸轮轴通过T形驱动杆同时驱动，由于两同名气门在气道中的位置不同，可能使二者的工作条件和工作效果不一致，故不常用；另一种是同名气门排成一列（见图5-15b），这种结构在组织进气涡流、保证排气门及缸盖热负荷均匀等方面都具有优越性，但一般需要两根凸轮轴，结构较复杂。

（4）配气机构主要组件的结构与工作原理

配气机构主要由气门组件、凸轮轴组件、凸轮轴传动机构和气门驱动机构组成。

1）气门组件。气门组件（见图5-16）由气门、气门座、气门导管、气门弹簧、气门锁夹等零件组成。

① 气门。气门由头部、杆身和带密封锥面的气门盘组成。

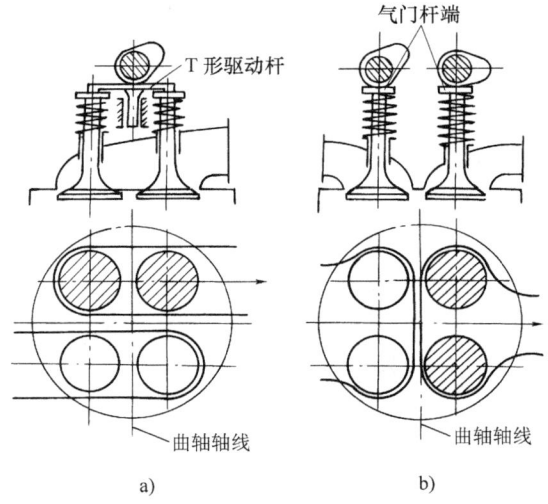

图5-15 4气门机构的布置
a) 同名气门排成两列 b) 同名气门排成一列

气门盘顶面的形状（见图5-17）有平顶、凹顶和凸顶三种。平顶结构简单，制造方便，吸热面积小，质量也小，应用最多；凹顶气门质量小，惯性小，与杆部的过渡有一定的流线型，可以减小进气阻力，常用作进气门；凸顶的刚度大，受热面积也大，用于某些排气门。

气门盘有一密封锥面，其锥角 α 一般为30°~45°，工作中由于气门与气门座之间的撞击及高温气体的作用，使密封锥面产生磨损和凹陷，应注意修磨或更换。

气门弹簧座的固定方式有两种。一种是锁夹式（见图5-18a），在气门杆端部的沟槽上装有两个半圆形的锥形锁夹,弹簧座紧压锁夹,使其紧箍在气门杆端部,从而使弹簧座、锁夹与气门连接成一整体,与气门一起运动。

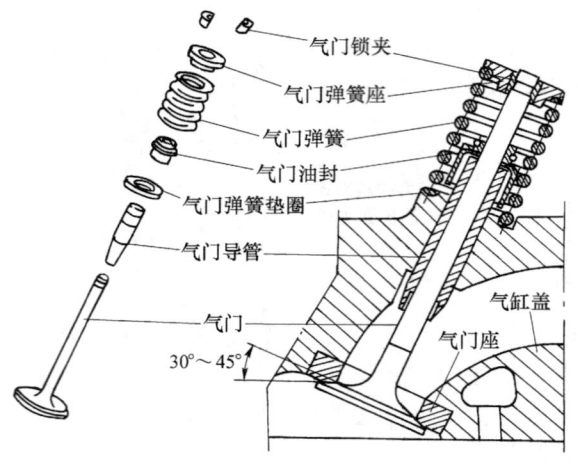

图 5-16 气门组件

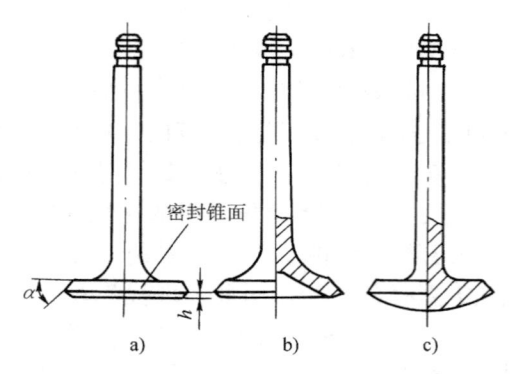

图 5-17 气门盘顶面的形状
a) 平顶 b) 凹顶 c) 凸顶

另一种是以锁销代替锁夹(见图 5-18b),在气门杆端有一个用来安装锁销的径向孔,通过锁销进行连接。

② 气门座。气缸盖的进、排气道与气门锥面相贴合的部位称为气门座(见图 5-16)。它与气门锥面紧密贴合以密封气缸。气门座可在气缸盖上直接镗出,但大多数发动

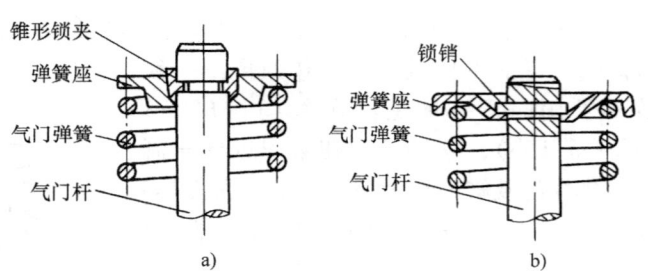

图 5-18 气门弹簧座的固定方式
a) 锁夹固定 b) 锁销固定

机的气门座用耐热合金钢单独制成座圈(称气门座圈),压入气缸盖(体)中,以提高使用寿命和便于维修更换。

③ 气门导管和油封。气门导管(见图 5-16)的作用是在气门作往复直线运动时进行导向,以保证气门与气门座之间的正确配合与开闭。当凸轮直接作用在气门杆端时,气门导管承受侧向作用力并起传热作用。

气门导管内、外圆柱面经加工后压入气缸盖中,然后精铰内孔。为了防止气门导管在工作中松落,有的采用卡环定位。

气门与气门导管之间留有 0.05~0.12mm 的微量间隙,使气门能在导管中自由运动,适量的润滑油由此间隙对气门杆和气门导管进行润滑。该间隙过小,会导致气门杆受热膨胀与气门导管卡死;间隙过大,会使润滑油进入燃烧室燃烧,产生积炭,加剧了活塞、气缸和气门磨损,增加了润滑油消耗,同时造成排气冒蓝烟。为了防止过多的润滑油进入燃烧室,有的在气门导管上安装有橡胶油封(见图 5-16)。

④ 气门弹簧。气门弹簧的作用是保证气门复位。在气门关闭时,保证气门及时关闭和紧密贴合,同时防止气门在发动机振动时因跳动而破坏密封;在气门开启时,保证气门不因

运动惯性而脱离凸轮。

气门弹簧多为圆柱形螺旋弹簧（见图5-19）。发动机装有一根气门弹簧时，采用不等螺距弹簧（见图5-19b），以防止共振。装有两根弹簧时（见图5-19c），弹簧内、外直径不同，旋向不同，它们同心安装在气门导管的外面，不仅可以提高弹簧的工作可靠性，防止共振的产生，还可以降低发动机的高度。

2）凸轮轴组件。凸轮轴组件（见图5-20）由凸轮轴7、凸轮轴衬套6和止推凸缘4等组成。

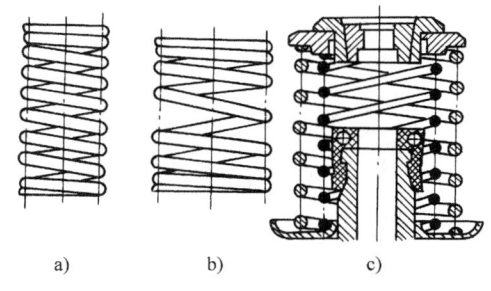

图5-19 气门弹簧
a）等螺距弹簧 b）不等螺距弹簧 c）双弹簧

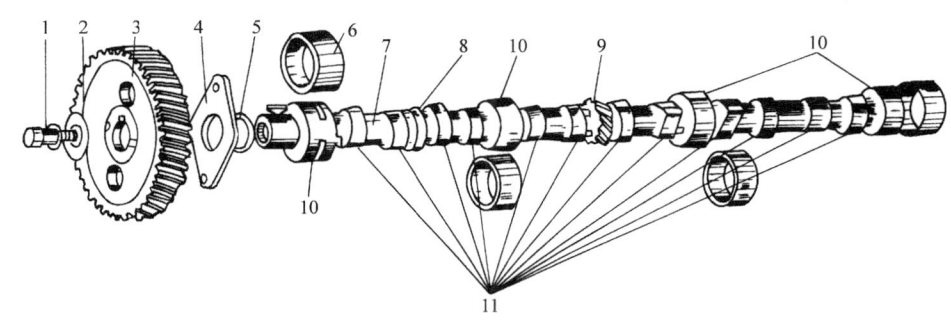

图5-20 凸轮轴组件
1—螺栓 2—垫圈 3—正时齿轮 4—止推凸缘 5—止推座 6—凸轮轴衬套
7—凸轮轴 8—驱动汽油泵的偏心轮 9—驱动分电器的螺旋齿轮 10—凸轮轴轴颈 11—凸轮

凸轮轴上加工有进、排气凸轮11，用以保证各缸进、排气门按一定的工作次序和配气相位及时开闭。凸轮的轮廓决定了气门升程、气门开闭的持续时间和运动规律。凸轮磨损将直接影响气门的开闭特性和发动机的动力、经济等性能。

从各缸进、排气凸轮的排列，可以判断出发动机的工作顺序。若上述4缸发动机凸轮轴各缸的进（或排）气凸轮排列如图5-21所示（从凸轮轴前端看），转动方向为逆时针，则可判断出该发动机的工作顺序为1－2－4－3。

对于下置凸轮轴的汽油机，还加工有驱动机油泵、分电器的螺旋齿轮9和驱动汽油泵的偏心轮8。

凸轮轴通过衬套6支承在发动机机体上，由正时齿轮3驱动，曲轴每旋转两圈，凸轮轴转一圈，每个气缸要进行一次进气和排气，且各缸进气或排气间隔相等。

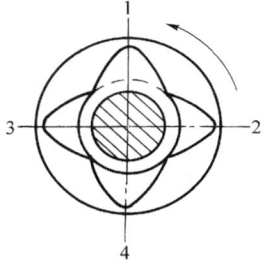

图5-21 4缸发动机进（排）气凸轮排列

为了防止凸轮轴轴向窜动，需要进行轴向定位。常见的轴向定位装置如图5-22所示，止推片安装在正时齿轮和凸轮第一轴颈之间，且留有一定间隙。调整止推片的厚度，可控制其轴向间隙的大小。

3）凸轮轴传动机构。凸轮轴传动机构是指驱动凸轮轴转动的机构，有齿轮传动、链传动和同步带传动。

传动机构安装时应特别注意曲轴正时齿轮（或链轮、带轮）与凸轮轴正时齿轮（或链轮、带轮）的相互位置关系。安装不当，将严重影响发动机的动力性、经济性，甚至无法进行工作。一般制造厂出厂时都打有配对标记，应严格按要求安装。如图5-23所示，齿轮上的点 A 应与点 B 相互对齐。

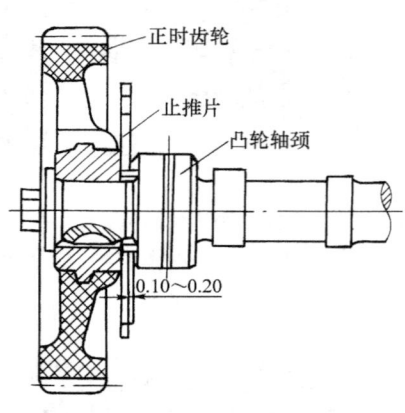

图5-22 常见凸轮轴的轴向定位装置

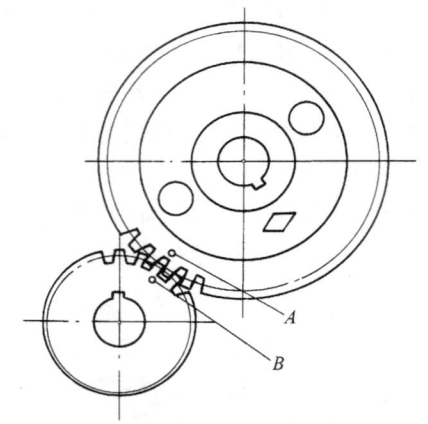

图5-23 正时齿轮安装标记

4）气门驱动机构。气门驱动机构是将凸轮轴的旋转运动变为气门往复运动的机构。它主要由气门挺柱、推杆、摇臂、摇臂轴、气门间隙调整螺钉和液压挺柱等组成（见图5-9）。

① 挺柱。挺柱的作用是将凸轮的推力传给推杆或气门，承受凸轮旋转时传来的侧向力并传给发动机机体。

常用的有菌形挺柱、平面挺柱和桶形挺柱（见图5-24）。挺柱工作时，由于受凸轮侧向推力的作用会引起挺柱与导管间的单面摩擦。为了减小这种单面摩擦及磨损，一般采取以下方法：

● 将挺柱工作面制成球面（见图5-24a），这样可使挺柱在工作时绕其中心线稍有转动，达到磨损均匀的目的。

● 挺柱相对凸轮偏心安置（见图5-24b），工作时，挺柱绕其中心线稍作转动。

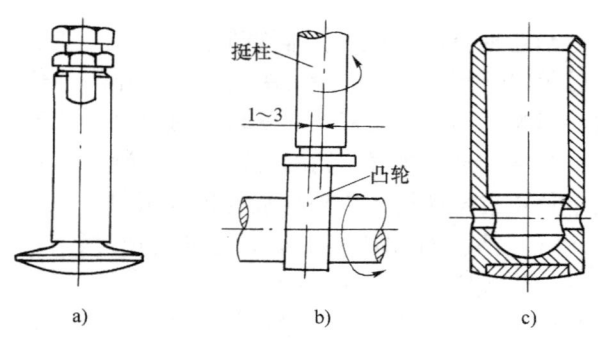

图5-24 气门挺柱的形状
a) 菌形挺柱　b) 平面挺柱　c) 桶形挺柱

● 挺柱外表面制成两端小、中间大的桶形（见图5-24c），当挺柱在座孔中歪斜时，由于它的定位作用仍可保证凸轮型面全宽与挺柱表面相接触，从而减小接触应力，并使磨损均匀。

② 推杆（见图5-25）。推杆位于挺柱与摇臂之间，作用是将挺柱传来的推力传给摇臂。推杆上端的凹槽与摇臂上的球头相接触，下端的凸头与挺柱的凹槽相接触。

③ 摇臂（见图5-26）。摇臂实际上是一个双臂杠杆，其作用是将挺柱传来的运动和作用力改变方向，作用到气门杆端，开闭气门。同时，利用两边臂的比值（称摇臂比）来改

变气门的升程。

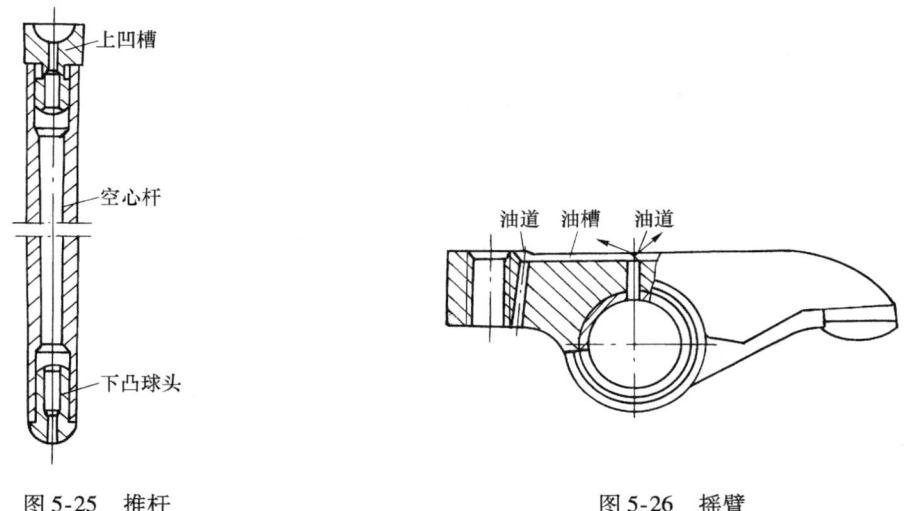

图 5-25 推杆　　　　　　　　图 5-26 摇臂

摇臂与气门杆端接触部分接触应力高，且有相对滑移，磨损严重，因此在该部分常堆焊有硬质合金。

摇臂通过青铜衬套或滚针轴承支承在空心的摇臂轴上，再一起固定在摇臂轴支座上（见图 5-27），再与气缸盖相连。为了防止摇臂窜动，相邻两摇臂之间装有弹簧 7。

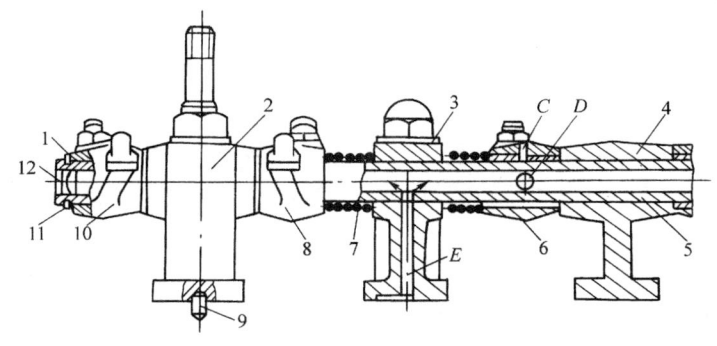

图 5-27 摇臂组
1—垫圈　2、3、4—摇臂轴支座　5—摇臂轴　6、8、10—摇臂
7—弹簧　9—定位销　11—锁簧　12—堵头　C、D、E—油孔

摇臂内一般钻有油道，与摇臂轴中心相通。压力润滑油充满摇臂轴中心，并从摇臂油孔流出，润滑挺柱及气门杆端等零件。

5.1.4　发动机压缩时在进气管口听到"咝咝"声音的故障诊断［学生分组讨论］

故障可能原因有：
1）进气门与气门座不密封。
2）进气门组件（气门、气门座、气门弹簧、锁片等）出现故障。

3) 进气门组件安装不当。
4) 气门间隙不当。
5) 配气定时不当等。

5.1.5 发动机换气系统主要部件及气门密封性的检测【学生分组实训，详见教材《汽车构造与原理实训第3版》的"任务5.1 换气系统主要部件检查"】

任务5.2 发动机怠速时嗒嗒响的故障诊断

5.2.1 发动机怠速时嗒嗒响的故障案例与场景设置

● 桑塔纳2000GSi汽车发动怠速运转时，听到明显的"嗒嗒"响声【场景也可以采用其他发动机】。

5.2.2 发动机配气相位原理

1. 气门间隙

气门间隙是指发动机冷态、气门关闭时，气门与摇臂之间的间隙（见图5-28）。其作用是为气门及驱动组件工作时留有受热膨胀的余地。

气门间隙的大小由发动机制造厂根据试验确定。一般在冷态时，进气门的间隙为0.25~0.3mm，排气门的间隙为0.30~0.35mm。如果气门间隙过小，发动机在热态下可能关闭不严而发生漏气，导致功率下降，甚至烧坏气门。如果气门间隙过大，则传动零件之间以及气门与气门座之间撞击声增大，并加速磨损。同时，也会使气门开启的延续角度变小，气缸的充气及排气情况变坏。发动机工作中，由于气门、驱动机构及传动机构零件磨损，会导致气门间隙产生变化，应注意检查调整。

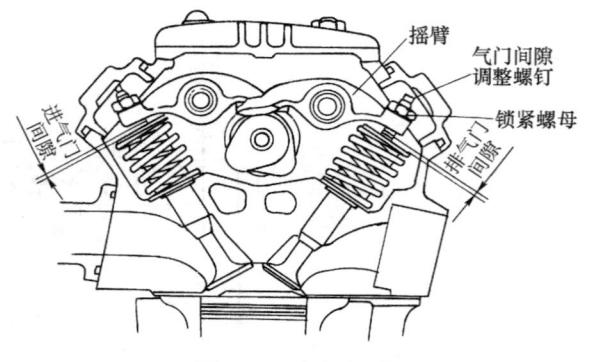

图5-28 气门间隙

气门间隙的调整可以通过摇臂一端的气门间隙调整螺钉进行（见图5-28），旋入间隙变小，旋出间隙变大。

2. 液压挺柱

气门间隙的存在，导致发动机工作时产生敲击噪声。由于气门传动组件的磨损，导致气门间隙变大，使进排气相位改变，增加了检查调整气门间隙的工作量。现代高级轿车多采用液压挺柱，无需调整气门间隙。

图5-29所示为桑塔纳和捷达轴车发动机采用的液压挺柱。挺柱体由上盖和圆筒焊接成一体，可以在缸盖的挺柱体孔中上下运动。液压缸套筒的内孔和外圆都经过精加工研磨，外圆与挺柱内导向孔相配合，内孔则与柱塞配合，两者都可以相对运动。液压缸底部装有一个

补偿弹簧,把球阀压靠在柱塞的阀座上,它还可以使挺柱顶面和凸轮表面保持紧密接触,以消除气门间隙。当球阀关闭柱塞中间孔时,可将挺柱分成两个油腔,上部的低压油腔和下部的高压油腔;球阀开启后,则形成一个通腔。

当圆筒挺柱体上的环形油槽与缸盖上的斜油孔对齐时(图5-29中位置),发动机润滑系统中的润滑油经斜油孔和环形油槽流入低压油腔。位于挺柱体背面上的键形槽可将润滑油引入柱塞上方的低压油腔。当凸轮转动、挺柱体和柱塞向下移动时,高压油腔中的润滑油被压缩,油压升高,加上补偿弹簧的作用,使球阀紧压在柱塞的下端阀座上,这时高压油腔与低压油腔被分隔开。由于液体具有不可压缩性,整个挺柱如同一个刚体一样下移,推开气门杆。此时,挺柱环形油槽已与斜油孔错开,停止进油。

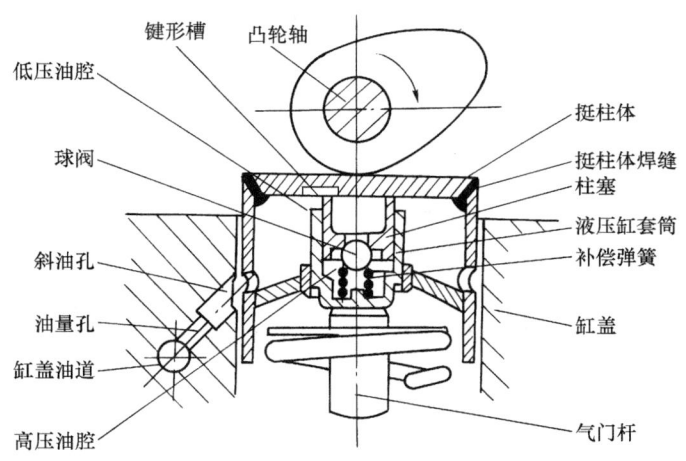

图5-29 桑塔纳和捷达轿车发动机采用的液压挺柱

当挺柱达到下止点后开始上行时,在气门弹簧上顶和凸轮下压的作用下,高压油腔封闭,球阀也不会打开,液压挺柱仍可认为是一个刚性挺柱,直至上升到凸轮处于基圆,使气门关闭时为止。此时,缸盖主油道中的压力油经斜油孔进入挺柱的低压油腔,同时,高压油腔内油压下降,补偿弹簧推动柱塞上行。从低压油腔来的压力油推开球阀而进入高压油腔,使两腔连通充满润滑油。这时挺柱顶面仍和凸轮紧贴。

在气门受热膨胀时,柱塞和液压缸作轴向相对运动,高压油腔中的油液可经过液压缸与柱塞间的缝隙挤入低压油腔。因此,使用液压挺柱时,可以不预留气门间隙。

采用液压挺柱,消除了配气机构中的间隙,减小了各零件的冲击和噪声。同时凸轮轮廓可设计得陡一些,以便气门开启和关闭得更快,减小进、排气阻力,改善发动机的换气,提高发动机的性能(特别是高速性能)。但液压挺柱结构复杂,加工精度要求较高。

3. 配气定时(配气相位)

由发动机换气过程分析可知,为了使进气充分,排气彻底,进气门应在上止点前打开,下止点后关闭;而排气门应在下止点前打开,上止点后关闭。进、排气门实际开启和关闭的时刻以曲轴转角表示即为配气定时,也称配气相位。用环形图表示配气相位称为配气相位图(见图5-30)。

(1)进气提前角 进气提前角指发动机从进气门打开时刻到活塞行至上止点所转过的曲轴转角。进气提前角可保证进气开始时,进气门已开启较大,增加进入气缸的新鲜气体或可燃混合气。非增压发动机进气提前角一般在0~40°曲轴转角。该角度过小,进气充量增加少;该角度

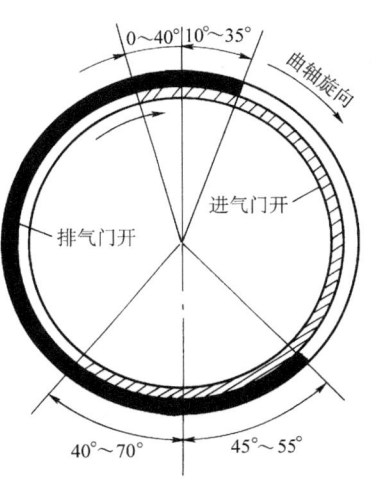

图5-30 配气相位图

过大，会导致废气流入进气管。

（2）进气滞后角　进气滞后角是指活塞从下止点行至进气门完全关闭的曲轴转角。进气滞后角利用进气气流惯性和压力差继续进气。非增压发动机进气滞后角一般在40°～70°曲轴转角。该角度过小，进气气流惯性未能得到充分利用，降低了进气充量；而该角度过大，进气气流惯性已用完，会导致已经进入气缸的新鲜充量又被排出。

（3）排气提前角　从排气门打开到活塞至下止点所转过的曲轴转角称为排气提前角。它是利用废气压力，使气缸内的废气排得更干净。但排气提前角也不宜过大，否则将造成做功能力损失。非增压发动机一般在45°～55°曲轴转角。

（4）排气滞后角　排气滞后角指活塞从上止点到排气门完全关闭所转过的曲轴转角。它是利用排气气流惯性使废气排除更干净。非增压发动机该角度一般在10°～35°曲轴转角。过大会造成排出的废气又被吸入气缸。

（5）气门重叠角　由于进、排气门的早开和迟闭，会有一段时间内进、排气门同时开启，这种现象称为气门重叠，重叠的曲轴转角称为气门重叠角。适宜的气门重叠角，可以利用气流压差和惯性清除残余废气，增加新鲜充量，称此为燃烧室扫气。非增压发动机气门重叠角一般为20°～80°曲轴转角，增压发动机一般为80°～160°曲轴转角，所以增压发动机可以有效提高充气量。

发动机的结构不同，转速不同，配气相位也就不同，最佳的配气相位角是根据发动机的性能要求，通过反复试验确定的。

在使用中，由于配气机构零部件磨损、变形或安装调整不当，会使配气相位产生变化，应定期进行检查调整。

5.2.3　发动机怠速时嗒嗒响的故障诊断【学生分组讨论】

发动机换气系统常见故障与排除可参考表5-1。

表5-1　发动机换气系统常见故障与排除

故障现象	故障原因	排除方法
声响异常	气门间隙过大，出现有节奏的"嗒嗒"声，响声随转速变化	调整气门间隙
	配气定时不当，出现排气管放炮，进气管回火	调整配气定时
	气门密封不良，出现"咝咝"响	修复
	凸轮轴松旷或弯曲变形，发动机缸盖处出现有节奏而较钝的"嗒嗒"声，中速较明显	调整或更换凸轮轴
排气冒黑烟，发动机工作不稳定，动力不足	空气滤清器堵塞	清理或更换滤芯
	气门密封不良	修复
	气门间隙过大，或配气定时不当	重新调整

5.2.4　发动机配气定时（相位）安装与气门间隙调整实训【学生分组实训，详见教材《汽车构造与原理实训第3版》的"任务5.2 气门间隙和配气相位的检查调整"】

任务 5.3　本田 VTEC 系统的故障诊断

5.3.1　本田 VTEC 系统故障的案例与场景设置

● 一辆广州本田雅阁轿车，装配 F23A3 型发动机，发现其怠速不稳、中高速功率不足、发动机加速不良，在故障警告灯亮后，采用汽车故障诊断仪读取故障码为"21"，请分析诊断故障【场景也可以采用其他相关的发动机设置】。

5.3.2　本田 VTEC 系统拆装实训【学生分组实训，详见教材《汽车构造与原理实训》的"任务 5.3　本田 VTEC 系统拆装与检测"】

5.3.3　本田 VTEC 系统结构原理

1. 发动机对配气定时的要求

传统的发动机配气定时在发动机制造装配好之后便无法改变。但理想的配气定时应随着发动机的转速、负荷及其他工况而改变。如发动机低速时，在气门重叠角范围内，由于气流惯性的减弱，可能造成废气倒流，转矩不足，尤其当转速在 1000r/min 以下时，更为明显。而在高转速时，又由于进气行程的时间非常短促，造成进气不足、排气不净、功率下降。

现代轿车发动机转速已达 6000～9000r/min，为了使发动机在高转速时能提供较大的功率，在低转速时又能产生足够的转矩，现代轿车发动机已有不少采用可变进气控制系统，它能根据发动机的运行状况改变气门升程和配气定时。

2. 可变进气控制机构结构与工作原理

可变进气控制系统种类较多，归纳起来可以分为两类：一种是气门正时和气门升程均可改变的可变配气控制系统，如本田的 VTEC 系统及丰田的 VTTL 系统等；另一种只改变气门正时的可变配气控制系统，如丰田的 VVT-i 系统及现代的 CVVT 系统等。

日本本田汽车公司于 1989 年推出了自行研制的"可变气门配气相位和气门升程电子控制系统"（Variable Valve Timing and Valve Lifting Electronic Control System，VTEC），它是世界上第一个能同时控制气门正时及气门升程两个参数的气门控制系统，i-VTEC（intelligent-VTEC）系统是 VTEC 的改进型。

（1）VTEC 的基本结构　图 5-31 所示为本田 ACCORD（雅阁）F23A 和 F20B1 发动机的 VTEC 机构。主要由气门、凸轮、摇臂和同步活塞等组成。

凸轮轴对应于每一缸有五段凸轮参加工作（见图 5-32），其中排气凸轮与常规排气凸轮相同。进气有三个凸轮，主进气凸轮有较大的进气提前角和较大的气门升程，辅助进气凸轮有较小的进气提前角和较小的气门升程，还增加了一个中间进气凸轮，其具有最大的进气提前角和最大的气门升程。

三个进气凸轮分别驱动三根摇臂，与主凸轮、辅助凸轮和中间凸轮相对应的摇臂分别为主摇臂、辅助摇臂和中间摇臂（见图5-33）。三根摇臂内部装有由液压控制移动的同步活塞、正时活塞等。

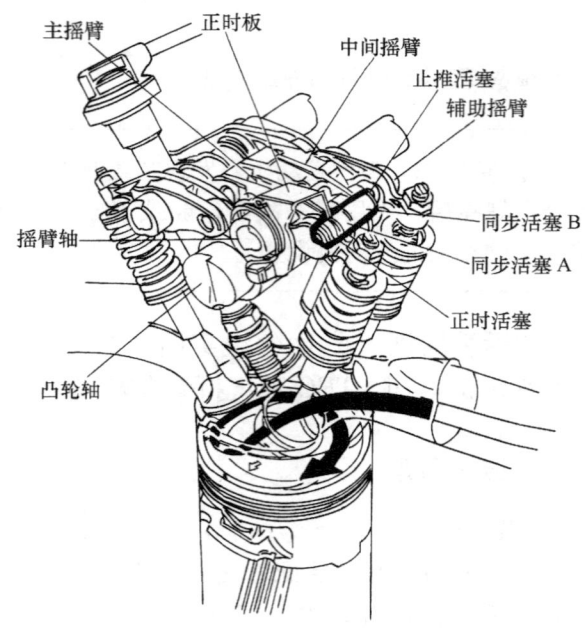

图5-31 VTEC机构

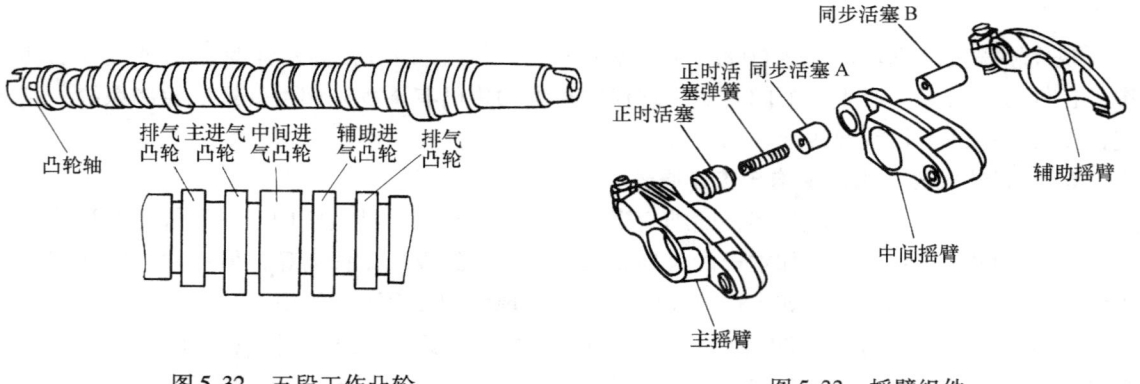

图5-32 五段工作凸轮　　　　　　　　　图5-33 摇臂组件

(2) VTEC系统的工作原理

1) 工作过程。发动机低速运转（见图5-34）时，VTEC机构的油道内没有机油压力，正时活塞、同步活塞和止推活塞在回位弹簧的作用下都处于左端，正时板卡入正时活塞，使其不能移动，此时正时活塞和同步活塞正好处在主摇臂内，同步活塞处在中间摇臂内，止推活塞处在辅助摇臂内，使三根摇臂分离，彼此独立工作。主凸轮和辅助凸轮分别推动主摇臂和辅助摇臂，控制两个进气门的开闭。主凸轮升程较大，所以它驱动的气门开度较大；辅助凸轮升程较小，所以它驱动的气门开度较小。这时，中间摇臂虽然也被凸轮驱动，但因为三个摇臂彼此分离独立，所以中间摇臂并不参与工作，对气门动作无影响。因此，发动机低速时，VTEC 机构工作和普通发动机相似。

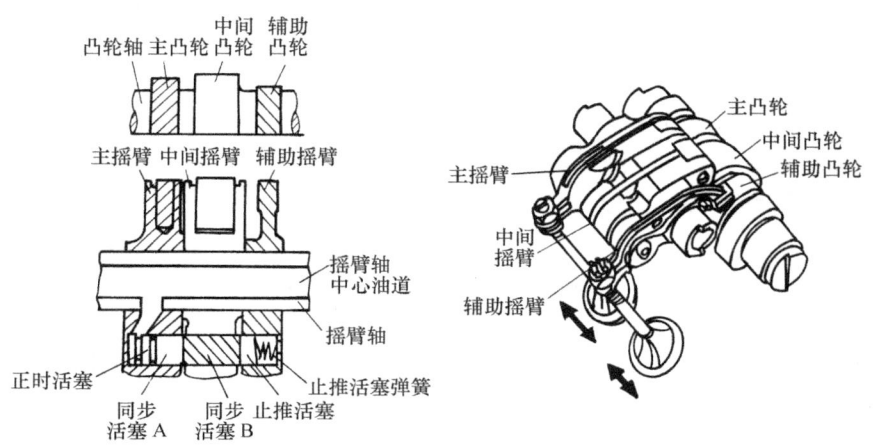

图 5-34 发动机低速运转

发动机达到某一个设定的高转速（如 3000r/min）（见图 5-35）时，由 ECU 传来的信号打开 VTEC 电磁阀，压力润滑油通过摇臂轴上的油孔进入正时活塞，正时板移出，推动摇臂内的正时活塞使三根摇臂锁成一体。由于中间凸轮升程最高，摇臂锁为一体后由它驱动，进气门开启时间延长，升程增加。所以发动机高速运转时，VTEC 系统改变气门正时和气门升程，使发动机功率和转矩提高。

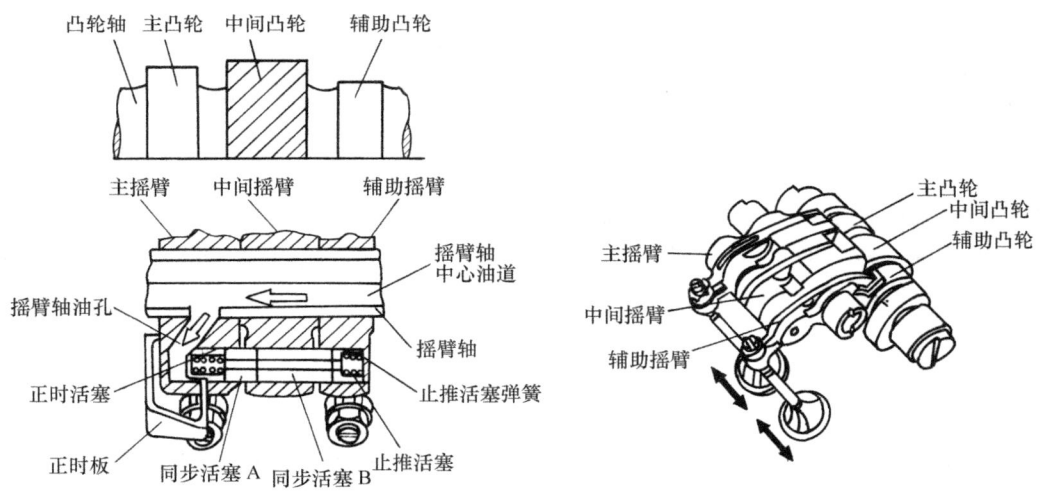

图 5-35 发动机高速运转

当发动机转速再次降低到某一个设定的低转速时，VTEC 电磁阀断电，切断油路，摇臂内的机油压力也随之降低，活塞在回位弹簧的作用下退回原位，三根摇臂再次分离，独立工作。

2）工作过程控制。VTEC 系统的气门工作状态的切换由控制系统控制（见图 5-36），它主要由传感器、控制单元和执行器组成。发动机控制单元（ECU）根据转速传感器、车速传感器、冷却液温度传感器、负荷传感器等的信号进行判断，输出相应的控制信号，通过电磁阀调节摇臂内活塞液压系统，使发动机在不同的工况下由不同的凸轮控制，从而使进气门的开度和正时处于较佳状态。

VTEC 电磁阀开启后，控制系统通过压力开关反馈一信号给 ECU，以监控系统工作。

(3) i-VTEC 系统　i-VTEC 系统是在 VTEC 系统的基础上增加了一个称为"可变正时控制"（Variable Timing Control, VTC），即一组进气门凸轮轴正时可变控制机构，通过 ECU 控制程序，控制进气门的开启与关闭。

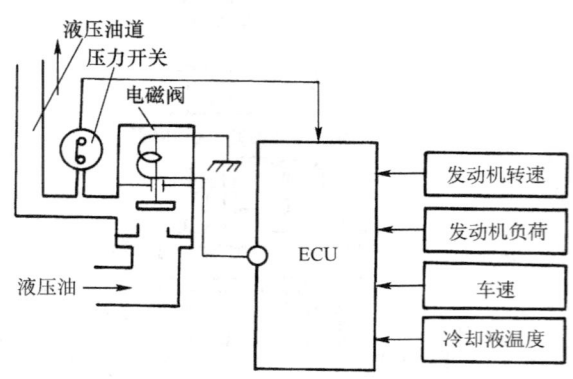

图 5-36　VTEC 控制系统

i-VTEC 系统的工作原理是当发动机低速运转时令每缸的一只进气门关闭，让燃烧室内形成一道稀薄的混合气涡流，集结在火花塞周围点燃做功。发动机高速运转时，则在原有基础上提高进气门的开度及时间，以获取最大的充气量。VTC 令气门重叠时间更加精确，达到最佳的进、排气门重叠时间，并将发动机功率提高 20%。由于发动机起动后 i-VTEC 系统便进入工作状态，不论低转速或者高转速 VTC 都在工作，这样就消除了原来 VTEC 系统非连续控制配气正时的缺陷。

3. 可变进气管控制系统

(1) 控制原理　发动机工作时，由于进气过程具有间歇性和周期性，空气在进气管内流动时产生一种压力波，这种压力波对发动机的进气量产生一定的影响。如在进气门关闭前夕，传到进气门处的是正压波，可以以较高的压力将空气送入气缸内，起到增压作用，达到提高进气量的效果。进气管长度、直径等进气系统参数的改变都会改变进气压力波，因而适当调整和控制这些参数，可以有效地利用进气压力波来提高充气效率。

(2) 控制方法　对于由一定长度和直径的进气歧管、进气总管和气室组成的进气系统，在一定的转速范围内，可以增加进气量和发动机转矩。但不能同时兼顾高、低转速时进气量和转矩。

为了充分利用进气波动效应，现代电控发动机采用了谐波进气控制系统（ACIS），即可变进气管系统。

试验证明：在中低转速时，较细长的进气管充气效果较好；而在高转速时，粗短的进气管充气效果较好。因此，对于采用多点燃油喷射系统的汽油机来说，可以按照气体压力波传播的特点设计进气道，使进气道的长度、形状都可以改变，利用进气动态效应来提高充气效率。

1) 进气管长度可变结构。图 5-37 所示为一种能根据发动机转速变化而自动改变进气管有效长度的进气控制系统。当发动机中低速运转时，ECU 指令转换阀关闭，空气沿弯曲而细长的进气歧管进入气缸。细长的进气歧管增强了气流的惯性，提高了进气速度，进气量增多；当发动机高速运转时，转换阀开启，空气直接进入短粗的进气歧管，短粗的进气歧管阻力小，使进气增多。

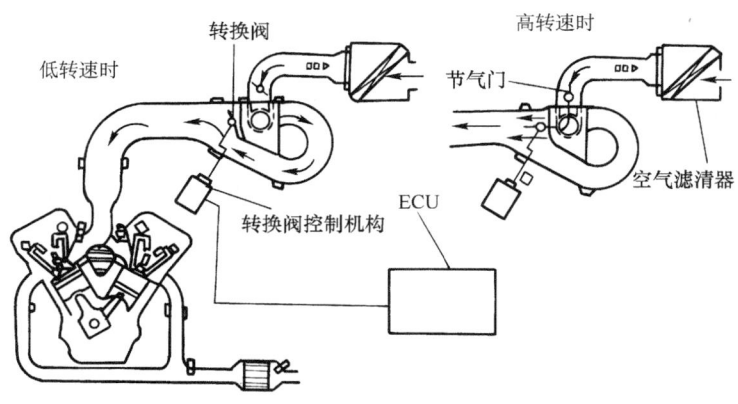

图 5-37　进气管长度可变结构

2）进气管截面可变结构。图 5-38 所示为一种能根据发动机转速变化而自动改变进气管有效截面的进气控制系统示意图。图中显示每个气缸有四个气门（两个进气门和两个排气门），两个进气门各配有一个进气通道，其中一个进气通道中装有进气转换阀。当发动机低转速、中小负荷工作时，转换阀关闭，只利用一个进气通道，即发动机进气通道的有效截面变小，此时进气流速提高，进气惯性大，可提高发动机转矩；当发动机高转速、大负荷工作时，ECU 指令转换阀开启，两条进气通道同时工作，此时进气截面增加，进气阻力减小，充气量增加，可提高发动机高速时的动力性。

图 5-38　进气管截面可变结构

还有一些进气可变系统可以同时控制进气通道的长度与直径（有效截面）。

5.3.4　本田 VTEC 系统故障码"21"的诊断【学生分组讨论】

查对广州本田雅阁轿车 F23A3 型发动机故障码得知，当故障指示灯亮并闪示故障码"21"时，说明 VTEC 系统电路有故障，一般是系统导线或电磁阀出了故障。

5.3.5　本田 VTEC 系统故障码"21"的检测【学生分组实训，详见教材《汽车构造与原理实训第 3 版》的"任务 5.3 本田 VTEC 系统拆装与检测"】

任务 5.4　发动机涡轮增压器异常振动和噪声的故障诊断

5.4.1　发动机涡轮增压器异常振动和噪声故障案例与场景设置

● 宝来 1.8T 车辆加速至 3000r/min 时，涡轮增压器发出"嗡嗡"异响，且车辆动力性出现不足，请分析诊断故障【场景也可以采用其他增压发动机】。

5.4.2　发动机涡轮增压器的拆装实训【学生分组实训，详见教材《汽车构造与原理实训第 3 版》的"任务 2.2 发动机基本拆装"】

5.4.3　发动机涡轮增压器的结构原理

1. 基本概念

增压就是将空气预先压缩后再供入气缸，以提高进气密度、增加进气量的一项技术。

由于进气量的增加，可相应地增加循环供油量，从而增加发动机的功率，一般可增加功率 10%~60%，有的甚至成倍增长；同时增压还可以改善燃油经济性，降低有害气体排放，其 CO 和 HC 的排放仅为非增压发动机的 1/3~1/2。

进气增压程度常用以下两个参数衡量。

（1）增压度　增压度 ϕ 是指发动机增压后增长的功率与增压前的功率之比，其计算公式为

$$\phi = \frac{P_{ek} - P_{e0}}{P_{e0}} = \frac{P_{ek}}{P_{e0}} - 1$$

式中　P_{ek}——发动机增压后的有效功率；

　　　P_{e0}——发动机增压前的有效功率。

多数车用发动机的增压度为 0.1~0.6，而高增压柴油机的增压度可达 3 以上。

（2）增压比　增压比是指增压后空气压力 p_b 与增压前的空气压力 p_0 之比，即

$$\pi_b = \frac{p_b}{p_0}$$

增压发动机按增压比的大小可分为：低增压（$\pi_b < 1.5$）、中增压（$1.5 < \pi_b \leq 2.5$）、高增压（$2.5 < \pi_b \leq 3.5$）和超高增压（$\pi_b > 3.5$）。

进气增压的方法有废气涡轮增压、机械增压、气波增压等，其中以废气涡轮增压技术最为成熟，效率高、应用最广。

2. 废气涡轮增压

（1）基本结构与工作原理　废气涡轮增压是利用发动机排气时的能量，冲击涡轮机（见图 5-39），使它高速旋转。通过传动轴，带动压气机也高速旋

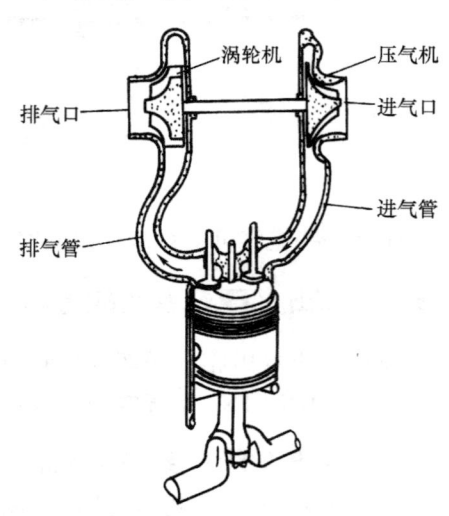

图 5-39　废气涡轮增压示意图

转,将空气增压,再经进气管进入气缸。

涡轮机与压气机通过中间体组装在一起,称为增压器。按废气在涡轮机中的流动方向不同,增压器可分为径流式和轴流式两大类,车用发动机多采用径流式涡轮增压器。

(2) 径流式涡轮增压器　径流式涡轮增压器(见图5-40)由离心式压气机(动力涡轮)、径流式涡轮机(增压涡轮)和中间体三部分组成。增压器轴通过两个浮动轴承支承在中间体内。

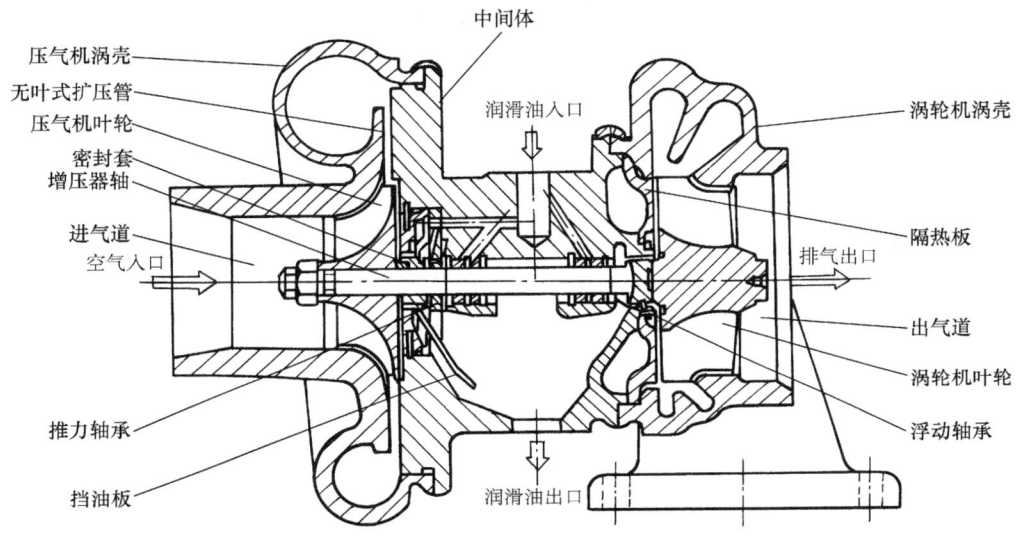

图5-40　径流式涡轮增压器

1) 离心式压气机(见图5-41)。它由进气道、叶轮、叶片式扩压管及涡壳组成。叶轮包括叶片和轮毂,由增压器轴带动旋转。

当压气机旋转时,空气经进气道轴向进入叶轮,在离心力的作用下被压缩并被甩到叶轮外缘。空气从旋转的叶轮处获得能量,使其流速、压力和温度均有较大的提高,然后进入叶片式扩压管。扩压管是一个断面渐扩的通道,空气流过扩压管时流速降低,压力和温度均升高,气流将在叶轮中得到的动能大部分转变为压力能。

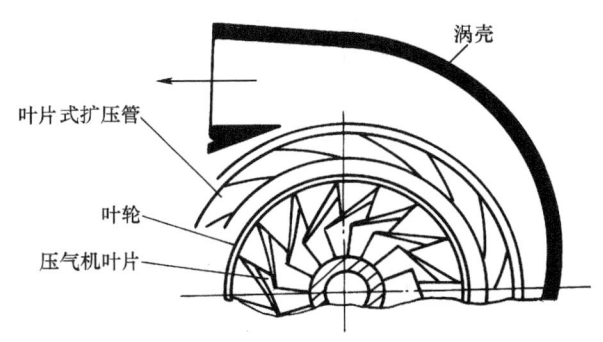

图5-41　离心式压气机示意图

扩压管分为叶片式和无叶式两种。无叶式扩压管实际上是由涡壳和中间体侧壁所形成的环形空间。无叶式扩压管构造简单,工况变化时对压气机的效率影响较小,适于车用增压器。叶片式扩压管是由相邻叶片构成的流道,其扩压比大,效率高,但结构复杂,工况变化时对压气机的效率影响较大。

涡壳4收集从扩压器流出的空气,并继续将动能转变为压力能,引向压气机的出口。

2）径流式涡轮机（见图5-42）。它是将发动机排气能量转变为机械功的装置。径流式涡轮机由涡壳、喷管、叶轮和出气道等组成。

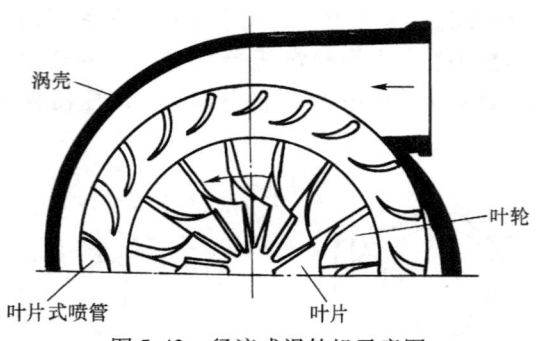

图5-42 径流式涡轮机示意图

涡壳的进口与发动机的排气管相连，发动机的排气经涡壳引导进入叶片式喷管。喷管是相邻叶片构成的渐缩形流道。排气流过喷管时降压、降温、增速、膨胀，使排气的压力转变为动能。由喷管喷出的高速气流冲击叶轮，并在叶片所形成的流道中继续膨胀做功，推动叶轮旋转。

涡轮机的喷管也有叶片式和无叶式两种。现代车用径流式涡轮机多采用无叶式喷管。涡轮机的涡壳引导发动机的排气以一定的角度进入涡轮机叶轮，同时将排气的压力能和热能部分地转变为动能。

3）中间体（见图5-43）。中间体内装有增压器轴及推力轴承和浮动轴承。增压器轴上安装有涡轮机叶轮、压气机叶轮和密封套等零件，组成涡轮增压器转子，转子以 $10^5 \sim 2 \times 10^5$ r/min 的速度高速旋转。增压器轴承常采用浮动轴承，浮动轴承实际上是套在轴上的圆环。圆环与轴以及圆环与轴承座之间都有间隙，形成双层油膜。

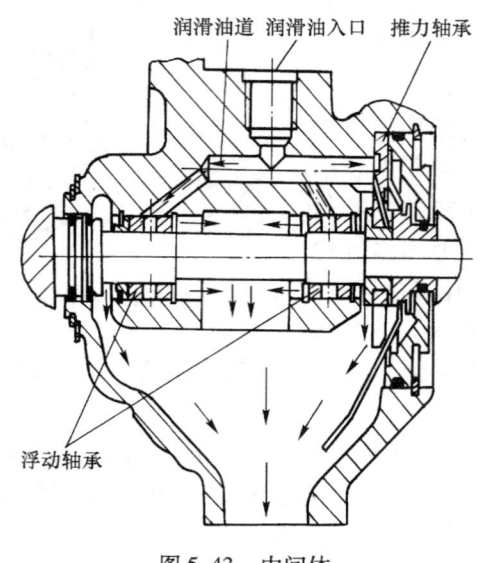

图5-43 中间体

增压器轴与增压器轴承是车用涡轮增压器可靠性的关键部位，要保证良好的润滑与冷却。

来自发动机润滑系统主油道的润滑油,经增压器中间体上的润滑油入口进入增压器,润滑和冷却增压器轴及轴承。然后经中间体上的润滑油出口返回发动机油底壳。在增压器轴上装有油封,用来防止润滑油窜入压气机或涡轮机涡壳内。如油封损坏,将导致润滑油消耗量增加和排气冒蓝烟。

由于汽油机增压器的热负荷大,因此在增压器中间体的涡轮机侧设置冷却水套,并用软管与发动机的冷却系统连通。冷却液从中间体上的冷却液进口流入冷却水套,从冷却液出口流回发动机冷却系统。冷却液在中间体的冷却水套中循环,对增压器轴及增压器轴承进行冷却。

(3) 增压系统的控制

1) 增压压力的控制。采用涡轮增压技术后,由于平均有效压力的增加,发动机爆燃倾向增大,热负荷偏高。为了保证发动机在不同转速及负荷等工况下都能得到最佳增压值,并防止爆燃和限制热负荷,必须对涡轮增压系统增压压力进行控制。

通常在增压系统中设有进气旁通阀或排气旁通阀。排气旁通阀及其控制装置在增压器上的安装位置如图5-44所示。其工作原理是,当压气机出口压力(增压压力)低于限定值时,膜片式控制阀的膜片在膜片弹簧的作用下,带动连动杆使排气旁通阀保持关闭状态。当增压压力超过限定值时,增压压力克服膜片弹簧力,推动膜片并带动连动杆将排气旁通阀打开,使部分排气不经过涡轮机直接排放到大气中,从而达到控制增压压力及涡轮转速的目的。

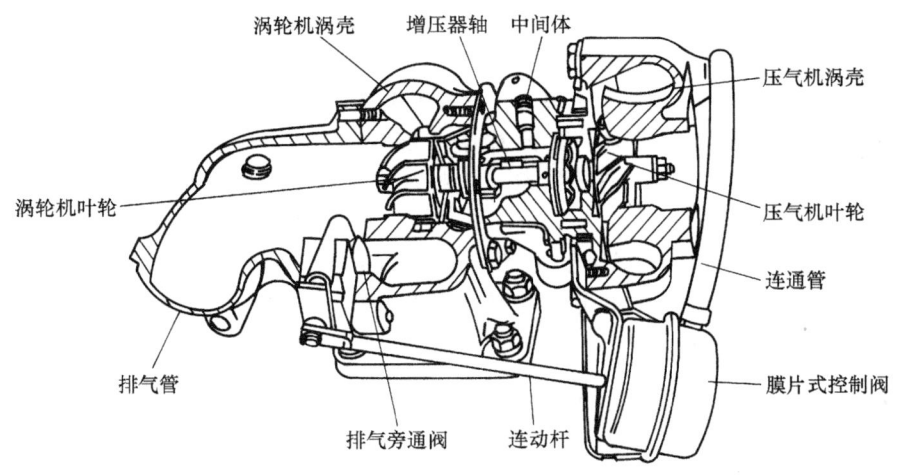

图5-44 排气旁通阀的安装位置

进气旁通阀的工作原理与排气旁通阀类似。

现代电控汽油机中,排气旁通阀通常由ECU控制。图5-45所示为ECU控制增压压力系统原理图。在ECU存储器中,存储着发动机增压压力特性图的有关数据。当发动机工作时,ECU根据增压压力传感器等输入的信息,确定当时的实际进气增压压力,并与理论压力值进行比较。若实际增压压力值与理论压力值不符,ECU就输出控制信号,通过对增压压力电磁阀进行控制,改变膜片式控制阀上的压力,使旁通阀动作,改变实际增压压力。即当实际进气压力低于理论值时,旁通阀关闭;当进气压力高于理论值时,旁通阀打开。

在实际应用中,一般都是采用调节点火正时和调节增压压力相结合的办法来获得更好的

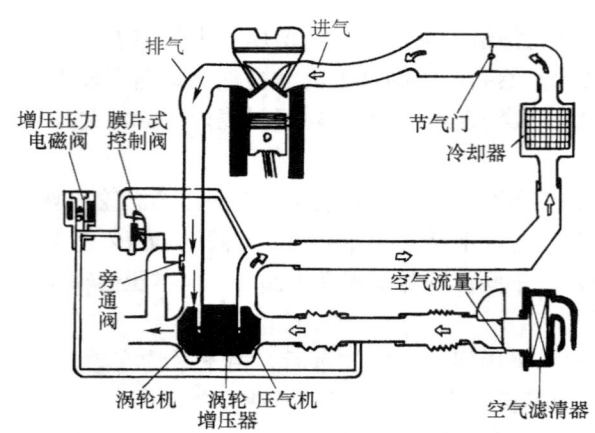

图 5-45 ECU 控制增压压力系统原理图

控制效果。因为仅通过降低增压压力的办法，会引起发动机性能降低；而采用涡轮增压后，发动机排气温度较高，所以也不宜只通过调节点火正时的办法来控制爆燃，否则由于温度增高，对高温排气驱动的涡轮有不利影响。因此，两种方法并用是最好的方法。通常是当 ECU 根据传感器输入的信号鉴别出发生爆燃时，即刻使点火提前角推迟，同时平行地降低增压压力。在这两方面调节生效（爆燃消失）时，仍将增压压力慢慢降低，通过点火正时调节装置再将点火提前角调节至最佳值，以使发动机获得更大转矩。当点火提前角到达最佳值时，再慢慢地增加充气增压压力。

2）增压空气的冷却。由于进气增压，温度必然升高，若不对增压空气进行冷却，则实际进气充量减少，影响增压效果。因此在废气涡轮增压系统中，一般都带有冷却器（见图 5-45），也称中冷器，对进气进行冷却，以提高充气效率，同时降低发动机的热负荷和排气温度。

试验证明，增压空气温度每降低 10℃，柴油机的循环平均温度可降低 25～30℃，在压缩比为 1.5～2 时，供气量能比不用中冷器时提高 10%～18%，发动机的动力性和经济性都得到改善。

5.4.4 发动机涡轮增压器异常振动和噪声的故障诊断【学生分组讨论】

发动机涡轮增压器异常振动和噪声故障的可能原因如下：

1）涡轮增压器转子部件不平衡。由于转子部件上的各零件清洗不干净，或零件与轴的配合不好，组装时产生偏心。因此，在转子部件组装前，必须认真地检查清洗转子部件上的所有零件。

2）压气机或涡轮的流道内进入异物损坏了叶轮，使转子部件失去平衡。

3）涡轮或压气机叶轮本身的材质或工艺缺陷造成叶轮损坏，平衡被破坏。

4）涡轮或压气机叶轮叶片疲劳断裂。

5）涡轮叶轮叶片被严重沾污后，转子部件的平衡被破坏而产生异常振动。

5.4.5 发动机涡轮增压器检测【学生分组实训，详见教材《汽车构造与原理实训第 3 版》的"任务 5.4 发动机废气涡轮增压系统拆装与检测"】

项目小结

1. 发动机换气系统由空气滤清器、进气管系、配气机构、排气管系及消声器等组成。
2. 配气机构的作用是根据发动机需要,适时地开启和关闭各缸的进、排气门,进行进气和排气。它主要由气门组件、凸轮轴组件、凸轮轴传动组件和气门驱动组件组成。现代轿车发动机较多采用顶置多气门、上置凸轮轴式、齿带传动式结构。
3. 四冲程发动机的换气过程含自由排气、强制排气和进气阶段。在换气过程中,进、排气门均早开和迟闭。进、排气门实际开闭时刻由曲轴转角来表示,称为配气相位。
4. 充气效率是评价发动机换气过程完善程度的指标,它是指每循环实际进入气缸的充量与进气状态下充满气缸工作容积的理论充量的比值。影响充气效率 η_v 的因素有进气终了的气缸压力和温度、残余废气量、压缩比及配气正时等。正确安装并定时检查调整配气相位,定时检查调整气门间隙,定时清洁保养空气滤清器,对提高充气效率影响极大。
5. 可变气门控制系统能根据发动机的运行状况而改变气门升程和气门开启的时间,使发动机在所有工作转速下都能获得较佳的配气相位和气门升程,提高发动机的动力经济性能。
6. 可变进气管控制系统可根据发动机转速等的变化,自动调节进气管长度和流通截面,利用气流的波动效应来增加进气量,提高充气效率。
7. 增压是提高发动机功率、降低燃料消耗、减少排气污染的有效途径之一。废气涡轮增压是利用发动机排出的具有一定能量的废气,通过增压器,对进气进行增压。它主要由涡轮增压器、增压压力控制阀及冷却器等组成。为保证发动机在不同转速及负荷等工况下都能得到最佳增压值,现代发动机常采用计算机控制增压压力。
8. 注意换气系统的维护和保养,如空气滤清器的清洁与更换、进排气管路的泄漏检查及配气机构的检查、调整或修理。

★ 知识与技能评价

一、选择题

1. 下列关于空气滤清器的说法正确的是(　　)。
   A. 惯性式空气滤清器是利用气流高速旋转的离心力作用,将空气中的尘埃和杂质分离
   B. 纸质滤芯有干式和湿式两种
   C. 湿式纸质滤芯经油浸处理,滤清效果更好,而且能反复使用
   D. 使用空气滤清器可以提高发动机的动力经济性能
2. 气门间隙过大,发动机工作时(　　)。
   A. 气门早开　　　　　　　　B. 气门迟开
   C. 不影响气门开启时刻　　　D. 不确定早开还是迟开
3. 气门传动组零件磨损后,配气相位的变化规律是(　　)。
   A. 早开早闭　　B. 早开晚闭　　C. 晚开早闭　　D. 晚开晚闭
4. 理想的配气定时应随着发动机的(　　)而改变。
   A. 转速　　　　B. 负荷　　　　C. 新旧　　　　D. 机油压力
5. 发动机增压的作用是(　　)。

A. 提高进气压力　　　　　　　　B. 提高排气压力
C. 增加发动机功率　　　　　　　D. 增加发动机耗油率

二、问答题

1. 叙述双顶置凸轮轴换气系统的基本组成和工作原理。
2. 叙述本田 VTEC 系统的基本组成和工作原理。
3. 叙述涡轮增压发动机的基本组成和工作原理。

三、实操题

1. 正确调整一台发动机气门间隙。
2. 正确检查调整一台发动机配气定时。
3. 正确进行一台发动机气门与气门座的配合检查与研磨。
4. 利用汽车故障诊断仪读取本田雅阁轿车 F23A3 发动机的故障码和数据流。

项目6 汽油机燃料供给系统

教学目标与要求

- 掌握汽油机燃料供给系统的基本组成与工作原理
- 学会汽油机燃料供给系统的拆装
- 掌握燃油泵的结构原理与控制
- 掌握喷油器的结构与工作原理
- 掌握燃油喷射方法和喷射正时的控制
- 掌握燃油喷射时间校正的控制
- 学会读取并分析发动机燃油喷射相关数据流

教学重点

※ 燃料供给系统的基本组成与工作原理
※ 燃油泵和喷油器的结构与工作原理
※ 燃油喷射时间的控制与校正
※ 读取并分析发动机燃油喷射相关数据流

教学难点

▲ 燃油喷射时间的控制与校正
▲ 读取并分析发动机燃油喷射相关数据流

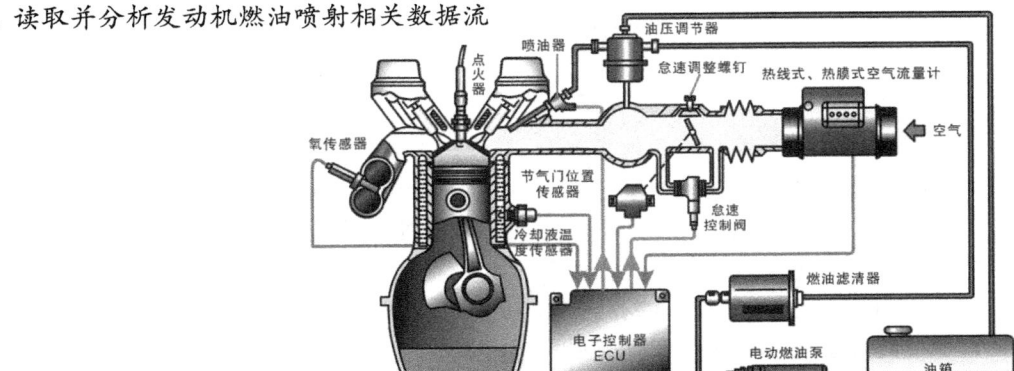

任务6.1 燃油泵不工作故障的检测

6.1.1 燃油泵不工作的故障案例与场景设置

● 丰田卡罗拉汽车无法起动,检查供油状况,起动时探听发现燃油泵没有运转声音(不工作),请分析诊断故障。

6.1.2 汽油机燃料供给系统拆装实训【学生分组实训,详见教材《汽车构造与原理实训第3版》的"任务6.1 汽油机燃油系统总体拆装与检查"】

6.1.3 汽油机燃料供给系统的组成及工作原理

电控汽油机燃料供给系统主要由燃油供给系统、空气供给系统和控制系统组成(见图6-1)。它应用各种传感器来检测发动机工作状态和汽车行驶状态。发动机ECU计算出最佳的燃油喷油量,并使喷油器喷射燃油。

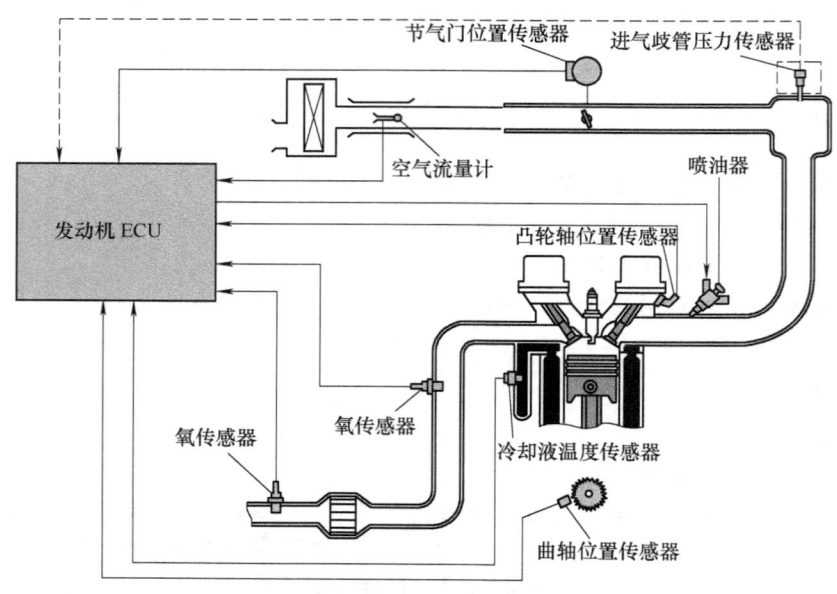

图6-1 电子燃油喷射系统的组成

1. 燃油供给系统

燃油系统主要部件包括：汽油箱、燃油泵、燃油泵滤清器、燃油滤清器、压力调节器、输送管、喷油器、脉动缓冲器(见图6-2)。

(1) 汽油箱　汽油箱用以储存汽油。普通汽车只有一个汽油箱,越野车则常有两个油箱,以适应特殊要求。一般汽车油箱的续航里程(一次性加满汽油可连续行驶的里程)为200~600km。

项目6 汽油机燃料供给系统

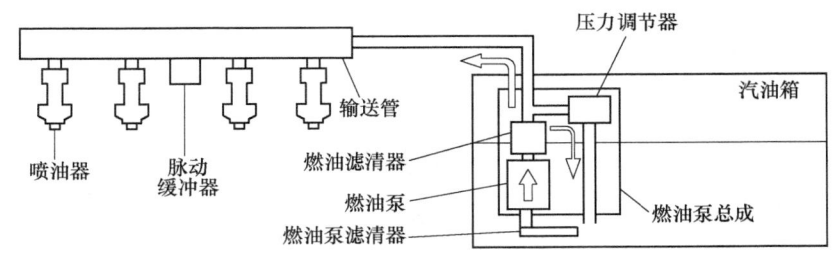

图 6-2 燃油系统的组成

汽油箱（见图 6-3）常用薄钢板或工程塑料制成，为防止油液面由于行车振荡而外溢，在油箱内部装有隔板。油箱上表面装有液面传感器，底部有辅助油箱，内有汽油泵。为了便于排除油箱内的杂质，在底部装有放油螺塞。油箱加油口用带阀门的油箱盖封闭。

油箱盖用于防止汽油溅出及减少汽油挥发，它由空气阀和蒸气阀组成（见图 6-4）。空气阀弹簧较蒸气阀弹簧软，当油箱内汽油减少，压力下降到预定值（约 98kPa）时，大气推开空气阀进入油箱内；当油箱内油蒸气压力增大到 120kPa 时，蒸气阀打开，油蒸气泄入大气，保持油箱内压力正常。

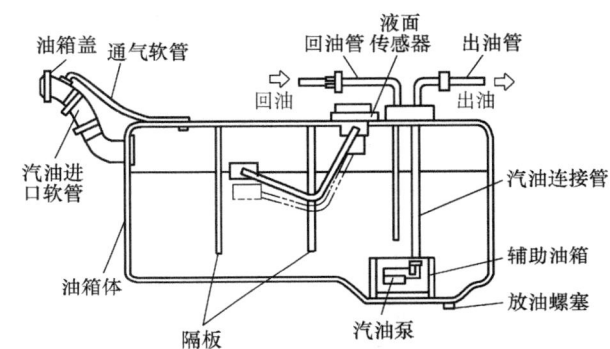

图 6-3 汽油箱

（2）燃油泵 燃油泵（见图 6-5）安装于油箱中，与燃油滤清器、压力调节器和燃油表等结合为一个整体。电动机带动油泵叶轮压缩燃油。

燃油泵停止工作时，单向阀关闭，以维持燃油管路内的残余压力，这样更有助于使发动机重新起动。

若没有残余压力，在高温时很容易出现气阻，使发动机重新起动变得很困难。当出油口侧压力过高时，安全阀开启，防止燃油压力过高。

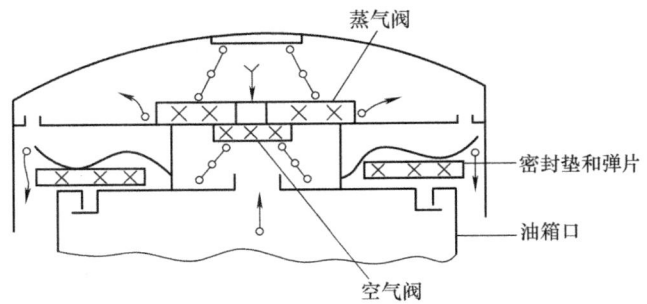

图 6-4 双腔油箱盖原理图

（3）燃油泵滤清器/燃油滤清器 燃油泵滤清器在燃油进入燃油泵之前，去除燃油中的灰尘和杂质。

燃油滤清器能去除由燃油泵压缩的燃油中的灰尘和杂质。

若燃油滤清器发生阻塞，就会降低传递至喷油器的燃油压力，使得发动机起动困难，操纵不灵活。

有些燃油泵安装在汽油箱外部。在某些车型中，采用螺栓接头或各种类型的快速接头来连接燃油管，如图 6-6 所示。

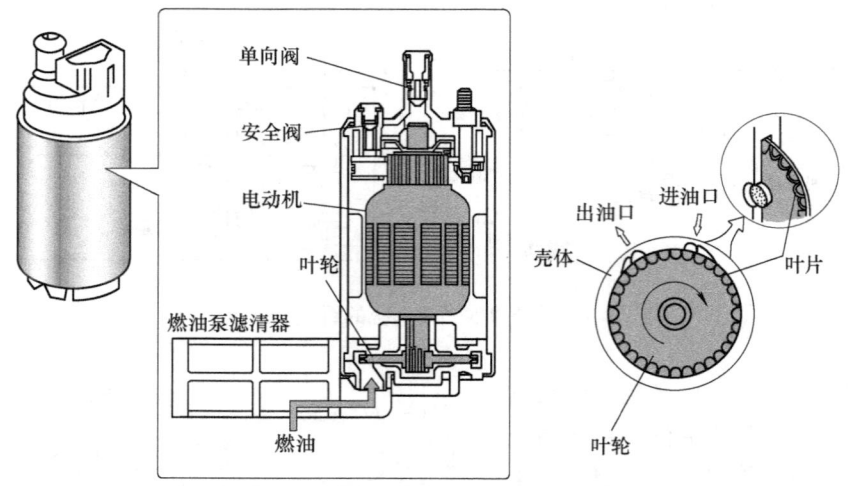

图 6-5 燃油泵的组成

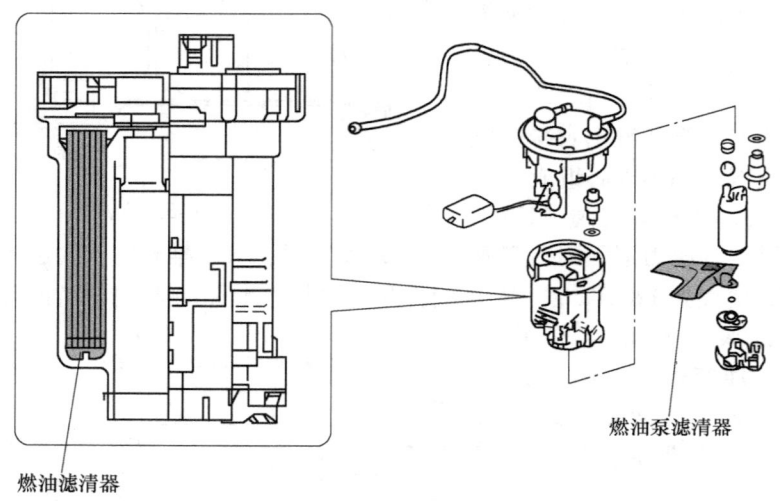

图 6-6 燃油滤清器

（4）压力调节器　压力调节器将喷油器的燃油压力控制在 324kPa（视发动机型号不同，具体压力值也会不同）。

此外，压力调节器能像燃油泵的单向阀一样，维持燃油管里的残余压力。压力调节器有两种燃油调节方法。

一种是将燃油压力控制在一个恒定的压力值。当燃油压力超过压力调节器的弹簧压力时，阀门开启，使燃油回流到汽油箱并调节压力。

喷油器的喷射量根据进气歧管真空度喷射燃油。这种真空状态随着发动机工作状态的变化而不断变化。因此，这种燃油调节方式，发动机 ECU 根据进气歧管真空的变化，计算每次喷射时间内燃油喷油量，确保喷油器喷射适当数量的燃油，如图 6-7 所示。

另外一种，装备有一个高压油管，它持续调节燃油压力，使燃油压力高于歧管压力产生的一个固定压力。

其基本工作原理与第一种燃油调节方法相同，但由于进气歧管真空被作用于膜片的上腔，燃油压力就通过阀门开启时，根据歧管压力改变燃油压力进行控制，燃油通过回油管流回汽油箱。

喷油器的喷射量根据歧管真空喷射燃油。这种真空状态随着发动机工作状态的变化而不断变化。因此，这种燃油调节方式中，燃油压力根据进气歧管真空度而不断进行调节，使燃油压力保持高于某一固定压力，以确保每次喷射时间都能维持一个固定的喷油量，如图6-8所示。

（5）脉动缓冲器 脉动缓冲器（见图6-9）采用一个膜片，吸收由于燃油喷射和燃油泵压缩而产生的微量的燃油压力脉动。

燃油压力的检查可通过脉动缓冲器的螺旋装置来轻易实现。在有些型号的发动机上没有配备脉动缓冲器。

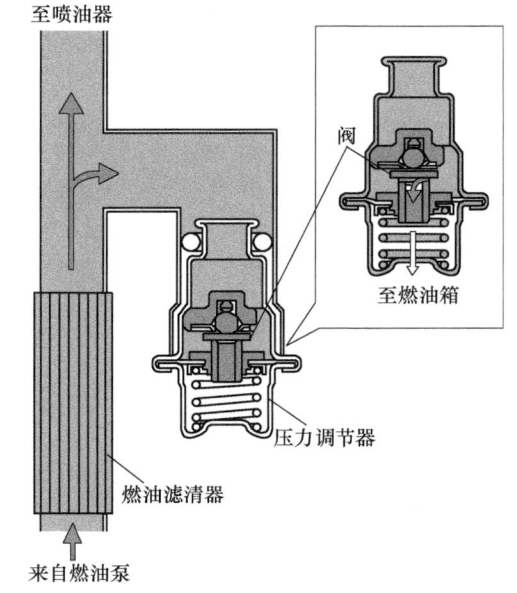

图6-7 燃油压力恒定输出

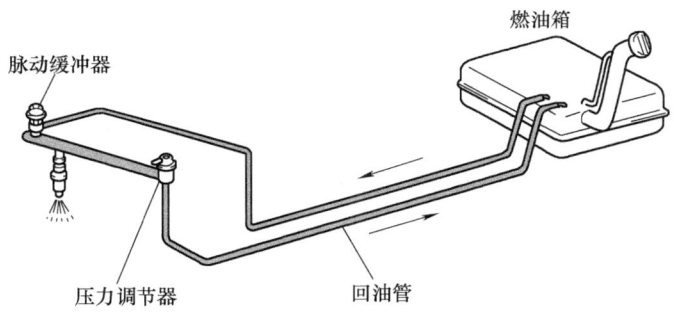

图6-8 燃油压力调节器控制喷油器压力差

（6）喷油器 喷油器（见图6-10）根据发动机ECU传来的信号，将燃油喷射进气缸的进气口。

发动机ECU传来的信号使电流在电磁线圈中流动，拉动针阀，此时阀门开启，喷射燃油。

由于针阀行程是固定的，燃油喷油量由流入电磁线圈的时间来控制。

维修O形圈的处理：O形圈不可重复使用，安装O形圈时，先将其涂上汽油。把喷油器向输油管上安装时，小心不要损坏O形圈。当喷油器安装到输油管上后，

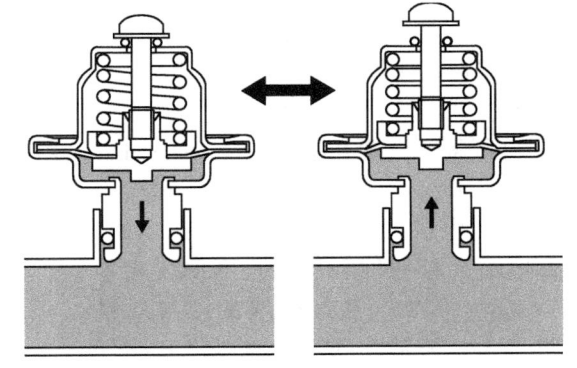

图6-9 脉动缓冲器

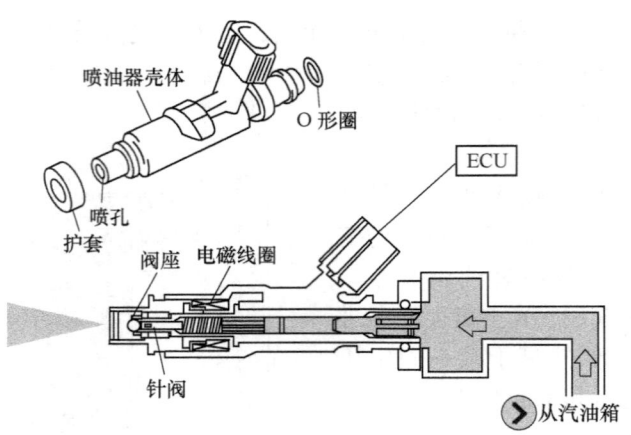

图 6-10 喷油器

用手转动喷油器。若喷油器旋转不平滑，则说明 O 形圈已损坏。

2. 空气供给系统

空气供给系统主要由空气流量计或进气管绝对压力传感器、节气门、进气总管、进气歧管和怠速空气控制装置等组成（见图 6-11）。

（1）空气计量装置　进气量是电控汽油发动机的一个关键参数，精确计量空气量对准确控制喷油量和点火正时十分重要。空气量的计量方法有进气管绝对压力传感器式间接测量法和空气流量传感器式直接测量法两类，后者又可分为体积流量型和质量流量型，体积流量型有叶片式和卡门旋涡式，质量流量型有热线式和热膜式。目前常用的有热线式和热膜式。

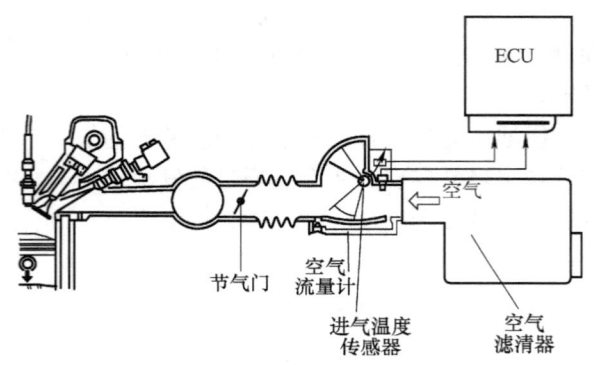

图 6-11 空气供给系统

1）热线式空气流量计。热线式空气流量计的结构如图 6-12 所示，主要由感知空气流量的白金热线、温度补偿电阻（也称为冷线）、精密电阻、混合电路板、采样管、保护网、接线座等组成。

热线式空气流量计的工作原理如图 6-13 所示。设置在进气管道中的白金热线电阻 R_H、温度补偿电阻 R_K 和精密电阻 R_A、电桥电阻 R_B 组成惠斯顿电桥。控制电路 A 使热线温度与进气温度之差保持在约 100℃，流经热线的空气质量流量越大，被带走的热量就越多。要保持热线温度与进气温度之间的温差恒定，

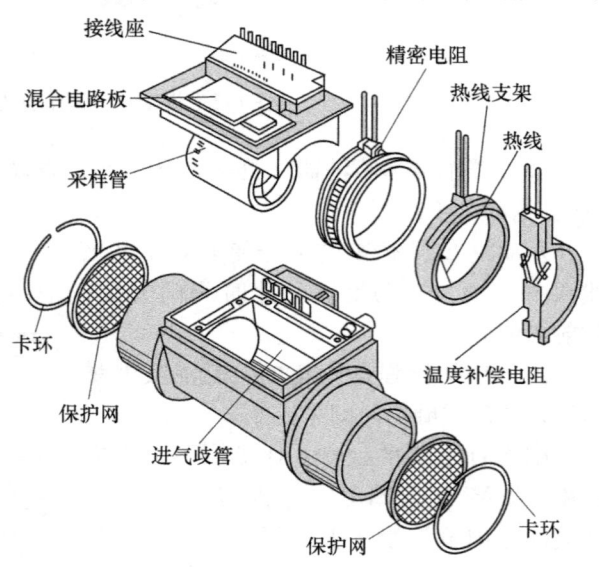

图 6-12 热线式空气流量计的结构

必须增加通过热线的电流。热线式空气流量计就是利用热线与空气之间的这种热交换传递现象进行空气流量测量的，它所测量的是空气质量，不需要进行温度和压力修正。

为了清除白金热线上的污物，提高进气量测量的准确度，热线式空气流量计还具有自洁功能，在每次停机后，ECU 给白金热线加高温（约 1000℃）1~2s。

热线式空气流量计的结构简单，进气阻力小，温度响应快，无需进行进气温度和压力修正，所以应用日益广泛。

2）热膜式空气流量计。热膜式空气流量计的结构如图 6-14 所示，其结构和工作原理与热线式空气流量计基本相同，只是将热线改成热膜，热膜是由发热金属铂固定在薄的树脂膜上制成的，其工作可靠性和使用寿命比热线式空气流量计更高。

3）进气歧管绝对压力传感器。进气歧管绝对压力与节气门开度和发动机转速有关，节气门开度越大，进气歧管压力越高（真空度越低）。当节气门全开时，进气歧管压力接近大气压力，因此进气歧管绝对压力反映了发动机负荷，通过测量进气歧管绝对压力和发动机转速信号，可以间接地确定进入气缸的空气量。

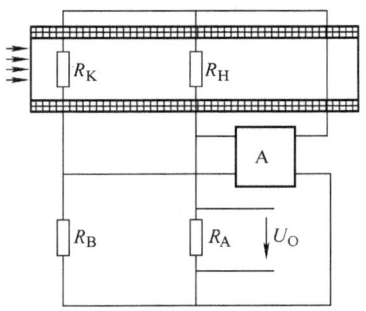

图 6-13 热线式空气
流量计的工作原理
A—控制电路　R_H—热线电阻
R_K—温度补偿电阻　R_A—精密电阻
R_B—电桥电阻

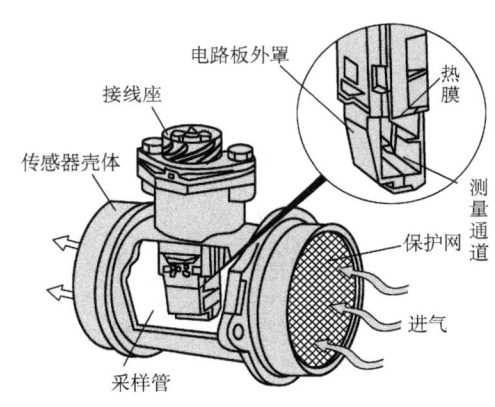

图 6-14 热膜式空气流量计的结构

进气歧管绝对压力传感器根据其信号产生原理可以分为半导体压敏电阻式或电阻应变片式、电容式、可变电感式、表面弹性波可变电阻式等多种类型，它们都是利用膜片把气室分隔成两部分，一部分通大气或抽成真空，另一部分与进气管连通，当进气管绝对压力发生变化时，膜片产生变形。

利用膜片变形引起半导体压敏电阻或电阻应变片的阻值变化，把四个压敏电阻或应变片电阻接成惠斯顿电桥（见图 6-15），就可以将膜片的变形（即进气管绝对压力）转换成电信号输送给 ECU。

如果利用膜片变形产生的位移改变电容器极板间的距离，电容量发生变化，把电容连接到振荡器电路中，

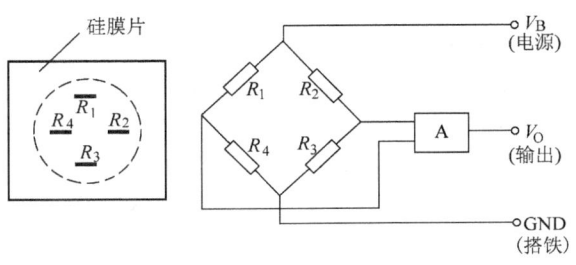

图 6-15 压敏电阻或应变片电阻式进气压力传感器

振荡器输出信号的频率就随进气歧管绝对压力变化，也就是把进气管绝对压力的变化转化成电信号频率的变化，输入到 ECU 进行处理，可以确定进气量。

同样,利用膜片变形带动感应线圈或铁心产生移动,使线圈电感发生变化,产生感应电动势,感应线圈产生的这个电压信号随进气歧管绝对压力变化而变化,这样把进气歧管绝对压力转换成电压信号输入 ECU 便可计算进气量。

(2) 怠速控制系统　怠速控制系统除了稳定发动机的怠速转速外,还能根据发动机怠速时负荷的变化情况,如冷起动后的暖机、空调开机、动力转向开关接通、自动变速器切换到行进档等,自动调节发动机怠速转速,使发动机处在最佳的怠速状态(既保证怠速转速的稳定,又尽可能降低燃油消耗和排放污染)。

电控汽油喷射发动机的怠速控制方式可以分为两类,一类是控制节气门关闭位置的节气门直动式,另一类是控制节气门旁通气道空气量的旁通空气式。

1) 节气门直动式怠速控制。如图 6-16 所示,桑塔纳 2000GSi 轿车 AJR 型发动机的怠速控制采用的就是节气门直动式,它采用怠速控制电动机,通过齿轮传动机构来操作节气门开度。节气门位置传感器将节气门开度信号输送给 ECU,ECU 根据传感器检测到的发动机工况信息,确定目标转速,并与发动机实际转速进行比较,再根据差值确定相应的控制量,对怠速控制电动机进行控制,保证发动机维持在最佳怠速。

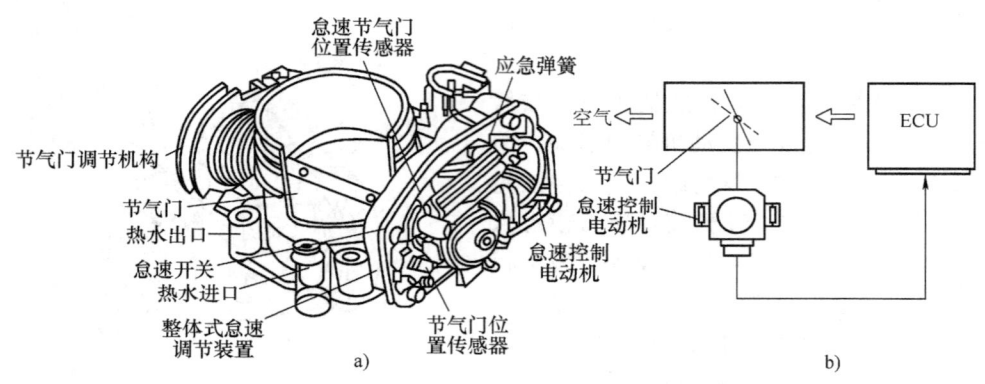

图 6-16　节气门直动式怠速控制
a) 结构(桑塔纳 2000GSi 轿车 AJR 型发动机)　b) 工作原理

怠速控制装置因故断电,应急弹簧将节气门定位在预先设定的怠速应急运行位置,不影响驾驶人对节气门的调节。

2) 旁通空气式怠速控制。旁通空气式怠速控制装置种类较多,常用的主要有双金属片式、石蜡式、电磁阀式和步进电动机式等。

① 双金属片式怠速控制装置(见图 6-17)。双金属片式怠速控制装置是在发动机低温起动时和暖机过程中,使旁通空气通道打开,增加空气量的一种快怠速机构。它主要由电热丝、双金属片、空气通道遮门等组成。

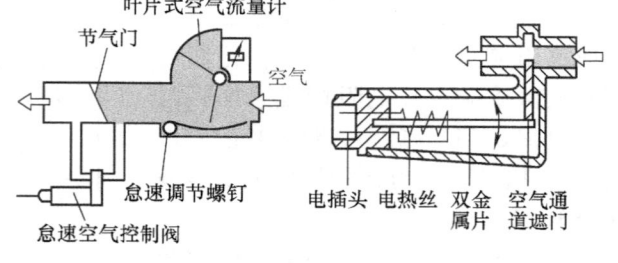

图 6-17　双金属片式怠速控制装置

当发动机温度较低时,双金属片下弯遮门打开,额外的空气从旁通空气通道流入气缸,发动机处于快怠速状态。当发动机起动后,电热丝通电,使双金属片受热上翻,带动遮门慢慢关闭旁通空气通道,发动机处于正常怠速状态。

② 石蜡式怠速控制装置（见图6-18）。石蜡式怠速控制装置根据发动机冷却液温度来控制旁通空气通道流通的截面积,从而控制发动机怠速。它主要由石蜡体、控制活塞、平衡弹簧等组成,安装在发动机的冷却液套上。石蜡直接感受发动机冷却液的温度,当冷却液温度较低时,石蜡收缩,在弹簧力的作用下,控制活塞右移,旁通空气通道开大,怠速转速升高;当冷却液温度升高时,石蜡受热膨胀,推动控制活塞左移,将旁通空气通道关小,甚至完全关闭,怠速转速降低。

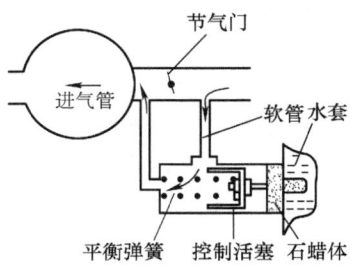

图6-18 石蜡式怠速控制装置

③ 电磁阀式怠速控制装置。电磁阀式怠速控制装置实际上是一个调节空气流通截面积大小的比例电磁阀。阀门的开度由流过电磁线圈的电流产生的电磁力与弹簧力的平衡位置所决定,有直线型和旋转型两种。直线型电磁阀（见图6-19a）是以改变阀的轴向位置来调节通道截面积的,而旋转电磁阀（见图6-19b）则是通过改变阀的角度位置来调节通道截面积的。电磁阀式怠速控制装置响应速度快。

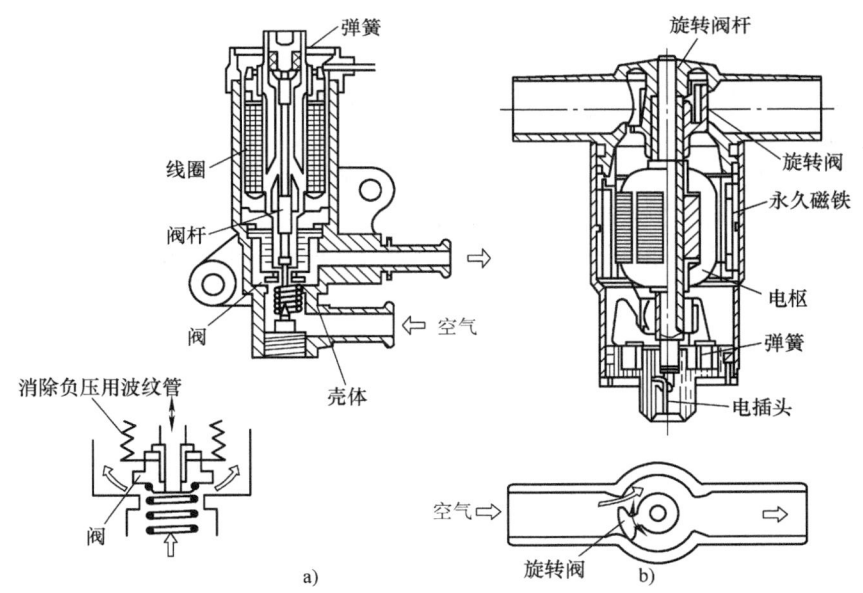

图6-19 电磁阀式怠速控制器
a) 直线型 b) 旋转型

④ 步进电动机式怠速控制装置（见图6-20）。步进电动机式怠速控制装置主要由步进电动机、进给丝杠、阀座、阀芯等组成。步进电动机可以正反转,通过进给丝杠把电动机的旋转运动转变成阀芯的直线运动,以调节旁通空气通道的截面积,改变进气量的大小。

步进电动机把转子转动一周分成若干个步级进行,每一周的步级越多,控制精度越高（如将一圈分成32个步级,则每个步级对应转角为11.25°）。

步进电动机式怠速控制精度高。当发动机停机时,点火开关转到"OFF"位置,怠速控制阀自动回复到全开位置，以便于发动机下一次的起动。

3. 电子控制系统

电子控制系统主要由各种传感器、执行器和控制器三大部分组成（见图6-21）。传感器将发动机的工作状态信息转变为电信号，输送给发动机电控单元（ECU），ECU对传感器信号进行分析、处理、运算和判断后，向执行器发出控制指令，实现对发动机运行的最佳控制。

（1）发动机主要传感器　前面已经介绍了各种空气流量计和进气歧管绝对压力传感器，下面介绍其他传感器。

1）发动机转速与曲轴位置传感器。它们是发动机电控系统中最重要的传感器之一，其作用是提供发动机转速信号和曲轴位置（活塞上止点）信号，是控制点火时刻

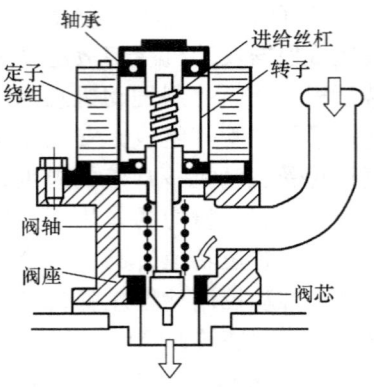

图6-20　步进电动机式怠速控制装置

和喷油时刻的重要信号源，二者通常制成一体，安装在曲轴前端、飞轮上、凸轮轴前端或分电器内。根据工作原理不同，发动机转速与曲轴位置传感器可分为电磁感应式、霍尔效应式和光电效应式三大类，其中电磁感应式应用最广。

① 电磁感应式（见图6-22）。电磁感应式发动机转速与曲轴位置传感器是一种安装在曲轴上的电磁感应式曲轴位置传感器。它主要由永久磁铁、感应线圈和信号齿盘等组成。信号齿盘由曲轴带动旋转，利用轮齿靠近和离开感应线圈时，通过感应线圈的磁通量变化，从而在线圈中产生感应电动势。信号齿盘不停旋转，在感应线圈中就产生交变电压信号，发动机电控单元可以从电压交变的变化频率来计算发动机的转速。另外在信号齿盘上缺两个齿，用于识别曲轴位置（第一缸上止点位置），作为点火正时信号的参考基准。

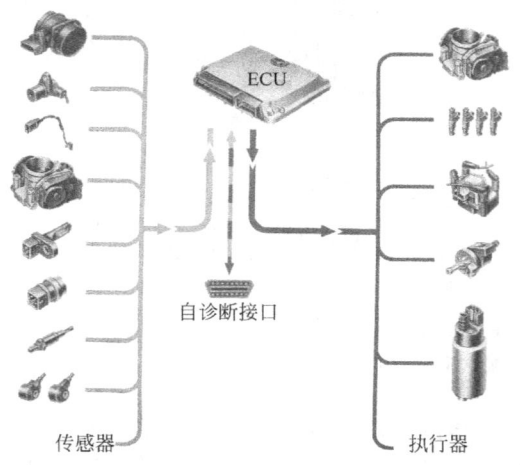

图6-21　发动机电子控制系统

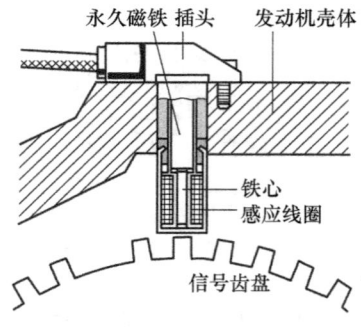

图6-22　电磁感应式发动机转速和曲轴位置传感器（安装在曲轴上）

图6-23所示为一种安装在分电器内的电磁感应式发动机转速和曲轴位置传感器。它主要由信号线圈、转子和永久磁铁等组成。曲轴位置传感器转子和转速传感器转子固定在分电器轴上，与分电器轴一起转动，信号线圈固定在分电器壳体上。

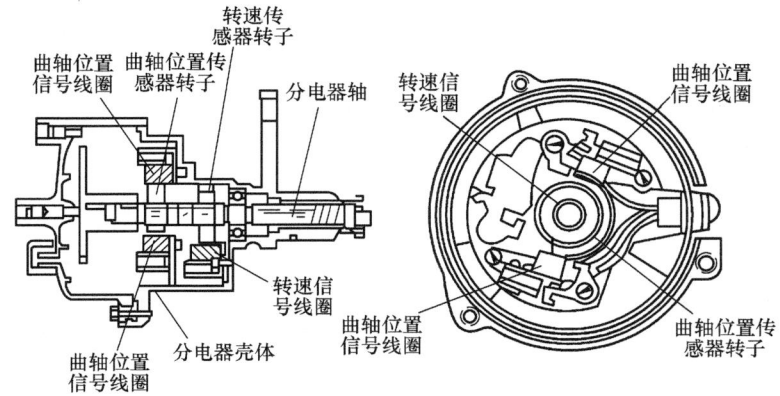

图 6-23 安装在分电器内的电磁感应式发动机转速和曲轴位置传感器

当分电器轴转动时,带动只有一个凸齿的曲轴位置传感器转子一起转动,它与曲轴位置信号线圈间的间隙不断变化,分电器轴每转一圈,两个信号线圈各产生一个电压脉冲(见图6-24)。

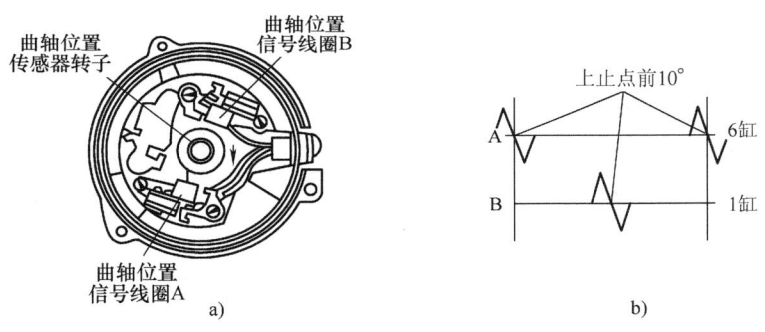

图 6-24 曲轴位置信号发生器的结构及输出信号波形
a)结构 b)输出信号波形

为了精确地检测曲轴转角和发动机转速,设置了凸齿数较多的转速传感器转子(见图6-25a),转子上的凸齿数因车而异。图 6-25a 所示转子上有 24 个凸齿,转速信号波形如图 6-25b 所示。转子每两个齿间隙 15°分电器转角,即 30°曲轴转角。分电器轴转动一周,在转速信号线圈中产生出与凸齿数相等的脉冲电压信号,将这些信号输入 ECU,通过计算单位时间内的脉冲数量就能确定发动机的转速。

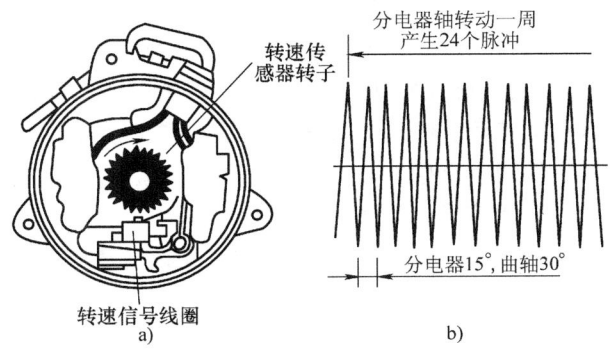

图 6-25 转速传感器信号发生器的结构及输出信号波形
a)结构 b)输出信号波形

② 霍尔效应式。霍尔效应式发动机转速和曲轴位置传感器利用霍尔效应原理,产生与

曲轴转角相对应的电压脉冲信号进行工作。如图 6-26 所示,当电流 I 通过放在磁场中的半导体基片(霍尔元件)且电流方向与磁场方向垂直时,电荷在洛伦兹力的作用下向一侧偏移,在垂直于电流与磁通的霍尔元件的横向侧面上会产生一个与电流和磁场强度成正比的霍尔电压 U_H。

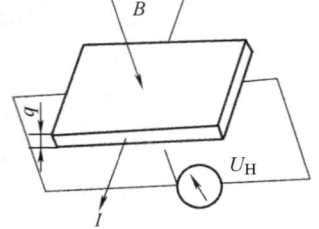

$$U_H = R_H IB/b$$

式中　R_H——霍尔系数(m^3/C);
　　　I——电流(A);
　　　B——磁感应强度(T);
　　　b——基片厚度(mm)。

图 6-26　霍尔效应工作原理
I—电流　B—磁感应强度
U_H—霍尔电压

由上式可见,当结构一定且电流 I 为定值时,霍尔电压 U_H 与磁感应强度 B 成正比。霍尔效应式曲轴位置传感器通过改变霍尔元件的磁感应强度,从而使霍尔元件产生脉冲的电压信号,此信号经放大整形后,即为曲轴位置传感器的输出信号。

美国通用汽车公司所采用的一种霍尔效应式发动机转速和曲轴位置传感器的信号触发叶轮结构如图 6-27 所示。它包括内、外两个信号触发叶轮,外信号触发叶轮外缘上均匀分布着 18 个触发叶片和 18 个缺口,每个触发叶片和缺口的宽度均为 10°弧长;内信号触发叶轮外缘上设有 3 个触发叶片和 3 个缺口,3 个触发叶片的宽度不同,分别为 100°、90°和 110°弧长,3 个缺口宽度也不同,分别为 20°、30°和 10°弧长。信号触发叶轮安装在发动机曲轴带轮前端,安装相位关系使内信号轮上宽度为 100°弧长的触发叶片前沿位于 1、4 缸上止点前 75°,90°弧长的触发叶片前沿位于 6、3 缸上止点前 75°,110°弧长的触发叶片前沿位于 5、2 缸上止点前 75°。

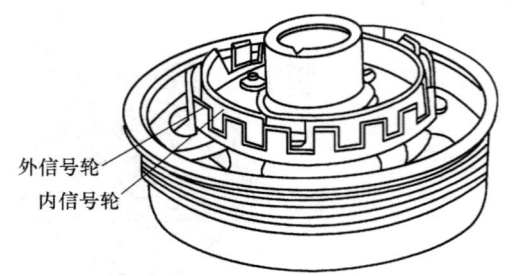

图 6-27　霍尔效应式发动机转速和曲轴位置传感器的信号触发叶轮结构

在内、外信号轮侧面各设有一个霍尔信号发生器。霍尔信号发生器主要由永久磁铁、导磁板和霍尔集成电路等组成。信号轮转动时,每当叶片进入永久磁铁与霍尔元件之间的空气隙中时,磁场被触发叶片所旁路,霍尔元件不受磁场的作用,此时没有霍尔电压;当触发叶片转过空气隙、缺口对着永久磁铁和霍尔元件时,磁场作用到霍尔元件上,产生霍尔电压。霍尔元件间歇产生的霍尔电压信号,经霍尔集成电路放大整形后,送到 ECU 作为曲轴转角和曲轴位置信号,如图 6-28 所示。

③ 光电效应式。光电效应式发动机转速和曲轴位置传感器主要由信号盘、发光二极管

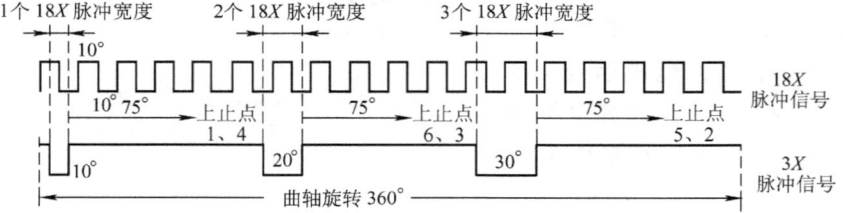

图 6-28　霍尔效应式曲轴位置传感器的输出信号

和光敏晶体管等组成（见图6-29）。信号盘外侧均匀分布有360条缝隙，产生1°信号；信号盘内侧均匀分布有与发动机缸数相同的缝隙，图中为6个缝隙，其中较宽的一条缝隙为1缸基准信号缝隙。光敏装置由两组相对安装的发光二极管和光敏晶体管组成。当信号盘随分电器轴或曲轴、凸轮轴转动时，转盘从发光二极管和光敏晶体管之间穿过。当缝隙对准发光二极管时，光线穿过缝隙照射到光敏晶体管上，光敏晶体管导通，有电压信号输出给ECU；当缝隙转过发光二极管时，光线被遮挡住，光敏晶体管截止，此时没有电压信号输出。转盘转动一圈，外侧缝隙触发外侧光敏装置导通和截止360次，该脉冲信号作为发动机转速信号输送给ECU；内侧缝隙触发内侧光敏装置导通和截止6次，该信号作为曲轴位置信号输送给ECU，其中较宽的缝隙产生的较宽电压脉冲信号作为1缸基准位置信号，ECU以此为基准控制点火正时和喷油正时。

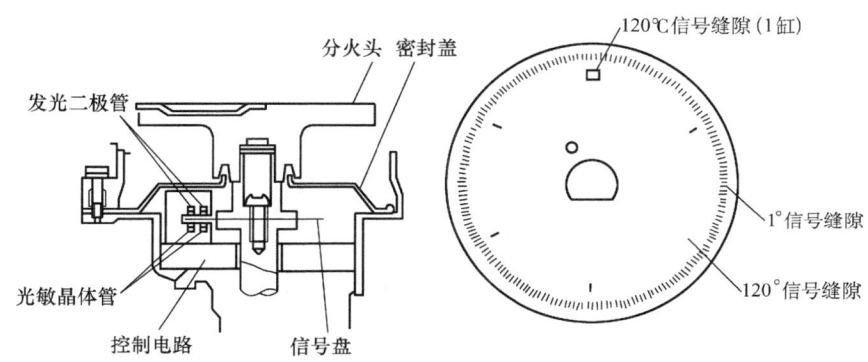

图6-29 光电效应式发动机转速和曲轴位置传感器

2）冷却液温度传感器。它被用来检测发动机的热状态。其信号输入ECU，用来对基本喷油量进行修正。在怠速时，其信号是ECU控制怠速转速的主要信号源。常见的冷却液温度传感器是半导体热敏电阻式（见图6-30）。它是利用半导体材料的电阻随温度变化而变化的特性制成的。其灵敏度高，有负温度特性和正温度特性两种。负温度特性是指温度升高时，电阻值降低；正温度特性是指电阻值随温度升高而增加。

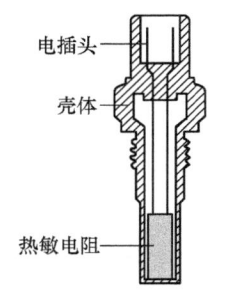

图6-30 半导体热敏电阻式冷却液温度传感器

3）进气温度传感器。进气温度传感器也常采用高灵敏度的热敏电阻，安装在进气歧管处，其外形及安装位置如图6-31所示。进气温度传感器是一个负温度系数（NTC）的热敏电阻，进气温度上升时电阻下降。ECU通过电阻信号识别温度，从而修正喷油量和点火提前角。

4）氧传感器。电控燃油喷射发动机上广泛采用三元催化转化器对发动机尾气进行净化处理，三元催化转化器的转化效率与混合气的空燃比有关，只有当空燃比在理论空燃比的附近区域时，三种有害气体的转化效率才同时较高。所以在装有三元催化转化器的发动机上，普遍采用氧传感器进行空燃比闭环控制。氧传感器一般安装在排气管内三元催化转化器之前，用来检测排气中的氧气含量，以确定空燃比是浓还是稀，向ECU发出反馈信号，发动机根据此信号调节喷油量，把空燃比控制在目标空燃比的范围内。有的发动机有两个氧传感器，另一个安装在三元催化转化器后，用以检测其催化转化效率。目前使用的氧传感器主要有氧化锆式和氧化钛式两种。

① 氧化锆式氧传感器（见图6-32）。氧化锆式氧传感器的基本元件是专用陶瓷体，即氧化锆（ZrO_2）固体电解质。陶瓷体制成的锆管，固定在带有安装螺纹的固定套中，其内表面与大气相通，外表面与排气接触。锆管内外表面都覆盖着一层多孔性的铂膜作为电极。为了防止废气中的杂质腐蚀铂膜，在锆管外表面的铂膜上覆盖有一层多孔的陶瓷层，并且还加装了一个防护套管，套管上开有槽口。氧传感器的接线端有一个金属护套，其上开有一孔，用于锆管内表面与大气相通，电线将锆管内表面铂极经绝缘套从传感器引出。

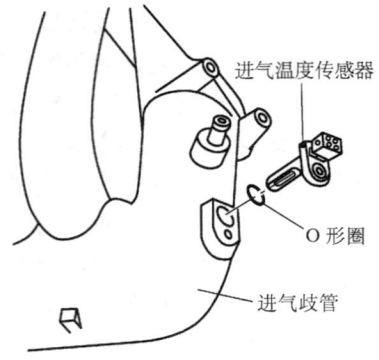

图6-31 进气温度传感器的外形与安装位置

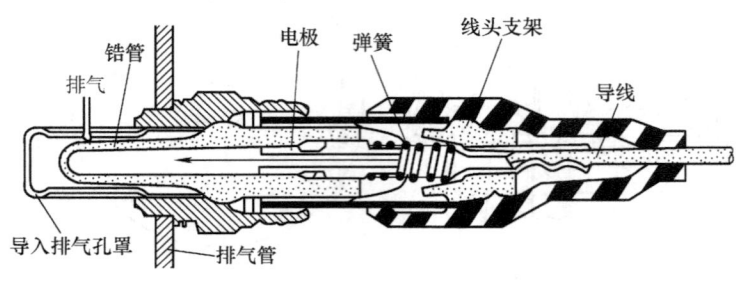

图6-32 氧化锆式氧传感器的结构

锆管的陶瓷体是多孔的，允许氧渗入该固体电解质内，温度较高时，氧气发生电离。若陶瓷体内（大气）外（废气）侧氧含量不一致，即存在着浓度差时，在固体电解质内部氧离子从大气一侧向排气一侧扩散，结果，锆管元件成了一个微电池，在锆管两铂极间产生电压（见图6-33）。当混合气稀时，排气中氧含量大，两侧氧浓度差小，只产生小的电压；而当混合气浓时，排气中氧含量小，同时伴有较多的未完全燃烧的产物CO、HC等，这些成分在锆管外表面铂的催化作用下，与氧气发生反应，消耗排气中残余的氧，使锆管外表面氧气浓度变成零，这样就使得两侧氧浓度差突然增大，两极

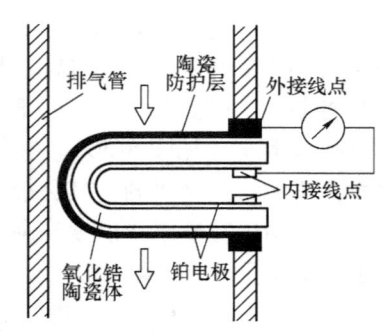

图6-33 氧化锆式传感器在排气管中的安装

间产生的电压便突然增大。因此，氧传感器产生的电压将在过量空气系数 $\phi_a = 1$ 时产生突变，$\phi_a > 1$ 时，氧传感器的输出电压几乎为零，$\phi_a < 1$ 时，氧传感器的输出电压接近1V（见图6-34a）。在发动机空燃比闭环控制的过程中，氧传感器相当于一个浓稀开关，根据混合气空燃比的变化向ECU输送脉冲宽度变化的电压脉冲信号（见图6-34b）。

② 氧化钛式氧传感器。氧化钛式氧传感器利用二氧化钛（TiO_2）材料的电阻值随排气中氧含量的变化而变化的特性制成，故又称为电阻型氧传感器。二氧化钛是在室温下具有很高电阻的半导体，但当排气中氧含量少（混合气浓）时，氧分子将脱离，使其晶体出现缺

项目6 汽油机燃料供给系统

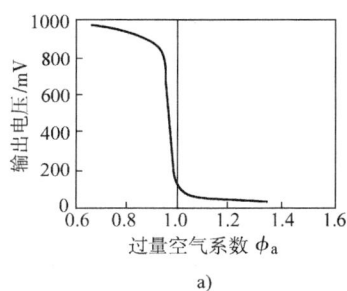
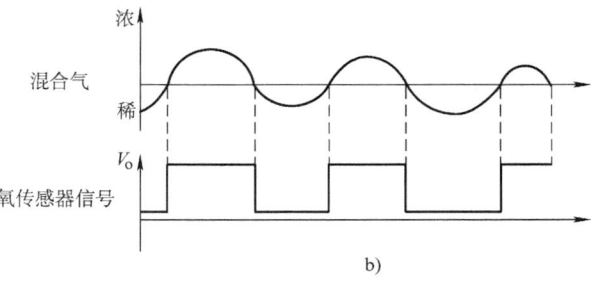

图6-34 氧化锆式氧传感器输出特性
a) 输出特性 b) 输出信号波形

陷,便有更多的电子用来传送电流,材料的电阻也随之降低。此种现象与温度和氧含量有关,因此,欲使二氧化钛在300~900℃的排气温度下能连续使用,必须做温度补偿。故二氧化钛式氧传感器内部带有一个电加热器,以使二氧化钛氧传感器在发动机工作过程中保持恒定不变的温度。

图6-35所示为氧化钛式氧传感器的结构,它具有两个二氧化钛元件,一个是具有多孔性、用来感测排气中氧含量的二氧化钛陶瓷,另一个为实心二氧化钛陶瓷,用作加热调节、补偿温度的误差。该传感器外端以具有孔槽的金属管作为防护套,一方面让废气可以进出,另一方面防止里面二氧化钛元件受到外

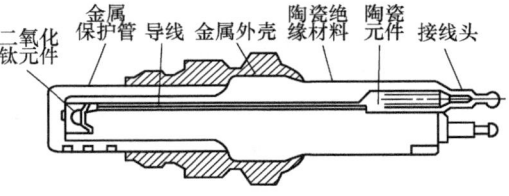

图6-35 氧化钛式氧传感器的结构

物撞击。传感器接线端以橡胶作为密封材料,防止外界气体渗入。它一般安装于排气歧管或尾管上,同时可借助排气高温将传感器加热至适当的工作温度。

ECU将恒定的1V电压加在二氧化钛氧传感器的正极,并将传感器负极上的电压降与ECU控制程序中设定的参考电压相比较(见图6-36a)。发动机混合气浓度变化时,排气中氧含量也发生变化,氧传感器的电阻随之改变,使得与ECU连接的氧传感器负极上的电压降也产生变化。当氧传感器负极上的电压高于参考电压时,ECU判定混合气过浓,于是就控制喷油器逐渐减少喷油量;当氧传感器负极上的电压低于参考电压时,ECU判定混合气过稀,控制喷油器逐渐增大喷油量。通过这

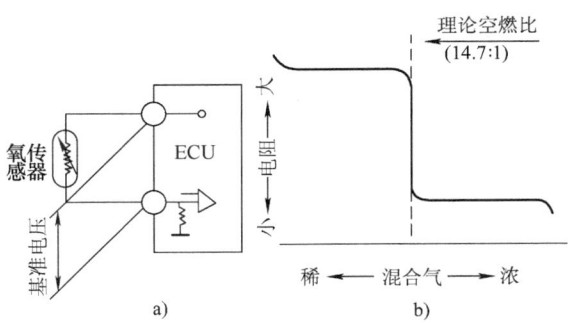

图6-36 氧化钛式氧传感器的工作原理
a) 电路 b) 氧传感器电阻值与混合气浓度的关系

样的反馈控制,使混合气的浓度保持在理论空燃比附近的狭小范围内。

实际上,在反馈控制过程中,二氧化钛式氧传感器负极输给ECU的电压也是在0.1~0.9V之间不断变化的。电压高,表示混合气较浓;电压低,表示混合气较稀。这一点与氧化锆式氧传感器是相似的(见图6-36b)。

5)爆燃传感器。爆燃传感器的功用是检测发动机有无爆燃现象,并将信号送入ECU。

发动机爆燃的检测方法有以下三种：气缸压力法、发动机机体振动法、燃烧噪声法。气缸压力检测法的检测精度最高，但存在着传感器的耐久性差和难以安装的问题。燃烧噪声检测法是非接触式的，其耐久性很好，但检测精度和灵敏度偏低。目前，最常用的方法是检测发动机机体的振动。

采用发动机机体振动检测法的爆燃传感器有磁致伸缩式和压电式两种，压电式又分共振型和非共振型。

① 磁致伸缩式爆燃传感器。磁致伸缩式爆燃传感器一般安装在发动机机体上，图 6-37 所示为该传感器的结构，由高镍合金组成的磁心外侧设有永久磁铁，在其周围缠绕着感应线圈，磁心受振偏移使感应线圈内磁力线发生变化，根据电磁感应原理，通过线圈的磁通变化时，线圈将产生感应电动势，此电动势即爆燃传感器的输出电压信号。输出电压信号的大小与发动机振动频率有关，当传感器固有频率与设定爆燃强度时发动机的振动频率产生谐振时，传感器将输出最大电压信号，如图 6-38 所示。

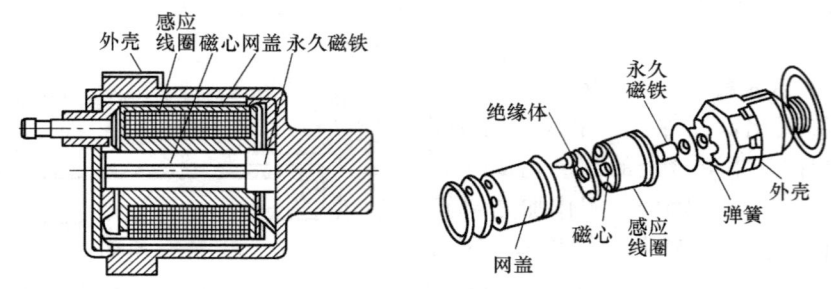

图 6-37　磁致伸缩式爆燃传感器的结构

② 非共振型压电式爆燃传感器。非共振型压电式爆燃传感器以接收加速度信号的形式来判别爆燃是否产生。这种传感器（见图 6-39）由两个压电元件同极性相反对接，配重将加速度变换成作用于压电元件上的压力，所用的配重由一根螺钉固定于壳体上，输出电压由这两个压电元件的中央取出，构造简单，制造时不需调整。

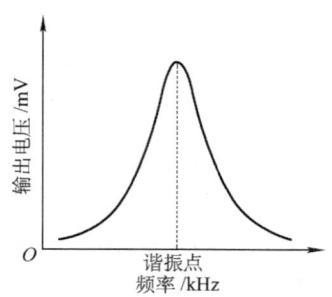

图 6-38　磁致伸缩式爆燃
传感器的输出特性

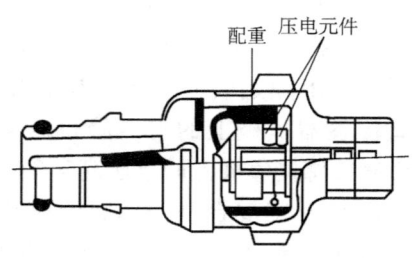

图 6-39　非共振型压电式
爆燃传感器的结构

发动机振动时，安装在发动机缸体上的爆燃传感器内部配重因受振动的影响而产生加速度，因此在压电元件上就会受到加速时惯性力的作用而产生电压信号。在爆燃发生时的频率及其附近，此种传感器产生的输出电压不会很大，具有平的输出特性（见图 6-40），因此，必须将反映发动机振动频率的输出电压信号送至识别爆燃的滤波器中,判别是否有爆燃信号产生。用于不同发动机上时,只需将滤波器的过滤频率调整即可使用,而不需更换传感器,这是它的突出优点。

③ 共振型压电式爆燃传感器。共振型压电式爆燃传感器利用产生爆燃时的发动机振动频率,与传感器本身的固有频率相符合而产生共振现象,来检测爆燃是否发生。该传感器在爆燃时的输出电压比非共振(无爆燃)时的输出电压高得多,因此无需使用滤波器,即可判别有无爆燃发生。

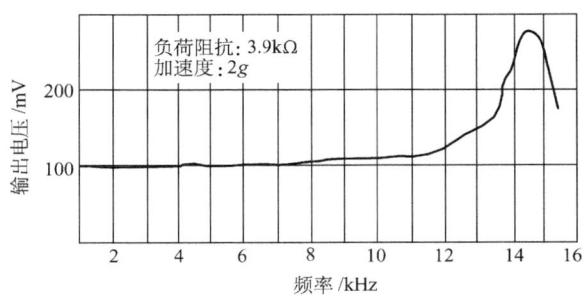

图 6-40 非共振型压电式爆燃传感器输出电压与频率的关系

该传感器(见图6-41)的压电元件紧密地贴合在振荡片上,振荡片则固定在传感器的基座上。振荡片随发动机振动而振荡,波及压电元件,使其变形而产生电压信号。当发动机爆燃时的振动频率与振荡片的固有频率相符合时,振荡片产生共振,此时压电元件将产生最大的电压信号(见图6-42)。

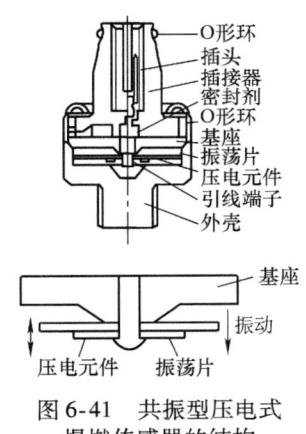

图 6-41 共振型压电式爆燃传感器的结构

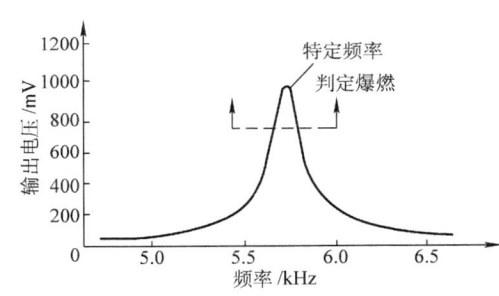

图 6-42 共振型压电式爆燃传感器输出电压与频率的关系

6)开关信号。

① 起动信号。发动机起动时,由于温度低、混合气在进气管内流速慢,燃油雾化差。为了改善起动性能,ECU 依据收到的起动信号,对喷油量进行起动加浓。

② 空档起动开关信号。当自动变速器由 P/N 位(停车或空档)换入行驶档位时,发动机负荷将有所增加。ECU 根据档位开关信号判别是停车状态还是行驶状态,及时修正喷油量和点火提前角。空档起动开关信号主要用于急速控制,也作为 ECU 安全控制依据,防止不在 P/N 位时发动机的起动。

③ 空调开关信号。ECU 根据空调开关信号来监测空调压缩机是否投入工作。当空调压缩机投入工作时,发电机负荷加大,空调开关向 ECU 输送高电平信号,ECU 以此信号调整喷油量和怠速转速。

④ 动力转向开关信号。装有动力转向装置的汽车在转向时,动力转向液压泵负荷使发

动机负荷加大。此时动力转向开关向 ECU 输入增加负荷信号，ECU 会修正喷油量和点火提前角。

（2）电子控制器（ECU） 电子控制器又称电子控制单元（Electronic Control Unit，ECU），是发动机电控系统的核心。它主要由中央处理器（CPU）、随机存取存储器（RAM）、只读存储器（ROM）、输入和输出接口电路、驱动电路和固化在 ROM 中的发动机控制程序和原始数据等组成（见图 6-43）。

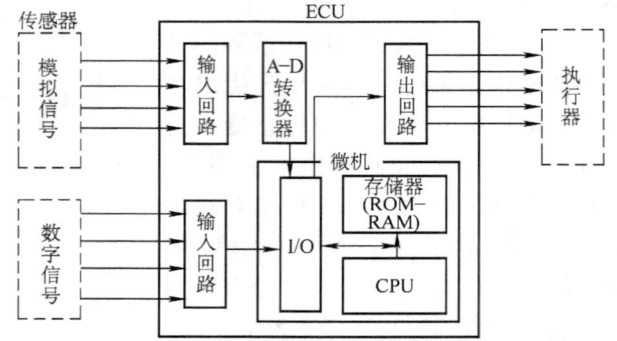

1）输入回路。它对各种输入信号进行预处理，一般包括除去杂波、把正弦波转换成矩形波及电平转换等。

2）A-D 转换器。数字计算机只能处理数字信号，A-D 转换器将模拟信号转换成数字信号，再输入给微机进行处理。

图 6-43 发动机电子控制器的组成框图

3）微机。微机是发动机电控系统的神经中枢，它主要由中央处理器（CPU）、随机存取存储器（RAM）、只读存储器（ROM）、输入/输出接口（I/O）等组成。

微机根据需要把各种传感器送来的信号用内存的程序和数据进行运算处理，并把处理结果（如喷油脉冲信号、点火控制信号等）送往输出回路。

4）输出回路。输出电路是微机与执行器之间的连接部分，它将微机发出的控制指令，转变成控制信号来驱动执行器工作，起着控制信号生成和放大等作用。微机输出的是数字信号，而且输出信号很小，用这种信号一般不能直接驱动执行器工作，需要输出电路将其转换成可以驱动执行器工作的控制信号，如喷油器驱动信号、点火控制信号、燃油泵控制信号等。图 6-44 所示为喷油器驱动信号输出电路示意图。

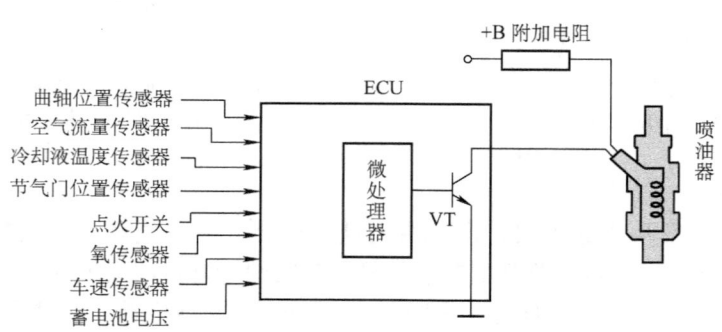

图 6-44 喷油器驱动信号输出电路示意图

（3）故障自诊断系统 发动机电子控制系统除了具有控制燃油喷射和点火正时等基本功能外，还有故障自诊断功能。汽车正常运行时，电子控制系统输入和输出信号的电压（或电流）都有一定的正常变化范围，当控制电路信号的电压（或电流）出现异常并超出了这一范围，且该现象在设定时间内不会消失时，ECU 则判定为这一部分出现故障，并把这一故障以代码的形式存入内部随机存储器，同时点亮警告灯，以显示故障信息，为维修人员诊断故障原因提供参考。

一般在仪表板下方或发动机舱内设有一个专用接口,即故障诊断接口,该接口直接与 ECU 相连。将解码器或检测设备插入此专用接口,便可将故障码或诊断的传感器、执行器等信号的数据流由此读出,以便在控制系统出现故障时,能及时、快速地查找和排除。

早期的故障自诊断系统是各个汽车制造厂商根据车型自行设计的诊断插座和自定义故障码的系统,缺乏统一标准,给故障检修人员带来很多不便。因此,美国汽车工程师学会(SAE)、美国环保署(EPA)和加利福尼亚州大气资源局(CARB)于 20 世纪 80 年代末期倡导提出了标准化和规范化的汽车排放控制装置故障诊断系统,采用统一的故障诊断插座及故障码,称为随车诊断系统(On—Board Diagnostic,OBD)。最初 OBD 主要是对汽车排放控制装置进行故障自诊断,现在已扩展到具有汽车全方位故障诊断信息以及数据流传输等功能。目前广泛应用的是第二代随车诊断系统 OBD-Ⅱ,它对故障诊断测试模式、故障码、诊断接口、诊断仪器等有关诊断系统的内容进行了标准化和规范化。

与以前的随车故障诊断相比,OBD-Ⅱ系统具有以下特点:

1)具有统一的 16 针故障诊断插座(Data Link Connector,DLC),均安装在驾驶室驾驶人一侧仪表板下方。

2)具有数值分析和资料传输功能。

3)具有统一的故障码含义。需要说明的是,除了 SAE 规定的故障码外,还允许生产厂商自定义故障码,但必须与 OBD-Ⅱ兼容。

4)具有重新行驶记忆故障码的功能。

5)具有行车记录器功能。

6)具有可由仪器直接消除故障码的功能。

OBD-Ⅱ故障诊断插座的形状及引脚编号如图 6-45 所示。SAE 还对诊断插座中每个引脚的功能进行了详细的规定,详见表 6-1。

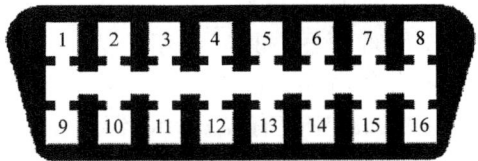

图 6-45 OBD-Ⅱ故障诊断插座的形状及引脚编号

表 6-1 诊断插座各引脚功能

引脚编号	引脚功能	引脚编号	引脚功能
1	为制造商预留	9	为制造商预留
2	SAE-J1850 总线正极	10	SAE-J1850 总线负极
3	为制造商预留	11	为制造商预留
4	车身搭铁	12	为制造商预留
5	信号搭铁	13	为制造商预留
6	高速 CAN	14	低速 CAN
7	ISO-9141-2 K 线	15	ISO-9141-2 L 线
8	为制造商预留	16	汽车蓄电池正极

(4)安全保险功能和后备系统

1)安全保险功能。安全保险功能又称为故障保险功能,它是微机检测出故障后采取的一种保险措施。当某个传感器或执行器出现故障时,如果 ECU 仍然按照正常方式继续控制发动机运转,就有可能使发动机或有关部件出现更严重的问题。例如冷却液温度传感器信号电路发生断路或短路故障时,则 ECU 检测出冷却液温度低于 -30℃ 或高于 139℃,如果此时误认为冷却液温度传感器的信号正确并继续按照正常方式进行修正,必将引起空燃比太浓或太稀,结果导致发动机失速或工作粗暴,甚至无法正常运转。又如,点火系统中点火器发生故障,当 ECU 接收不到点火器的反馈信号(IGf)时,如果喷油器继续喷油,大量未燃的可燃混合气就会排放到三元催化转化器,使其温度迅速升高,超过其许用温度,导致其损坏。为了避免上述情况发生,必须具备安全保险功能。具有故障自诊断功能的发动机电控系统一般都同时具有安全保险功能。

安全保险功能主要依靠 ECU 内的软件来实现。当系统诊断出有故障出现时,一方面发出故障警告信号、存储故障码,另一方面 ECU 会自动启用安全保险功能,按照存储器内设定的程序和数据,使控制系统继续工作或强制停机。如系统检测出冷却液温度信号电路出现故障,ECU 会采用预先设置在存储器中的代用值,来代替冷却液温度信号,使发动机继续运行。而当点火器出现故障时,ECU 连续多次检测不到点火反馈信号,则会采取强制措施,停止喷油器喷油。

2)后备系统。后备系统又称为后备功能,它是当 ECU 内微机控制程序出现故障时,ECU 把燃油喷射和点火正时控制在预定水平上,作为一种备用功能使车辆仍能继续慢速行驶,回到修理厂,所以也称为回家(go home)模式。

图 6-46 所示为 ECU 后备系统的工作原理框图。其后备系统为一专用后备电路,由集成电路组成。监视回路中装有监视计数器,正常工作情况下,微机定时进行清零。出现异常情况时,例行程序不能正常运行。如果这时计数器的定期清零工作不能进行,微机显示溢出。当监视器发现微机溢出,就能检测出异常情况。当监视器监测出微机出现异常情况而满足启用后备系统的条件时,首先点亮发动机故障灯,提示驾驶人发动机已出现故障,需要进行维修;与此同时,ECU 自动转换成简易控制的后备功能。

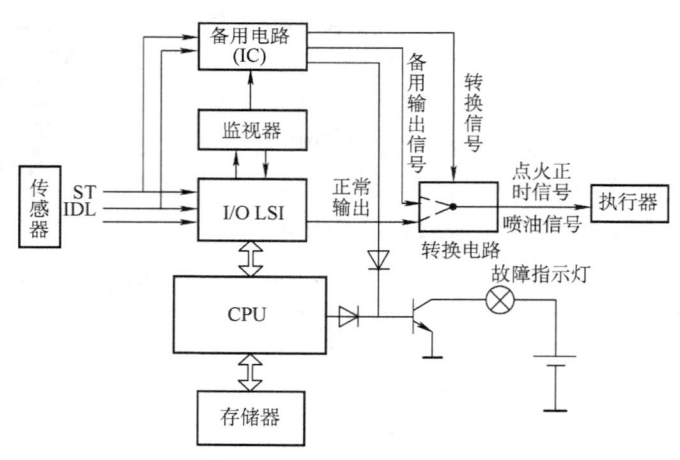

图 6-46 ECU 后备系统的工作原理框图

后备系统只是简易控制,只能维持基本功能,使车辆能够慢速行驶,而不能保证发动机运行在最佳状态,所以不宜在"后备"状态下行驶,应及时检查修理。

4. 燃油泵的控制

(1)燃油泵的基本控制 燃油泵只在发动机运转时工作。若发动机没运转,即使点火开关开启,燃油泵也不会运作,如图 6-47 所示。

1)点火开关置"ON"位置。当点火开关位于"IG"位置时,EFI 继电器接通。

2) 点火开关置"STA"位置。发动机起动时，从点火开关的 ST 端子会传递一个 STA 信号到发动机 ECU。当 STA 信号被输入到发动机 ECU 时，发动机 ECU 内部的晶体管接通，结果开路继电器被接通。随后，电流流进燃油泵，使燃油泵开始运作。

3) 发动机起动/运转。发动机运转的同时，发动机 ECU 接收到曲轴位置传感器传来的 NE 信号，晶体管继续保持开启，使燃油泵继续运作。

4) 发动机停止。若发动机停止，即使点火开关仍处于开启状态，NE 信号也不再被输入发动机 ECU，故发动机 ECU 会关闭晶体管，结果开路继电器被关闭，使燃油泵停止工作。

(2) 燃油泵的速度控制 这种控制能使燃油泵速度变慢，当燃油过多时（比如当发动机低速运转时），可以减少燃油泵的磨损，减少电能消耗，如图 6-48 所示。

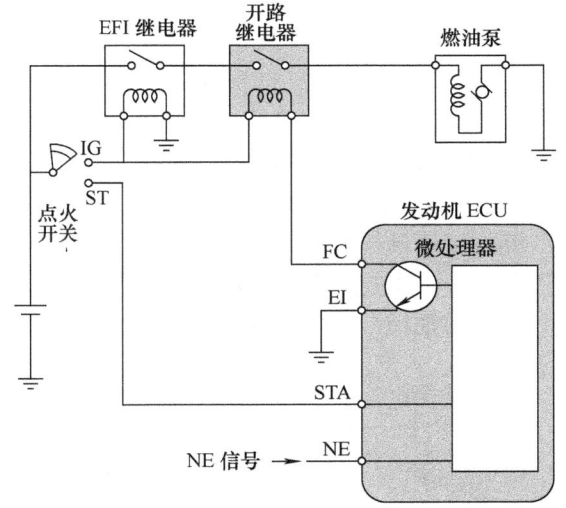

图 6-47 典型燃油泵的控制

当电流经燃油泵控制继电器的 B 触点和电阻，再流入燃油泵时，燃油泵处于低速运转。

在发动机起动时或发动机高速运转时，发动机 ECU 使燃油泵控制继电器的触点切换到 A 触点，使燃油泵处于高速运转。

某些型号的燃油泵中，燃油泵的速度是通过燃油泵 ECU 控制的，而不是由开路继电器、燃油泵控制继电器和电阻控制，如图 6-49 所示。

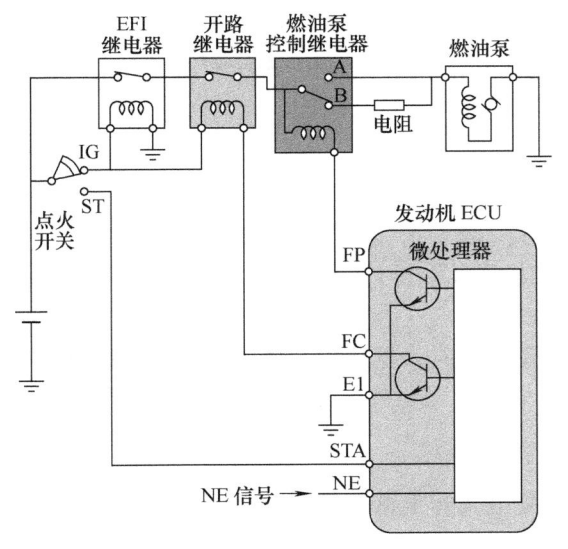

图 6-48 燃油泵的速度控制（一）

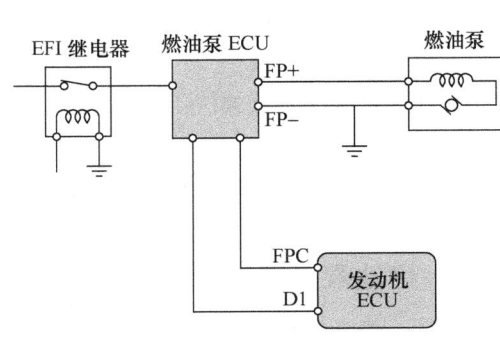

图 6-49 燃油泵的速度控制（二）

此外，这种控制系统中，还有一个燃油泵系统诊断功能。当检测到故障时，会从燃油泵

ECU 向发动机 ECU 的 D1 终端传递一个信号。

(3) 燃油泵关闭系统　有些汽车有这样的机械装置，在遇到下述情况时，燃油泵控制系统能使燃油泵停止运转，以保证安全。

1) 当安全气囊充气胀开时。当驾驶人安全气囊、前排乘客安全气囊或座椅侧安全气囊充气胀开时，燃油泵电路被控制装置切断，使燃油泵停止运转，如图 6-50 所示。

当发动机 ECU 从安全气囊中央传感器总成检测到充气信号时，发动机 ECU 便会断开开路继电器，使燃油泵停止运作。

当燃油断开控制开始运转时，也可通过关闭点火开关而取消，使燃油泵重新开始运转。

2) 当车辆发生碰撞或翻车时。当车辆发生碰撞时，燃油泵惯性作动开关会关闭燃油泵，减少燃油泄漏，如图 6-51 所示。

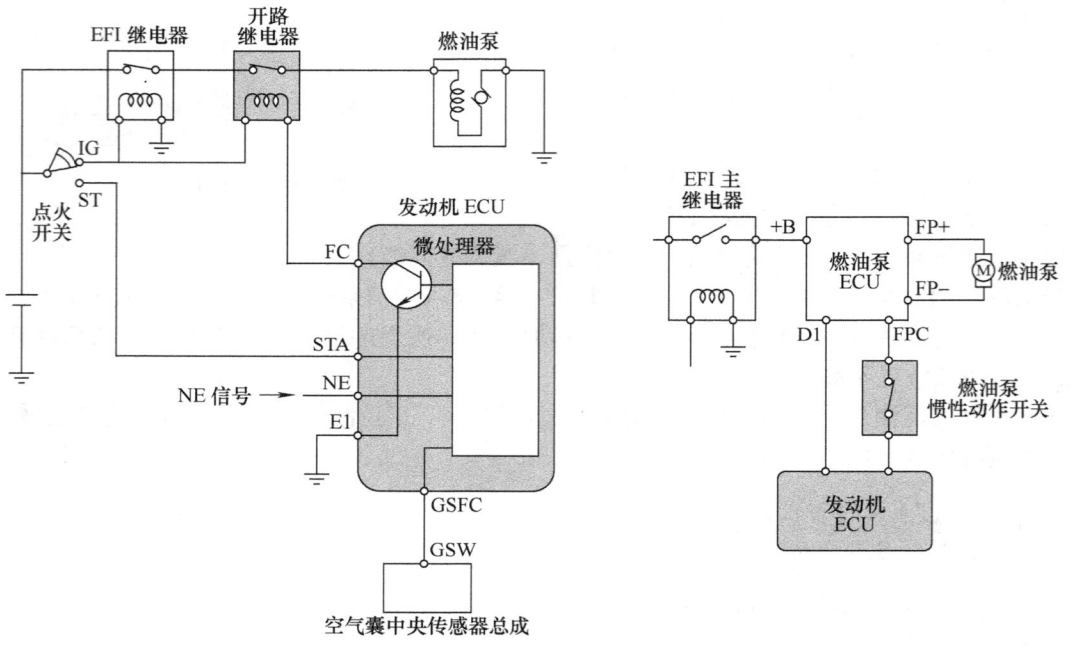

图 6-50　气囊打开时燃油泵切断控制　　　　图 6-51　车辆碰撞或翻车时燃油泵切断控制

燃油泵惯性作动开关位于燃油泵 ECU 和发动机 ECU 之间，当发生碰撞时，开关内的钢珠移动，开关从触点处分开并断开，停止燃油泵的运作。

当该燃油泵关闭系统运作后，需使燃油泵重新运行时，把复位开关按至顶部，以重新设定燃油泵关闭系统。

6.1.4　燃油泵不工作的故障诊断【学生分组讨论】

提示：燃油泵不工作的可能原因有燃油泵本身电气和机械的原因，也可能是外部控制电路的问题。

6.1.5　燃油泵不工作的故障检测【学生分组实训，详见教材《汽车构造与原理实训第 3 版》的"任务 6.3 电控汽油喷射系统执行器结构认识与检测】

任务6.2　发动机怠速偏高的故障分析

6.2.1　发动机怠速偏高的故障案例与场景设置

● 丰田卡罗拉汽车发动机怠速偏高，连接解码器后，没读到故障码。读取发动机转速、冷却液温度、空气流量、喷油时间、燃油修正、点火提前角等相关数据流，并分析故障原因。

6.2.2　喷油时间控制

1. 燃油喷射方式

燃油喷射方式有独立喷射燃油到每个气缸，或者同时喷射燃油进入所有气缸。也有各种不同的喷射正时，比如，按设定正时喷射，根据进入空气量或发动机转速的变化喷射燃油。

基本的燃油喷射方式和喷射正时如图6-52所示。此外，喷油量越大，开始喷射的时间越早。

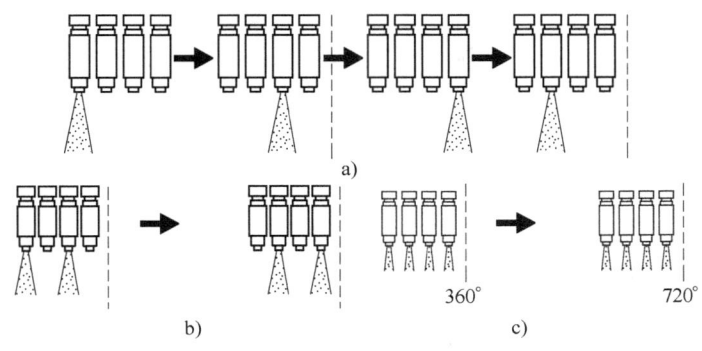

图6-52　基本的燃油喷射方式
a) 独立喷射　b) 分组喷射　c) 同时喷射

（1）独立喷射（按点火顺序）　曲轴每转两圈，燃油按点火顺序逐一向每个气缸喷射一次，如图6-53所示。

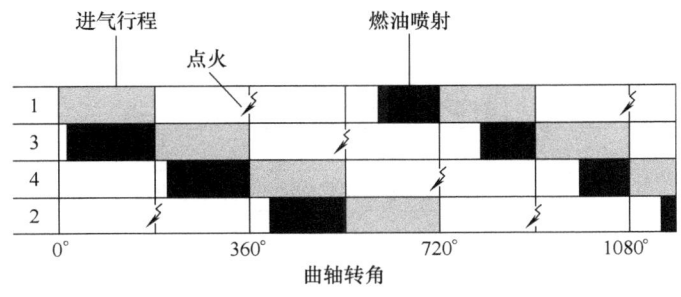

图6-53　独立喷射

（2）分组喷射　曲轴每转两圈，燃油依次喷入每组气缸一次。分组喷射有两组喷射、三组喷射、四组喷射等不同方式，如图6-54所示。

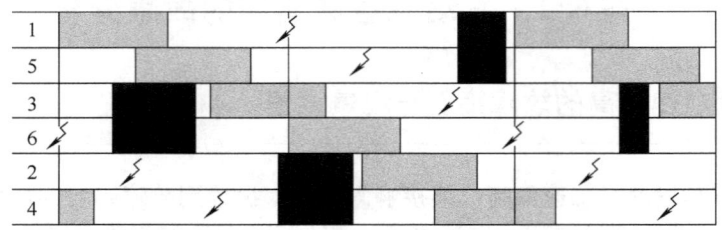

图6-54 分组喷射

（3）同时喷射 曲轴每转一圈，燃油被同时喷入各个气缸，完成一个喷射过程。每次所燃烧的燃油量是两次喷射所喷出燃油量之和，如图6-55所示。

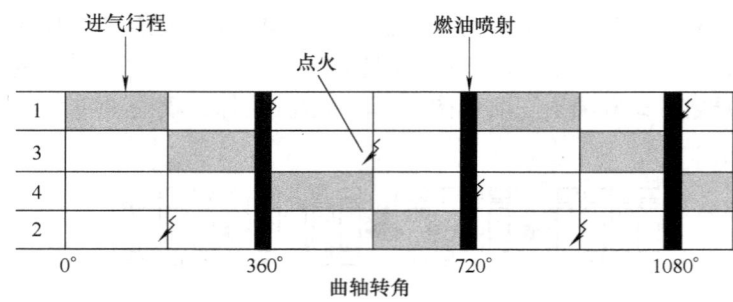

图6-55 同时喷射

2. 喷油时间控制

发动机ECU通过改变喷射时间来改变每次注入气缸内的燃油。准确的燃油喷射时间取决于以下两点：

1）基本燃油喷射时间，取决于空气的摄入量和发动机转速。
2）各种校正喷射时间，取决于发动机工况，可以从各传感器的信号感知。

发动机ECU最终反馈给喷油器的喷射时间，要在基本燃油喷射时间基础上加上各种校正时间。

$$喷油时间(ms) = 基本喷油时间 + 校正喷油时间$$

主要的校正控制有起动加浓、预热加浓、空燃比反馈校正、加速加浓、燃油切断、功率加浓以及其他校正等。各种校正和信号见表6-2。

表6-2 喷油时间校正和信号

传感器	信号	基本喷油时间	各种校正					
			起动加浓	预热加浓	空燃比反馈校正	加速加浓	燃油切断	功率加浓
空气流量计/进气歧管压力传感器	VG/PIM	○						○
曲轴位置传感器	NE	○					○	○
凸轮轴位置传感器	G	○					○	○
冷却液温度传感器	THW		○	○				

（续）

传感器	信号	基本喷油时间	各种校正					
			起动加浓	预热加浓	空燃比反馈校正	加速加浓	燃油切断	功率加浓
节气门位置传感器	IDL						○	
	VTA				○	○		○
氧传感器	0X1A，0X1B				○			

（1）起动加浓 发动机起动时基本喷射时间不能根据进入的空气量来计算。因为在起动时发动机转速较低而进入的空气量的变化较大。起动时的燃油喷射时间要由冷却液温度来决定。冷却液温度由冷却液温度传感器来检测。冷却液温度越低，燃油的雾化性越差。因此，需增加喷射时间来得到较浓的空气—燃油混合气，一般空燃比约为2。

空燃比是指每工作循环充入气缸的空气量与燃油量的质量比（$\alpha = A/F$）。根据化学反应，理论上可燃混合气完全燃烧，其空燃比为14.7。

发动机 ECU 设定，当发动机转速小于或等于400r/min时，才能起动发动机。

另外，由于发动机负荷突然增加而导致发动机转速突然降至400 r/min 以下时，还要应用滞后作用来阻止发动机 ECU 重新起动已经被起动的发动机，除非发动机转速降至200r/min，如图6-56所示。

（2）预热加浓 发动机 ECU 在冷机时，因为此时燃油不容易雾化，所以，燃油的喷油量就需增加，空燃比为6~11。当温度较低时，需增加燃油喷射时间，来获得较浓的空气—燃油混合气，从而达到较好的行车性。最大校正油量是常温下的两倍，如图6-57所示。

（3）空燃比反馈校正 当发动机负荷或发动机转速没有较大的波动，如发动机预热后以怠速或恒定速度行驶时，根据气缸内进入空气量的多少而供给燃油量，空燃比接近理论的空燃比值。当发动机预热后以恒定速度行驶时，采用以下两种主动校正：

1）使用氧传感器进行反馈控制。发动机 ECU 决定了基本的喷射时间，以达

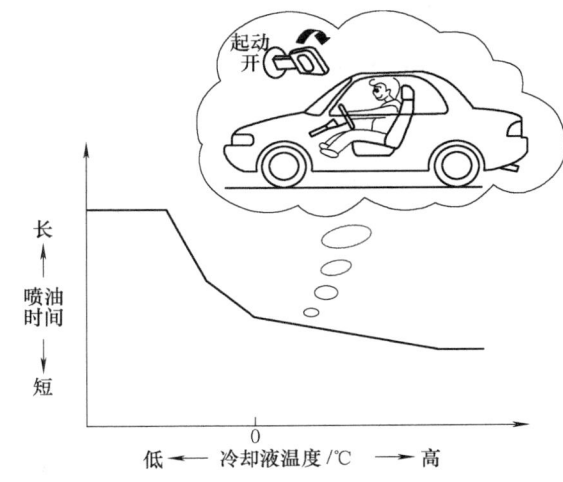

图6-56 起动加浓

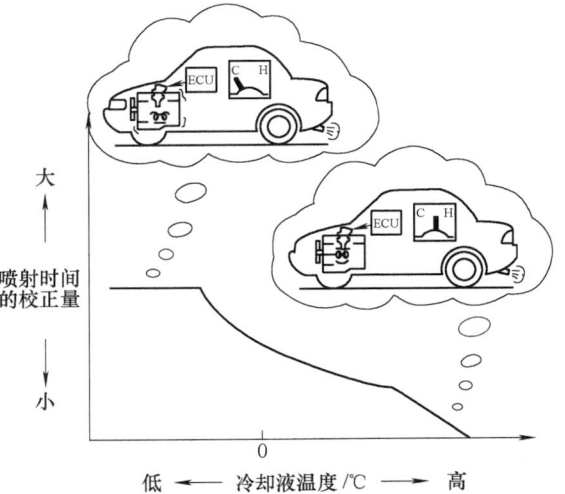

图6-57 预热加浓

到理论上的空燃比值。但是，要与发动机的实际工作条件、负荷变化和其他条件保持一致，便有可能出现实际空燃比稍微偏离理论值的情况。因此，根据氧传感器检测的混合气体中的氧气浓度值，来断定在此时的燃油喷射时间是否达到了空燃比的理论值，而不是根据进入气缸中的空气量。

如果发动机 ECU 从氧传感器的信号中断定空燃比高于理论值，它会减少喷射时间，产生较稀的空气—燃油混合气。如果发动机 ECU 从氧传感器的信号中断定空燃比低于理论值，它会增加喷射时间，产生较浓的空气—燃油混合气。反馈控制操作通过重复进行较小的校正，使得空燃比保持在理论值附近的一个平均值，这被称为闭环控制，如图 6-58 所示。

为防止催化剂过热和保证发动机的良好运作，空燃比反馈在以下情况下不会产生反馈控制（开环控制）：①发动机起动时；②起动后加浓；③功率加浓；④当冷却温度低于预定值时；⑤当燃油切断时；⑥当持续无信号超过一定时间时。

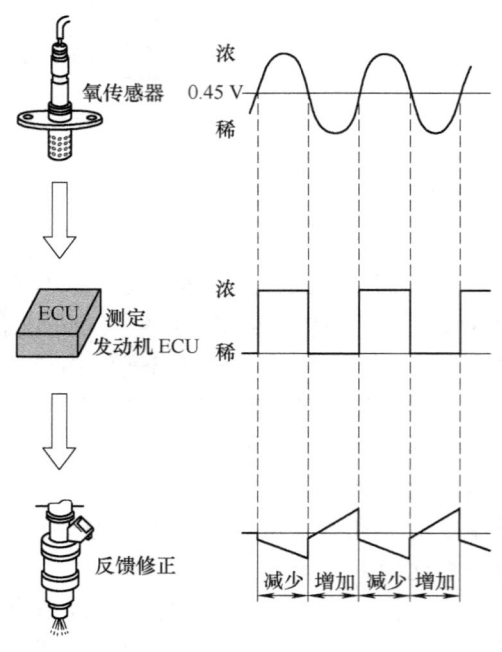

图 6-58 氧传感器空燃比反馈控制

反馈控制期间中心点 a 随时间的推移而变化，在这种情况下实际中心点被迫远离原始中心。如果不这样，它将会超出反馈控制的校正范围，这被叫作空燃比学习控制或燃油修正，如图 6-59 所示。

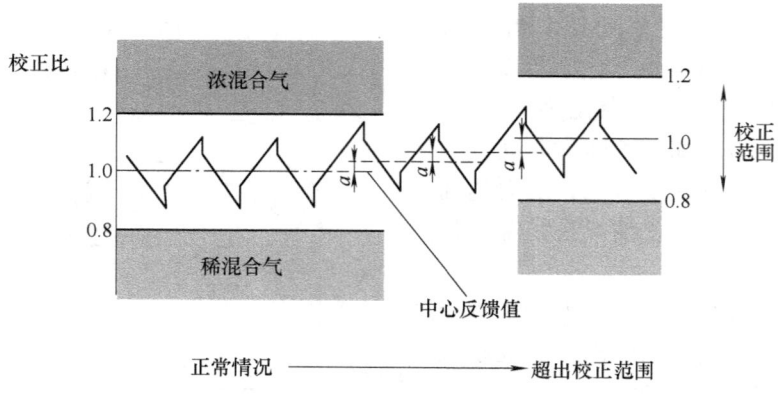

图 6-59 长期燃油修正

2）使用空燃比传感器（A/F 传感器）进行反馈控制。氧传感器的输出电压在空燃比的理论值附近急速变化。发动机 ECU 所取得的 A/F 传感器的数据能在示波器上显示出来，当空燃比增大时，传感器的输出电压升高。相反，当空燃比减小时，传感器的输出电压下降。A/F 传感器对空燃比变化接近于线性的信号反馈，增加了空燃比的测试精密度，如图 6-60 所示。

项目 6 汽油机燃料供给系统

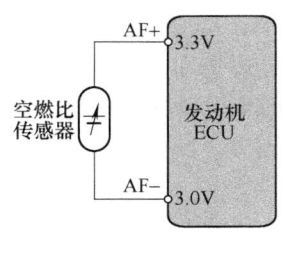 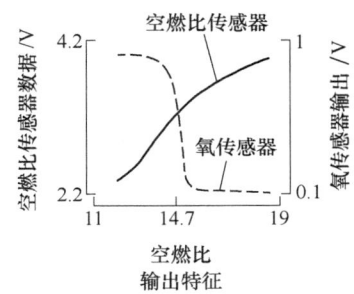

图 6-60 使用空燃比传感器（A/F 传感器）进行反馈控制

遇到实际空燃比突然偏离理论值较远时，如使用氧传感器的信号，发动机 ECU 将连续不断地经多个周期校正才能达到理论空燃比值。然而如果使用 A/F 传感器，发动机 ECU 可通过空燃比准确的信号而立即校正。

（4）加速加浓 突然加速时，空燃比变小，特别是在加速的开始阶段。因为当踩下加速器踏板时开始加速过程，这时会出现燃油供应滞后于进入气缸内的空气快速变化量。由于这个原因，则需延长燃油喷射时间，根据进入的空气量而增加喷油量，以防止空气和燃油混合气偏稀。加速校正在加速开始阶段会大量增加，增加到上限值后又会逐渐减小。加速加浓的大小取决于节气门开启角度的变化速度。加速越快，喷油量的增加也越大，如图 6-61 所示。

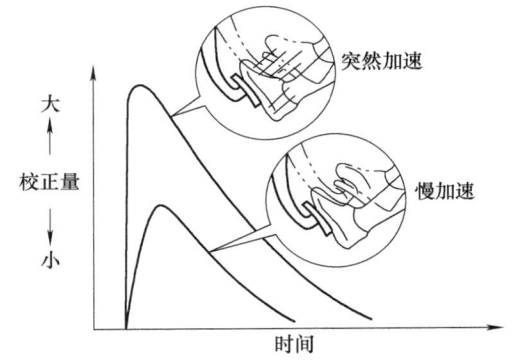

图 6-61 加速加浓

（5）燃油切断 在减速过程中，为了减少有害气体的排放和增强发动机的制动效果，根据减速的具体条件可停止燃油供应操作。停止燃油喷射的有效方法是切断燃料供应控制。减速状态取决于节气门的开度和发动机转速。当节气门关闭和发动机转速高时，ECU 就断定车辆在减速。

当发动机转速超过预定值并且节气门关闭时，燃油切断控制就会执行。

当发动机转速低于预定值或者节气门开启时，燃油喷射将重新开始。

当冷却液温度低时，发动机的燃料切断转速和燃料重新喷射的转速将会增加，如图 6-62 所示。

此外，当为防止发动机转速下降和发动机失速打开空调开关时，燃油切断的发动机转速和燃油重新喷射的发动机转速也会增加。

（6）功率加浓 发动机在高负荷情况下，如当爬陡峭的山路时，吸进的空气和喷射的燃油难以充分混合。燃烧时，空

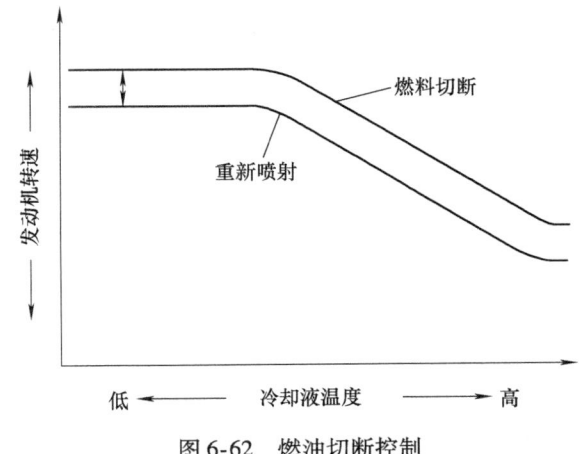

图 6-62 燃油切断控制

气和燃油都没有全部使用。此时,为了得到最大功率,需要充分利用全部吸入缸内的空气,因此要喷射比理论空燃比更多的燃油,以使空气充分燃烧而增加功率。

高负荷是由节气门位置传感器的开启,发动机转速和进气质量(VG 或 PIM)来确定的。进气质量越高或发动机转速越高,加浓的比率越大。此外,当节气门的开启角度等于或大于预定值时,该量还会增加。

增加量的校正大约为 10%~30%。显然,功率加浓的同时也增大了发动机 HC 废气的排放量。现代乘用车发动机功率比过去有明显增加,为了降低排放,逐渐限制或取消功率加浓控制功能。

(7) 进气温度校正 空气密度随空气温度的变化而变化。因此,需要作一个校正:即根据进入气缸中的空气温度来增加或减少燃料的量,以优化发动机当前条件下所需的混合比例。

进气温度由温度传感器检测。发动机 ECU 将空气温度设定为标准值 20℃。当空气温度高于或低于标准值时,就会确定一个校正量,如图 6-63 所示。

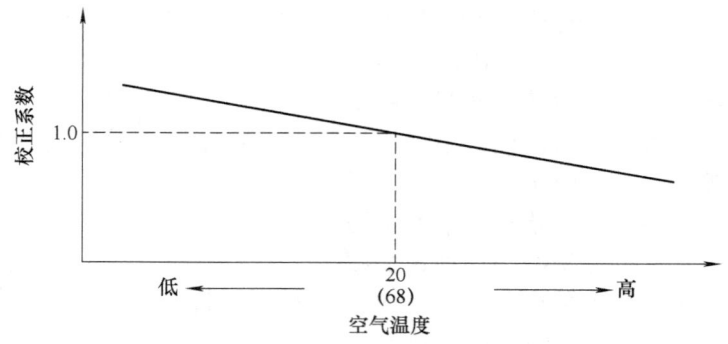

图 6-63 进气温度校正

注意,对使用热线式和热膜式空气流量计的发动机,由于此类流量计本身已经消除了空气温度变化而引起的误差,因此,进气温度就不需再校正。

(8) 电压校正 发动机 ECU 把喷射信号传给喷油器的时间和喷油器实际喷射燃油的时间之间存在时间延迟,如图 6-64 所示。

若蓄电池电压严重降低,延迟时间较长,喷油器实际喷射燃油的时间会变短。发动机 ECU 将根据蓄电池电压的降低程度而延长喷射时间,以进行调节,如图 6-65 所示。

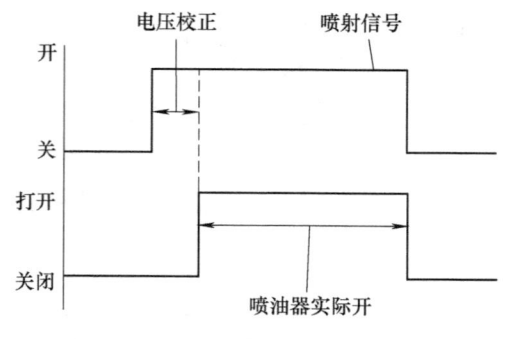

图 6-64 喷射信号与喷油器实际开启时间差

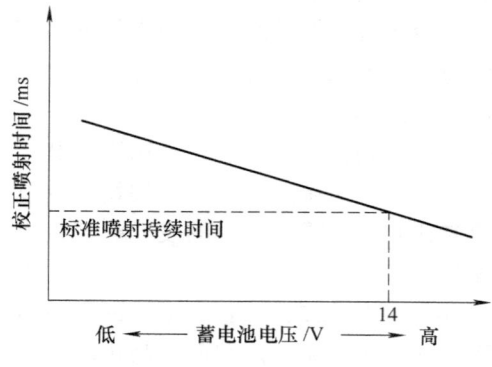

图 6-65 电压校正

6.2.3 发动机怠速偏高的故障诊断【学生分组讨论】

提示：发动机怠速偏高的可能原因牵涉到各种传感器和执行器及其控制电路。

6.2.4 发动机数据流读取与检测【学生分组实训，详见教材《汽车构造与原理实训》的"任务6.3 电控汽油喷射系统传感器与喷油器检测"和"任务6.4 发动机怠速偏高故障的检测"】

项目小结

1. 电子燃油喷射（EFI）系统由燃油供给、空气供给和电子控制三大部分组成。它应用各种传感器来检测发动机工作状态和汽车行驶状态，从而使发动机ECU计算出最佳的燃油喷油量，并使喷油器喷射燃油。

2. 燃油供给系统由电动燃油泵、燃油滤清器、燃油压力脉动阻尼器、燃油压力调节器、喷油器和燃油管路等组成。

3. 空气供给系统由空气滤清器、空气流量计或进气管绝对压力传感器、节气门、进气总管、进气歧管和怠速空气控制系统等组成。

4. 电子控制装置由传感器、控制器（ECU）和执行器组成。传感器将发动机的工作状态信息转变为电信号，输送给控制器（ECU），控制器对传感器信号进行分析、处理、运算和判断后，向执行器发出控制指令，实现对发动机运行的最佳控制。

5. 发动机常用的传感器有转速与曲轴位置传感器（电磁感应式、霍尔效应式、光电效应式）、冷却液温度传感器、进气温度传感器、氧传感器（氧化锆式、氧化钛式）、爆燃传感器、车速传感器、节气门位置传感器等。

6. 燃油泵除了随发动机运转而工作的基本控制，还有为了节能的速度控制、为了安全的关闭控制等。

7. 基本燃油喷射时间，取决于空气的摄入量和发动机转速。各种校正喷射时间，取决于发动机工况和各传感器的信号。

8. 尽管有多种喷油时间的校正，但是利用氧传感器的空燃比反馈校正是发动机正常工作时的基本状态。

★ 知识与技能评价

一、选择题

1. 在讨论开环控制和闭环控制时，技师甲说计算机进入闭环控制前发动机冷却液温度必须达到某一特定值，而且氧传感器信号必须正常；技师乙说发动机处在怠速时，步进电动机处在闭环控制模式。试问谁正确？（　　）

    A. 甲正确　　　　B. 乙正确　　　　C. 两人均正确　　　　D. 两人均不正确

2. 电控燃油喷射（EFI）不包括对（　　）的控制。

    A. 喷油量　　　　B. 喷射时刻　　　　C. 断油控制　　　　D. 进气温度

3. 现代汽车电控燃油喷射系统中，燃油压力调节器的作用是（　　）。

    A. 保持供油压力不变　　　　B. 保持喷油器内外压差恒定

C. 减少燃油脉动 D. 储存压力
4. 喷油器被驱动的时间长度称为（　　）。
A. 喷油时刻　　B. 喷油修正　　C. 喷油脉冲宽度　　D. 喷油提前角
5. 学生 a 说，氧传感器的主要任务是为电控汽油发动机反馈排气中的氧含量，从而实现燃油的闭环控制。学生 b 说，通过氧传感器的闭环控制，可提高三元催化剂的转化效率和使用寿命。他们的说法应该是（　　）。
A. 只有学生 a 正确 B. 只有学生 b 正确
C. 学生 a 和 b 都正确 D. 学生 a 和 b 都不正确

二、问答题

1. 电控汽油机燃油供给系统的基本组成是什么？有哪些类型？
2. 燃油泵的结构与工作原理如何？
3. 电控喷油器的结构与工作原理如何？
4. 各种传感器的结构与工作原理如何？
5. 燃油喷射时间是根据什么确定和校正的？

三、实操题

1. 正确拆装电控汽油机燃油供给系统。
2. 正确检测燃油供给系统的各种传感器和喷油器。
3. 燃油泵不工作故障的检测。
4. 通过读取发动机数据流分析排除发动机怠速偏高的故障。

项目7 柴油机燃料供给系统

教学目标与要求

- 掌握电控柴油喷射系统的基本组成与工作原理
- 掌握高压共轨柴油喷射系统主要部件的结构与工作原理
- 学会电控柴油机燃料供给系统的使用维护
- 学会电控喷油器的检查与试验
- 理解柴油机混合气的形成与燃烧过程
- 掌握传统柴油机燃料供给系统的基本组成
- 理解传统喷油器的结构与工作原理
- 学会传统喷油器的检查与试验
- 理解柱塞式喷油泵的结构原理
- 理解分配式喷油泵的结构原理

教学重点

- ※ 电控柴油喷射系统的基本组成与工作原理
- ※ 电控喷油器的检查与试验
- ※ 电控柴油机燃料供给系统的使用维护
- ※ 传统喷油器的结构与维修

教学难点

- ▲ 柱塞式喷油泵的结构原理
- ▲ 分配式喷油泵的结构原理

由于柴油机具有良好的燃油经济性（比汽油机省油近30%）、可靠性、耐久性和CO排放低（比汽油机低45%）等优点而被广泛应用于汽车。欧洲目前生产的轿车中，柴油轿车占50%以上，我国的新汽车产业政策也明确提出"重点发展轿车柴油发动机技术"的决策。

任务7.1 电控柴油机起动困难的故障诊断

7.1.1 电控柴油机起动困难的故障案例与场景设置

● 一辆金迪尔柴油汽车（装配长城2.8TC柴油机）起动困难，经检查，发动机压缩系统、换气系统、润滑系统、冷却系统均正常，高压喷油泵出油正常，柴油正常，电路控制正常，请分析诊断故障。

7.1.2 电控柴油机拆装实训【学生分组实训，详见教材《汽车构造与原理实训 第3版》的"任务7.1 高压共轨电控柴油喷射系统结构认识与主要部件拆装"】

7.1.3 电控柴油机结构原理

1. 电控柴油机简介

电控柴油机的研究开发始于20世纪70年代，20世纪80年代进入应用阶段，20世纪90年代得到迅速发展。它具有喷油电子控制，反应速度快，喷油量和喷油时间控制精准灵活，喷射压力高（高达200MPa）等优点，有效提高了柴油机的动力性能、经济性能、运转性能和排放性能。

（1）电控柴油机总体组成 现代高压共轨电控柴油机主要由燃油供给系统（电动输油泵33、柴油细滤器35、高压油泵1、共轨管5、电控喷油器10等）和电子控制系统（各种传感器、执行器和控制器ECU）两大部分组成（见图7-1）。

（2）电控柴油机基本工作原理 如图7-2所示，各种输入信号通过传感器及开关输入电控单元，经输入回路或模-数转换器输入微机。在微机的存储器中，存有发动机各有关的调控参数或状态的目标数据，这些目标数据是柴油机的各种不同参数和最优运行结果的综合，一般通过统计或实测得到。当由传感器检测到的发动机的某一实际参数输入微机后，首先与存储器中的相应参数和最优运行结果比较，如果两者相同，则电控系统保持原状态，发动机继续按当前状态运行。当实际参数偏离目标参数时，微机将根据偏离值的大小和方向按一定的控制对策进行有关信息分析处理，再计算出相应的控制指令，控制电子液力控制喷油器，实现对喷油正时、喷油量的控制。

2. 高压共轨电控柴油喷射系统结构原理

电控柴油机与电控汽油机的区别主要在于燃油喷射系统，目前普遍采用高压共轨电控柴油喷射系统。

高压共轨电控柴油喷射系统总体组成如图7-3所示，高压共轨电控柴油喷射系统主要由低压油路和高压油路两部分组成。

项目 7　柴油机燃料供给系统

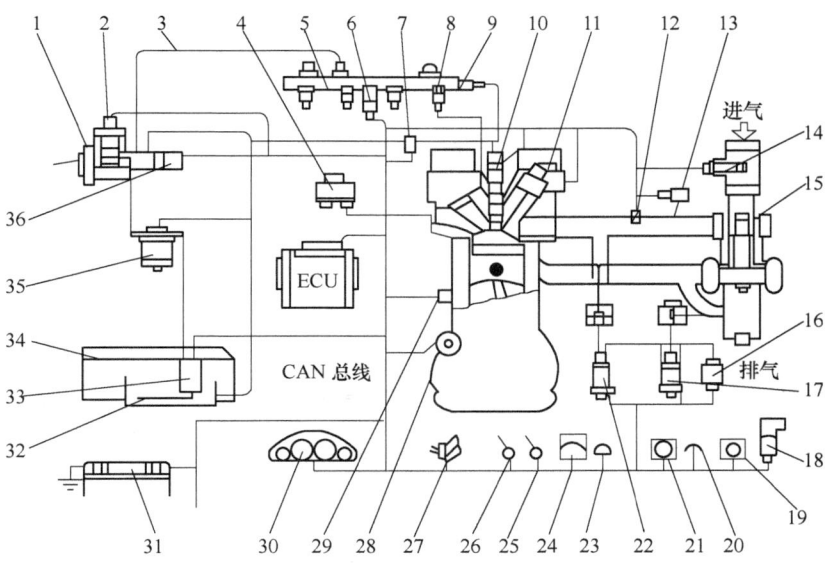

图 7-1　高压共轨电控柴油喷射系统
1—高压油泵　2—柱塞止回阀　3—高压油管　4—预热时间控制器　5—高压存储器（共轨管）
6—共轨压力传感器　7—柴油温度传感器　8—流量限制器　9—限压阀　10—电控喷油器
11—凸轮轴转速传感器　12—进气温度传感器　13—增压压力传感器　14—空气流量计　15—增压器
16—真空泵　17—增压压力执行器　18—自诊断插头　19—诊断显示　20—空调操纵杆　21—空调机
22—废气再循环执行器　23—行驶速度操纵杆　24—行驶速度传感器　25—离合器开关　26—制动触点
27—加速踏板传感器　28—曲轴转速传感器　29—冷却液温度传感器　30—仪表板　31—蓄电池
32—柴油粗滤器　33—电动输油泵　34—油箱　35—柴油细滤器　36—调压阀

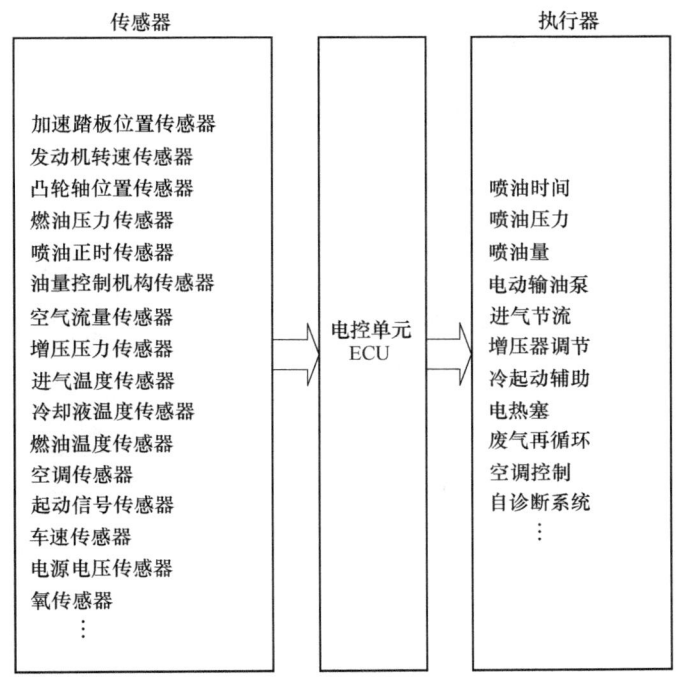

图 7-2　电控柴油喷射基本原理

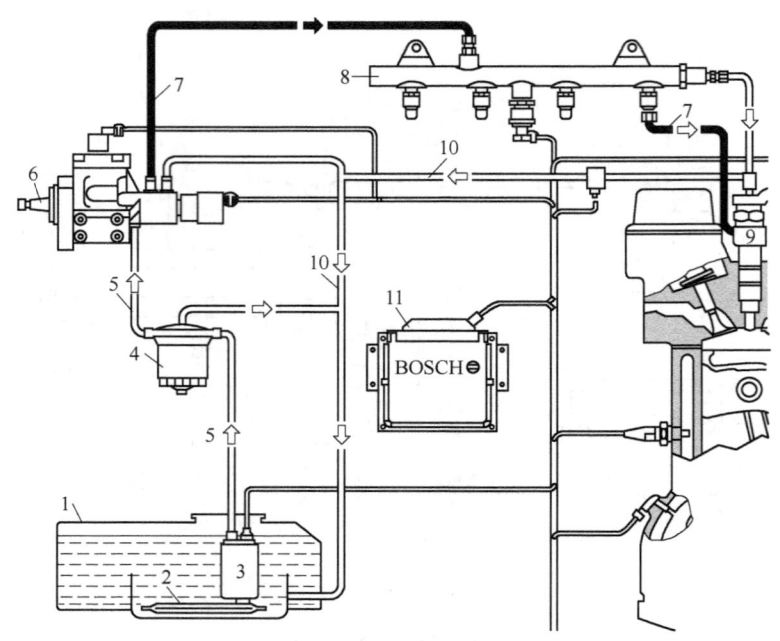

图 7-3 高压共轨燃油系统
1—燃油箱 2—滤网 3—输油泵 4—燃油滤清器 5—低压油管
6—高压油泵 7—高压油管 8—共轨管 9—电控喷油器 10—回油管 11—ECU

1）低压油路。低压油路部分包括：燃油箱 1（带有滤网 2）、输油泵 3、燃油滤清器 4 及低压油管 5 等。

① 燃油箱及低压油管结构与汽油机类似，不再赘述。

② 输油泵。其作用是将柴油从燃油箱中吸出。目前主要有两种类型——机械驱动的齿轮泵和电动输油泵。

a. 齿轮泵。齿轮泵装在高压泵中，与高压泵共用驱动装置，或装在发动机旁利用联轴器、齿轮或齿带驱动。

齿轮输油泵的基本构件是两个互相啮合反向转动的齿轮（见图 7-4），它们将齿隙中的燃油从吸油端送往压油端。齿轮的接触线将吸油端和压油端互相密封，以防止燃油倒流。其输油量与发动机转速成正比，因此输油量的调节借助于吸油端的节流调节阀或压油端的溢流阀进行。

齿轮泵在工作期间无需保养。在第一次起动前或油箱内燃油被用尽时，应用手动泵排出燃油系统内的空气。手动泵常和柴油滤清器做成一体。

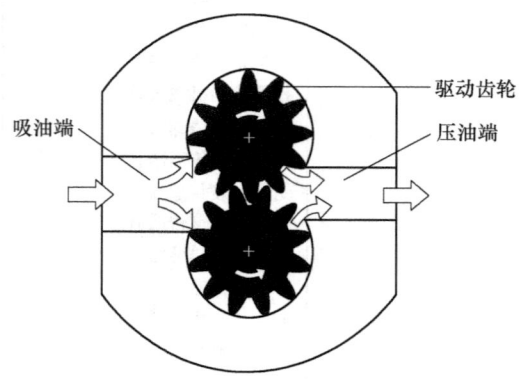

图 7-4 齿轮泵结构与工作原理

b. 电动输油泵。电动输油泵有油管安装式和油箱安装式两种。油管安装式输油泵安装在车辆底盘上油箱与燃油滤清器之间的油管上。而油箱安装式输油泵则安装在油箱内的专用支架上，其总成通常还包括吸油端的吸油滤网、油位显示器、储油罐以及与外部连接的电气和液压接头。

电动输油泵有多种结构型号，乘用车共轨喷油系统采用的是滚子叶片泵（容积式泵），它主要由电动机、滚柱叶片泵、限压阀和油泵壳体等组成（见图7-5）。

滚柱叶片泵的结构如图7-6所示，装有滚柱的转子偏心安装在油泵外壳内，当永磁直流电动机转子通电转动时，滚柱在离心力的作用下压靠在泵壳的内表面上，起到密封的作用，在相邻两个滚柱之间形成一个密封油腔。滚柱之间的油腔容积在转子转动时不断发生变化。在进油口时，油腔容积增大，形成一定的真空度，将燃油吸入泵内；在出油口时，油腔容积减小，滚柱之间的油压升高，从出油口输出。

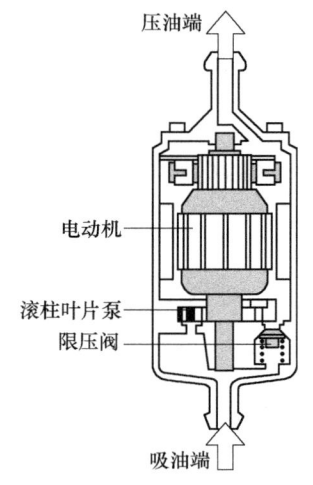
图7-5 电动输油泵

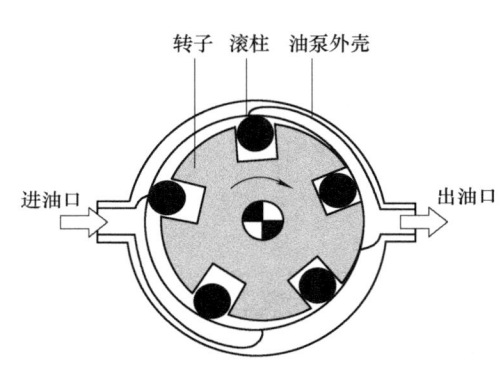
图7-6 滚柱叶片泵的结构原理

燃油在出油口打开以后从电动机流过，并经压油端（见图7-5）的连接盖输出，从而使电动机得到冷却。燃油经燃油滤清器送往高压泵，多余的燃油经溢流阀流回油箱。

电动输油泵运行不受发动机转速影响，且具有安全电路，可防止在停机时向发动机输送燃油。

③ 燃油滤清器。燃油滤清器将进入高压泵前的燃油滤清净化，并排除燃油中的水分，从而防止高压泵和喷油器等精密零部件过早磨损和损坏。

燃油滤清器结构如图7-7所示。工作时燃油从进油口进入，经纸滤芯过滤，干净的柴油从出油口流出。

如果燃油中有水，由于水的密度比油大，在流经滤清器时，水会沉入底部集水槽中，打开放水螺塞即可将水放掉。现代汽车大部分设有自动水报警装置，当滤清器内的水到一定高度时，警告灯就会闪亮，提醒驾驶人及时将水排出。

2）高压油路。共轨喷油系统的高压油路部分包括高压油泵6（带有调压阀）、高压油管7、共轨管8（带有共轨压力传感器、限压阀和流量限制器）、电控喷油器9、回油管10（见图7-3）。

① 高压油泵。高压油泵位于低压油路和高压油路之间，它的作用是产生高压油（120～200MPa），以满足系统对燃油的需求。

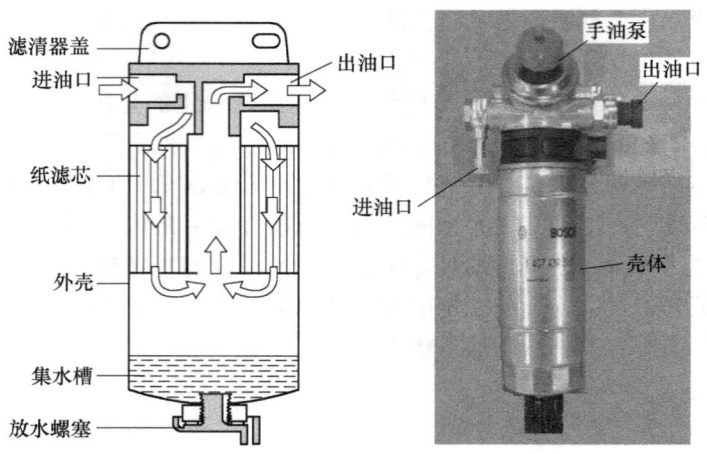

图 7-7 燃油滤清器

高压油泵类型较多,以德国博世公司 CP1 型高压油泵为例,其结构如图 7-8 所示,它采用三个径向布置的柱塞泵油元件,相互错开 120°,由偏心凸轮驱动。

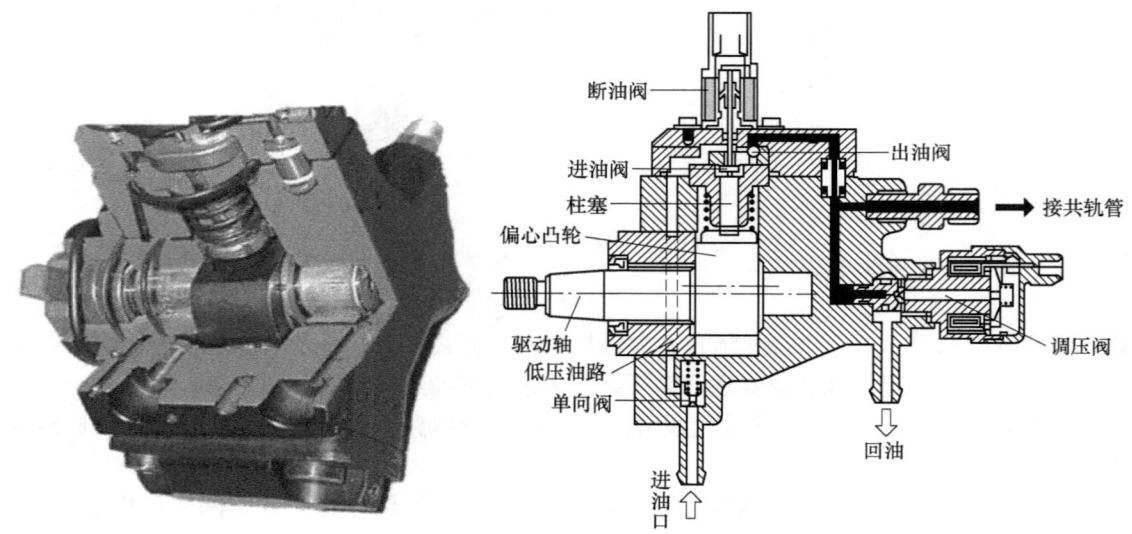

图 7-8 CP1 型高压油泵

高压油泵工作时,从输油泵来的柴油到达单向阀,当输油压力超过单向阀开启压力 (0.05~0.15MPa) 时,单向阀打开,燃油一部分经节流小孔流向偏心凸轮室供润滑冷却用,另一部分经低压油路进入柱塞室。当偏心凸轮转动导致柱塞下行时,进油阀打开,柴油被吸入柱塞室;当偏心凸轮顶起时,进油阀关闭,柴油被压缩,压力剧增,达到共轨压力时,顶开出油阀,高压油被送去共轨管。柱塞不断地往复运动,使进油和出油不断进行,不断向共轨管提供高压燃油。

由于油泵每转 1 圈有 3 个供油行程,因此出油量大,驱动峰值转矩小,泵驱动装置受载均匀。驱动转矩为 16N·m,仅为同等级分配泵所需驱动转矩的 1/9 左右,所以共轨喷油系统对泵驱动装置的驱动要求比普通喷油系统低,泵驱动装置所需的动力随共轨压力和泵转速(供油量)的增加而增加。排量为2L的柴油机,额定转速下共轨压力为135MPa时,高压泵(机械效率约为90%)所消耗功率为3.8kW。喷油嘴中的泄漏和所需的喷油量,及调压阀的回油,使其实际消耗功率要更高些。

在怠速或小负荷时,输出油量有剩余,可以经调压阀流回油箱。还可以通过控制电路使柱塞断油阀通电,电枢上的销子下移,顶开进油阀,从而使供油行程中吸入柱塞腔中的燃油不受压缩,又流回到低压油路,柱塞腔内不增加压力,高压泵不再连续供油,而是处于间歇供油阶段,因此减少了功率消耗。

油泵调压阀的任务是根据发动机的负荷状况调整和保持共轨管中的压力。调压阀结构如图7-9所示。

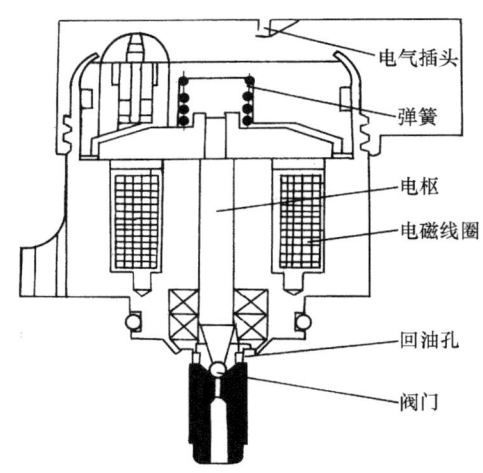

调压阀有两个调节回路:低速电调节回路,用于调整共轨中可变化的平均压力值;高速机械液压调节回路,用于补偿高频压力波动。

图7-9 调压阀结构

当调压阀不工作时,电磁线圈不带电,当高压泵出口压力大于弹簧的弹力(10MPa左右)时,阀门被顶开。调压阀根据供油量的大小,调整打开的开度。

当需要提高共轨管中的压力时,电磁线圈通电,给电枢一个附加作用力,压紧阀门,使共轨管中的压力升高到与其平衡为止,然后调节阀门停留在一定开启位置,保持压力不变。泵油量的变化和燃油从喷油器中喷出时,调压阀通过不同的开度予以补偿。电磁阀的电磁力与控制电流成正比,而控制电流的变化通过脉宽调制来实现,脉宽的调制频率为1kHz。

为进行润滑和散热,整个电磁阀周围都有燃油流过。

② 共轨管。共轨管也称高压存储器,其作用是存储高压油,对高压泵的供油和喷油所产生的压力波动进行缓冲,保持压力稳定,从而确保喷油器打开时喷油压力不变。

共轨管结构如图7-10所示,共轨管上安装有压力传感器、限压阀和流量限制器(选装)。

共轨压力传感器(见图7-11)用螺纹紧固在共轨管上,燃油经共轨管进油道流入,传感器膜片将孔末端封住。在共轨压力作用下,膜片形状发生变化(150MPa时约为1mm),膜片上的传感元件电阻值会随之变化,并在用5V供电的电阻电桥中产生电压变化。

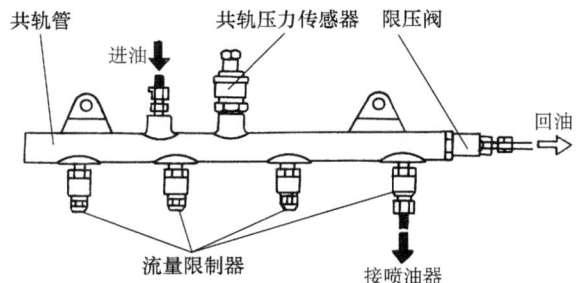

图7-10 共轨管结构(高压存储器)

限压阀相当于安全阀,其作用是限制共轨管中的压力在150MPa以内。

限压阀结构如图7-12所示,外壳在通往共轨的连接端有一个孔,此孔被外壳内部密封面上的锥形阀头关闭。在标准工作压力(135MPa)下,弹簧将活塞紧压在座面上,共轨呈关闭状态。只有当压力超过弹簧的弹力时，阀头打开卸压，高压油经流通孔和回油孔流回油箱，降低了共轨中的压力。

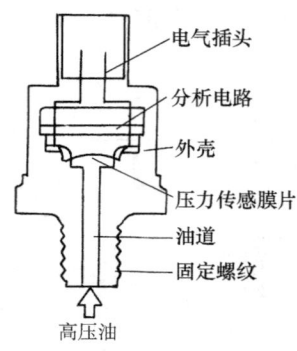

图 7-11　共轨压力传感器

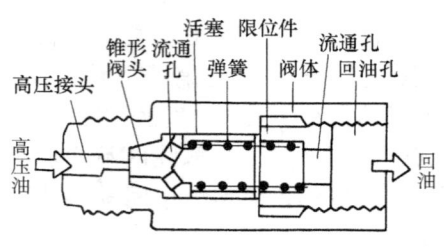

图 7-12　限压阀

流量限制器的作用是防止喷油器出现持续喷油。其结构如图 7-13 所示，金属外壳上有外螺纹，以便拧装在共轨管上，另一端的外螺纹用来拧入喷油器的进油管，与共轨管和喷油器进油管建立液压连接。

流量限制器内部有一个活塞，弹簧将此活塞向共轨方向压紧。活塞对外壳壁部密封。活塞上的纵向孔连接进油口和出油口，其直径在末端是缩小的。这种缩小的形式与流量精确规定的节流孔效果一样。

活塞在静止时，由于受弹簧的作用力，总是靠在堵头端。在一次喷油后，喷油器端压力下降，活塞在共轨压力作用下向喷油器端移动，活塞压下的容积补偿了喷油器喷出的燃油容积。在喷油终止时，活塞停止运动，但并不关闭密封座面，弹簧将活塞推回到静止位置，燃油经节流孔流出。

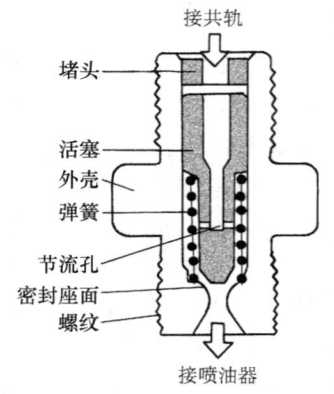

图 7-13　流量限制器

只有在喷油器出现持续喷油，导致活塞下移量过大时，才封闭通往喷油器的通道，切断供油。

流量限制器属于选装件，由于结构较复杂，现已大多省略不用。

③ 电控喷油器。电控喷油器是共轨柴油喷射系统的核心部件，其作用是准确控制向气缸喷油的时间、喷油量和喷油规律。一般用卡夹装在气缸盖上。

电控喷油器主要有两大类：电磁阀式和压电晶体式。电磁阀式电控喷油器如图 7-14 所示。

电磁阀式电控喷油器的结构与工作原理如图 7-15 所示，其主要由喷油嘴、液压伺服系统、电磁阀组件等构成。

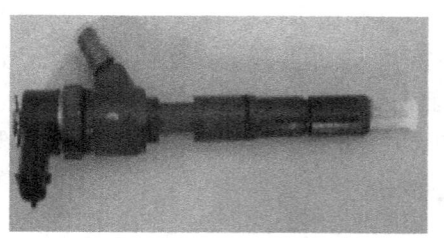

图 7-14　电磁阀式电控喷油器

发动机停机时，电磁阀没有通电，共轨管中没有压力，喷油嘴弹簧使喷油器关闭。

电控喷油器工作分以下三个过程：

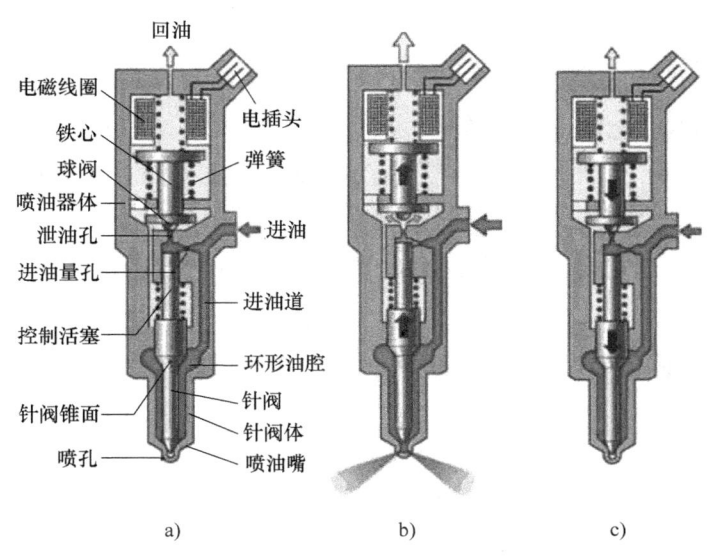

图 7-15 电磁阀式电控喷油器工作原理
a) 蓄压 b) 喷油 c) 喷油结束

a. 蓄压（见图7-15a）。发动机工作时，由共轨管来的高压油经进油接头进入喷油器体内，有一部分高压油由进油量孔流向控制活塞上方，并作用在控制活塞上，压向喷油嘴针阀，使其关闭密封锥面，停止喷油；另有一部分高压油经喷油器体的进油道进入喷油器体环行油腔，力图顶开针阀喷油。

在喷油器不喷油时，电磁线圈不通电，泄油孔处于关闭状态，由于控制活塞上部的受压面积比针阀承压锥面大，使得作用在活塞上的液压力大于作用在喷油器针阀承压锥面的向上分力，针阀关闭。

b. 喷油（见图7-15b）。当电磁线圈通电时，电磁触发产生的力超过了球阀上的弹簧力，球阀打开，电磁线圈电流降低，维持球阀保持开启。

球阀开启导致活塞上腔与泄油孔连通，燃油经泄油孔、回油管流回燃油箱。同时泄油孔打开破坏了压力平衡，使活塞上方的液压力小于喷油器针阀承压锥面的向上分力，使针阀升起，喷油器喷油，燃油以几乎与共轨内的相同压力喷入燃烧室内。喷油量大小取决于喷油嘴开启的持续时间（取决于ECU输出脉宽）、喷油压力及针阀升程等。

c. 喷油结束（见图7-15c）。当电磁线圈断电时，弹簧使球阀向下运动，关闭泄油孔，燃油经进油量孔进入活塞上腔建立压力，这个压力与共轨内的压力相同，该压力在控制活塞末端面上产生一个增大的力，再加上弹簧力，超过了由针阀锥面产生的向上的力，使喷油器针阀关闭，喷射停止。

电控喷油器的喷油嘴一般采用针阀直径为4mm的P系列孔式喷油嘴，喷油嘴的喷孔数量、大小及布置必须与喷油量、柴油机燃烧室形状、燃烧室中的空气涡流很好匹配，如博士公司的6孔、直径0.169mm的喷孔孔式喷油嘴。

由于喷油嘴偶件配合精密，容易卡死，本任务开始所述的长城2.8TC电控柴油机起动困难的案例，就是由于喷油嘴偶件卡死在不喷油状态所造成的。

7.1.4 电控柴油机起动困难的故障诊断【学生分组讨论】

提示：原因主要在电控喷油器。

7.1.5 电控喷油器检测【学生分组实训，详见教材《汽车构造与原理实训第3版》的"任务7.3 高压共轨电控柴油机喷油器的结构认识与检测"】

任务7.2 电控柴油机工作不稳的故障诊断

7.2.1 电控柴油机工作不稳的故障案例与场景设置

● 一辆装载康明斯 ISBe 高压共轨电控柴油机，工作转速不稳定，波动较大，采用电脑检测仪器检测出故障码为 322，请分析排除故障。

7.2.2 电控柴油机控制系统工作原理

高压共轨燃油供给的电子控制系统由传感器、控制器（ECU）和执行器三大部分组成，如图 7-2 所示。

1. 传感器

电控柴油机工作时，其喷油量、喷油时间和喷油规律与众多因素有关，如进气流量、发动机转速、发动机负荷、进气温度、冷却液温度、燃油温度、增压压力、电源电压、凸轮轴位置、废气排放等，所以必须采用相应的传感器，采集相关数据，并转换成可用的电信号，提供给 ECU 进行比较、运算，最终确定柴油机最佳运行参数。

电控柴油机主要传感器有 10 多种，转速与相位传感器、空气流量传感器、温度传感器等很多与汽油机类似，这里主要介绍位移传感器。

位移传感器是把位移量转换为电量的传感器，又称为线性传感器。电控柴油机中的位移传感器主要有加速踏板位移传感器、供油齿杆位移传感器、喷油器针阀升程传感器、冷却液液位传感器等。这里主要介绍加速踏板位移传感器。

加速踏板位移传感器安装在加速踏板处（见图 7-16），传感器内采用了电位计结构（见图 7-17），计算机供给传感器电路 5V 电压，加速踏板通过转轴与传感器内部的滑动电位器的电刷连接，加速踏板的位置改变时，电刷与接地端的电压就发生改变，ECU 内部的受压电路将该电压转变成加速踏板的位置信号，再根据 ECU 存储的脉谱图和该电压算出加速踏板的位置，进而控制喷油量。

2. 电控单元（ECU）

图 7-18 所示为长城 2.8TC 型柴油机使用的 BOSCH EDC16C39 型电控单元 ECU 外表结构。ECU 装在一个金

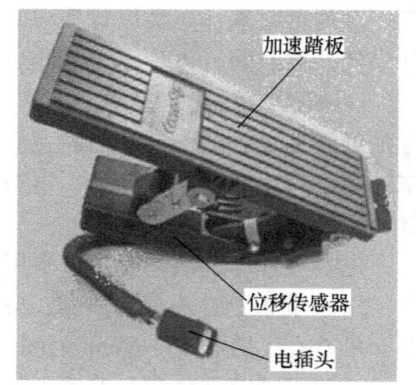

图 7-16 加速踏板位移传感器

属外壳中,传感器、执行器和电源经一个多针接插件与 ECU 连接,直接控制执行器的功率器件安置在 ECU 外壳内,并确保外壳有很好的散热性。ECU 外壳有密封的,也有不密封的。

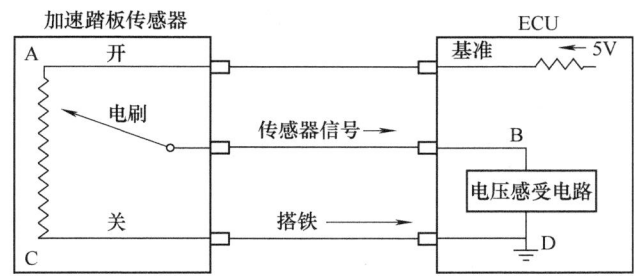

图 7-17 加速踏板位移传感器电路

ECU 系统功能模块如图 7-19 所示,主要包括模-数转换器、CPU、RAM、Flash EPROM、E^2PROM、功率驱动及诊断模块和 CAN 通信模块、诊断和警告灯等部分。

模-数转换器将传感器的模拟信号转换为数字信号,以便 CPU 对其进行直接处理和计算;

随机存储器 RAM 用于对 ECU 数据进行在线实时修改;

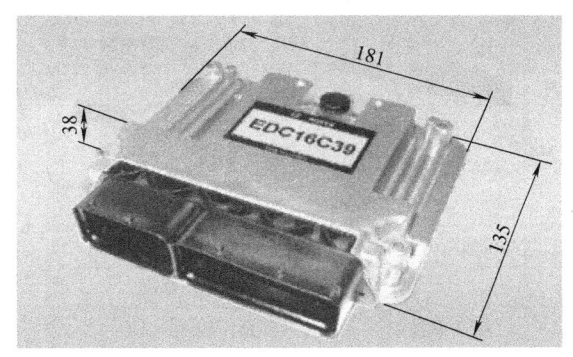

图 7-18 ECU 外表结构

Flash EPROM 主要用于存储电控系统的各种标定参数,如 MAP 图、曲线和常量等,可重复擦写;

E^2PROM 则用于存储系统错误及故障码等信息;

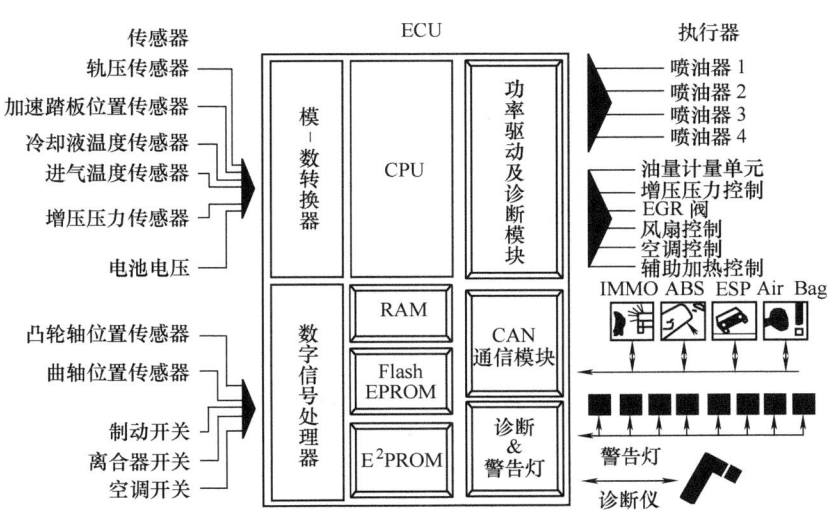

图 7-19 ECU 功能模块

功率驱动及诊断模块负责驱动和控制执行器工作，并检测各个执行器的电信号错误，如短路、断路和信号不可信等；

CAN 通信模块用于跟其他整车控制器交换信息，如 ABS 和 ESP；

诊断和报警系统用于监控系统故障并触发报警装置。

电控柴油机 ECU 对燃油系统控制的主要项目和内容见表 7-1。

表 7-1 电控柴油机 ECU 对燃油系统控制的主要项目和内容

序号	控制项目	控制内容	序号	控制项目	控制内容
1	喷油量控制	基本喷油量控制	5	发动机保护控制	冷却液温度太高控制
		起动喷油量控制			机油压力太低控制
		怠速转速控制			最大车速限制
		加速喷油量控制			烟度限制
		不均匀喷油量补偿控制			应急转矩限制
		定车速控制			发动机排气制动控制
2	喷油时间控制	基本喷油时间控制	6	附加功能控制	自我故障诊断
		起动喷油时间控制			故障应急系统
		低温喷油时间控制			数据通信
3	喷油压力控制	基本喷油压力控制			增压压力控制
4	喷油率控制	预喷油量控制			EGR 控制
		预行程控制			进气量控制
		后喷油量控制	…	……	……

（1）喷油量控制

1）基本喷油量控制。如图 7-20 所示，ECU 根据加速踏板传感器传递的驾驶人要求信息和发动机当前状况，计算基本喷油量，与 ECU 内部的目标喷油量比较，控制基本喷油量的提供。

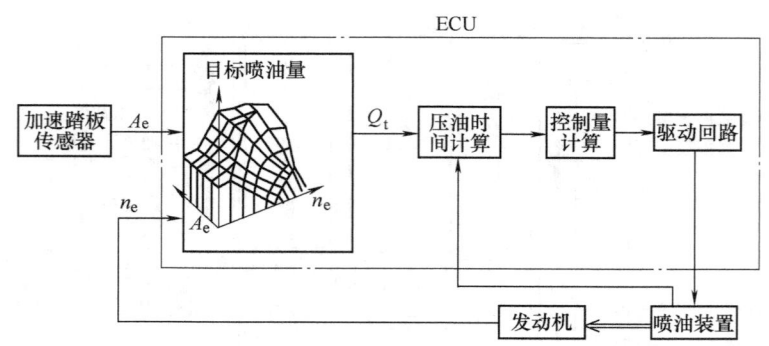

图 7-20 基本喷油量控制

本任务故障案例是由于第 1 缸喷油器电磁线圈烧断，引起控制失败，无法喷油，导致转速波动。

2）起动喷油量控制。发动机起动时，由于转速和机体温度低，柴油着火困难，需要供给较多的柴油,称为起动加浓,同时还要防止起动时,排气管冒黑烟。

ECU 控制此时的喷油定时和起动转矩按以下方式设定:喷油定时 = f(转速,喷油量,冷却液温度),起动转矩 = f(转速,冷却液温度,起动时间)。起动控制功能一直进行到发动机转速超过起动结束转速,进入到怠速控制时,驾驶人才能对发动机进行操作。

在低温环境下,为提高发动机的冷起动性能,电控单元会根据当前发动机的温度来决定是否需要进气预热以及预热时间长短,这是通过对进气预热继电器的进行控制实现的。

3)怠速控制。汽车临时停车,发动机不熄火,尤其在道路交通拥挤时,燃油消耗量中相当一部分是用在这种行驶状态,因此尽量降低怠速转速非常有用。

当发动机进入到怠速阶段,怠速控制器起作用,它是一个纯 PID 控制器,该控制器保持发动机怠速转速为一个常数。

怠速转速与冷却液温度相关,当发动机温度低时,怠速转速比温度高时的转速要高。同时也与汽车负载有关,当空调接通或自动变速器、主动助力转向装置等起作用时,怠速转速也不宜降得太低。此外,如果加速踏板出现故障,怠速转速将提高,以方便驾驶人将车辆开到维修站。

4)加速喷油量控制。突然踩下或松开加速踏板时,喷油量急剧变化,因而发动机输出转矩也急剧发生变化。由于这种突然的负荷变化,发动机弹性支承和传动系统产生振动,从而促使发动机转速波动(见图 7-21)。转速波动控制能使喷油量随振动的周期变化而变化:转速上升时喷油量减少,转速下降时喷油量增大,从而大大减少了转速的周期性波动。

5)不均匀喷油量补偿控制。由于机加工误差和零部件的老化,发动机的所有气缸并不都产生相同的转矩,特别是在怠速时发动机会产生不稳定运转。ECU 根据测定每次燃烧后的转速变化,及时调整各缸喷油量进行补偿,使所有的气缸都产生相同的转矩。

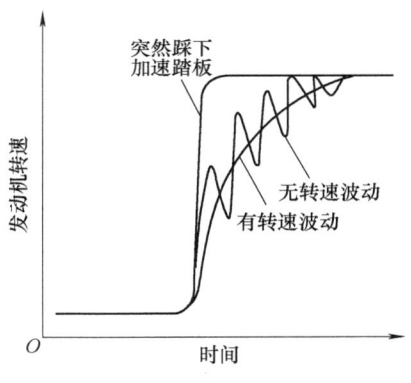

图 7-21 转速波动控制

6)定车速(巡航)控制。车辆按照一个恒定的车速行驶,不需要驾驶人控制加速踏板,这样可以减轻驾驶人的劳动强度,提高驾驶舒适性。驾驶人可以通过巡航控制开关调整车速。具体操作如下:

① 进入巡航。点动一下 SET + 开关,则以当前车速作为巡航设定车速进入巡航功能。

② 加速、减速。连续按 SET + 或 SET - ,则巡航设定车速以一斜率增加或减少;点动 SET + 或 SET - ,则巡航设定车速以一步长增加或减少。

③ 退出巡航。踩制动器、离合器,或者按动 OFF(ON/OFF 开关为自复位开关,常态 ON)、排气制动开关,都可以退出巡航。

④ 巡航恢复。退出巡航后,可以按 SET + 再次进入巡航(以当前车速作为巡航设定车速),如果按动 RESUME 开关,则恢复退出巡航前的巡航设定车速。

⑤ 踩加速踏板加速。在巡航功能激活状态下,驾驶人踩加速踏板则处于加速状态,并且巡航功能不退出,当驾驶人停止踩加速踏板后,马上恢复巡航状态,车辆减速,减到踩加速踏板之前的巡航设定车速。

(2) 喷油时间控制

1) 基本喷油时间控制。喷油定时控制是为了满足排放法规和燃油经济性的需要，同时还要兼顾到低噪声。它是发动机进行了大量的台架试验后，找出使发动机动力性、经济性、排放性能等达到最佳值时的喷油提前角数值，基本喷油时间是以发动机转速、负荷为变量的函数。

2) 起动喷油时间控制。起动时发动机转速低，喷油量大，为保证燃烧，应提前喷油。

3) 低温喷油时间控制。低温时燃烧速度慢，应适当提前喷油。

(3) 喷油压力控制 为了保证喷油量只随电控喷油嘴打开时间线性变化，必须保证喷油压力稳定，ECU 通过共轨管上的压力传感器，实时监测喷油压力，并通过高压喷油泵的工作来控制压力稳定。

(4) 喷油率控制 喷油率控制如图 7-22 所示，它包括预喷油量控制、预行程控制和后喷油量控制。ECU 根据所监测的发动机工况，确定喷油速率，与目标喷油量和喷油间隔相比较，进而控制喷油嘴的开启。

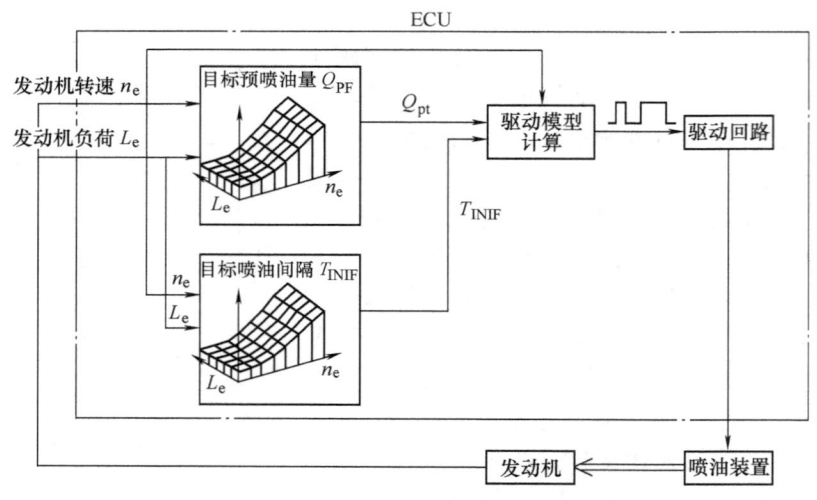

图 7-22 喷油率控制

(5) 发动机保护性控制 发动机保护性控制用于在某些极限条件下对发动机进行保护。

1) 冷却液温度太高控制。冷却液温度太高会导致发动机过热损坏。通过降低发动机转矩和功率，甚至使发动机停机，以达到保护发动机的目的。

2) 机油压力太低控制。机油压力太低直接导致发动机干摩擦损坏。机油压力低至一定值，发动机停机，以达到保护发动机的目的。

3) 最大车速限制。当车速超过最大的行车速度，通过减少喷油量，防止驾驶人超速行驶。最大车速限制值由电控系统预先编程。

4) 烟度限制。烟度与喷油量和吸入的空气量有关，通过喷油量和进气量限制，防止发动机冒黑烟。

5) 应急转矩限制。当电控单元诊断出电控系统有严重故障时，发动机将降低最大转矩，迫使驾驶人去维修站修正错误。

6) 发动机排气制动控制。一旦 ECU 检测到来自排气制动开关的需求信号，会根据当前发动机转速,来决定是否起动排气制动功能。如果起动了排气制动功能,则同时燃油系统将立刻停止喷油。如果这时驾驶人踩加速踏板加速,则会自动退出排气制动,即使排气制动开关是关闭的。

(6) 附加功能控制

1) 自我故障诊断。发动机电子控制系统除了具有控制燃油喷射等基本功能外,还有故障自诊断功能。汽车正常运行时,电子控制系统输入和输出信号的电压(或电流)值都有一定的正常变化范围,当控制电路信号的电压(或电流)出现异常且超出了这一范围,且该现象在设定时间内不会消失,ECU 则判定为这一部分出现故障,并把这一故障以代码的形式存入内部随机存储器(见图 7-23),同时点亮警告灯,以显示故障信息,为维修人员诊断故障原因提供参考。

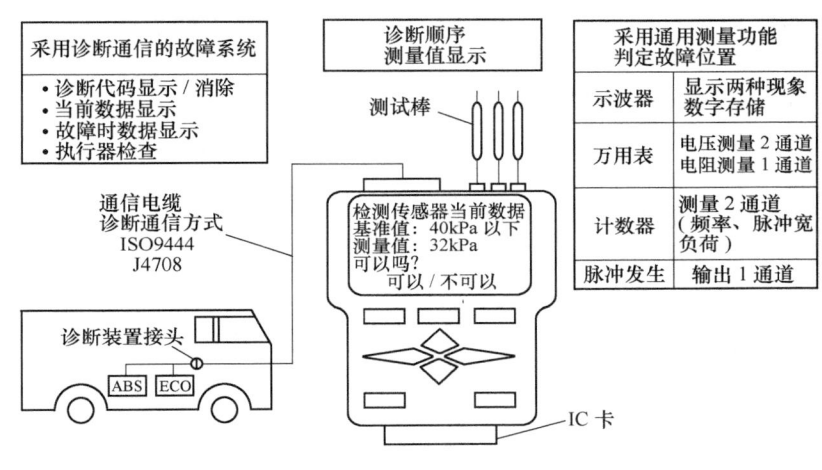

图 7-23 故障自诊断

一般在仪表板下方或发动机舱内设有一个专用接口,即故障诊断接口,该接口直接与 ECU 相连。将解码器或检测设备插入此专用接口,便可将故障码或诊断的传感器、执行器等信号的数据流由此读出,以便在控制系统出现故障时,能及时、快速地查找和排除。

2) 故障应急系统。它是在微机检测出故障后,采取的一种保险措施。当某个传感器或执行器出现故障时,如果发动机 ECU 仍然按照正常方式继续控制发动机运转,就有可能使发动机或有关部件出现更严重的问题。

故障应急系统主要依靠 ECU 内的软件来实现。当系统诊断出有故障出现时,一方面发出故障警告信号、保存故障码;另一方面 ECU 会自动启用安全保险功能,按照存储器内设定的程序和数据,使控制系统继续工作或强制停机。如系统检测出冷却液温度信号电路出现故障,ECU 会采用预先设置在存储器中的代用值,来代替冷却液温度信号,使发动机继续运行。而当喷油器出现故障时,ECU 连续多次检测不到喷油反馈信号,则会采取强制措施停机。

而当 ECU 内微机控制程序出现故障时,ECU 把燃油喷射和点火正时控制在预定水平上,作为一种备用功能使车辆仍能继续慢速行驶,回到修理厂,所以也称为回家(go home)模式。

3) 数据通信控制。ISO 通信接口采用 ISO9141(K 线)标准串行数据通信方式,可实现与电控单元之间的数据交换,进行诊断数据的交换和控制系统的编程(读取和编程有关参数）等。

4）其他项目控制。ECU 还能够根据需要，进行增压压力控制、EGR 控制和进气量控制等。

3. 执行器

电控柴油机主要执行器有电控喷油器、电动输油泵、增压压力调节器、EGR 调节器、油门板执行器、预热控制器、各种电磁阀和开关等。电控喷油器、电动输油泵在燃油系统已经介绍，不再重复，这里重点介绍增压压力调节器和预热控制器。

（1）增压压力调节器　乘用车废气涡轮增压柴油机在低转速时需发出高转矩，因此涡轮机是针对低废气质量流量设计的。当柴油机转速高而废气质量流量较大时，为使增压压力不至于过高，需将一部分废气绕过涡轮机经一个放气阀旁通到排气管中去。

增压压力调节器（见图 7-24）根据柴油机转速和喷油量等，通过压力膜盒来改变放气阀处的旁通截面积。也可以采用可变几何截面涡轮（VTG），通过改变废气涡轮的进气角和流道截面来改变增压压力。

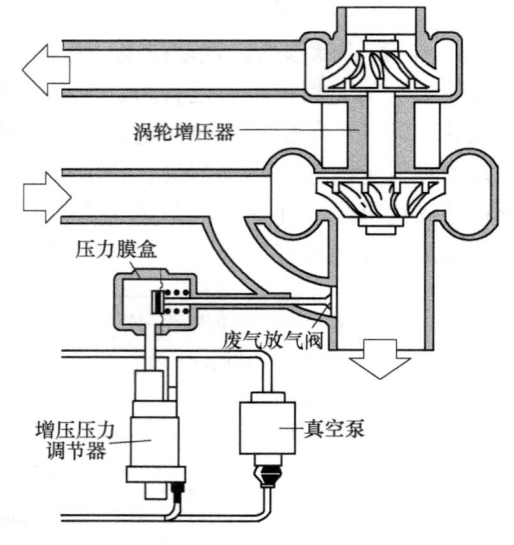

图 7-24　增压压力调节器

（2）预热控制器　柴油机低温起动，需要采用电热塞预热装置，使冷起动更加顺利，并改善与废气排放有关的暖机阶段。预热时间取决于冷却液温度。预热时间的控制是通过一个功率继电器来控制的。

7.2.3　电控柴油机工作不稳的故障诊断

提示：采用故障诊断仪器检测。

7.2.4　电控柴油机及燃油系统故障检测【学生分组实训，详见教材《汽车构造与原理实训 第 3 版》的"任务 7.2 高压共轨电控柴油喷射系统传感器的结构认识与检测"和"任务 7.3 高压共轨电控柴油机喷油器的结构认识与检测"】

任务 7.3　电控柴油机冒黑烟的故障诊断

7.3.1　电控柴油机冒黑烟的故障案例与场景设置

● 一辆金迪尔柴油汽车（装配长城 2.8TC 柴油机）起动后严重冒黑烟，经检查发动机压缩系统、换气系统、润滑系统、冷却系统均正常，高压喷油泵出油正常，电路控制正常，请分析排除故障。

电控柴油机冒黑烟主要是由于柴油没有完全燃烧引起的,而柴油不完全燃烧可能是燃料、混合气形成等多种因素导致的。

7.3.2 柴油机的燃料

1. 柴油的主要性能

柴油机使用的燃料是柴油,它的使用性能对柴油机的工作有很大影响,这些性能主要有发火性、蒸发性、黏度和凝点等。

(1) 柴油的发火性　柴油的发火性是指柴油与空气形成可燃混合气后自行发火燃烧的能力,即自燃能力。自行发火燃烧的温度低,自燃能力强,发火性能好。

柴油的发火性用十六烷值表示。十六烷值高,柴油的发火性好,柴油机工作柔和、噪声小、起动性好;反之十六烷值低,柴油机工作粗暴、噪声大、起动性能差。汽车用轻柴油的十六烷值一般为40~50,十六烷值过高也不适宜,当十六烷值高于65时,会使耗油量增加,排气冒黑烟。

(2) 柴油的蒸发性　柴油的蒸发性反映柴油由液态变为气态的性能,以馏程表示,馏程的含义与汽油相同。

蒸发性好的柴油容易与空气形成可燃混合气,柴油机容易起动。但轻馏分燃料发火性差,柴油机工作粗暴。相反,如果蒸发性过差,则混合气形成过程缓慢,致使燃烧不完全,积炭增多,排气冒黑烟,耗油量增加,起动困难。因此汽车用柴油应有适当的蒸发性,一般沸点在473~623K(200~350℃)范围内。

(3) 柴油的黏度　黏度决定燃油的流动性。黏度过大,流动性差,供油阻力增加,并且使喷油的雾化质量变坏,燃烧不良;若黏度过小,不仅影响喷注形态,使燃烧不完全,动力性变差,而且使供油系统内的精密偶件润滑恶化,磨损增加,偶件配合间隙的柴油漏失量也有所增加。柴油的黏度与温度的关系很大,温度降低,黏度增大。

(4) 柴油的品质　柴油的品质主要指柴油中硫、胶质、机械杂质和水分等,它们会引起喷油嘴的喷孔堵塞,精密偶件磨损甚至卡死,应严格控制。

(5) 柴油的凝点　柴油的低温流动性常用凝点来表示,它不仅表明柴油的储存、运输和收发作业的界限温度,而且也与柴油在低温上的使用性能有密切关系。柴油的牌号就是以凝点来划分的。

2. 柴油的牌号与选用

柴油分轻柴油和重柴油。轻柴油用于高速柴油机,重柴油用于中、低速柴油机。汽车柴油机均为高速柴油机,所以使用轻柴油。

轻柴油按其质量不同分为优等品、一等品和合格品三个等级,每个等级又按柴油的凝点分为10、0、-10、-20、-35和-50六种牌号。

选用柴油时,应该根据当时当地的气温确定,要求柴油的凝点(牌号)低于气温5℃以上。如气温为5℃,应该选用0号轻柴油。

7.3.3 柴油机混合气的形成

1. 柴油机混合气形成特点

柴油机使用的燃料是柴油,由于其蒸发性和流动性比汽油差,而自燃点又比汽油低,所以只能采用在压缩上止点前直接喷入气缸,靠压缩着火燃烧。

由于柴油机混合气形成时间极短,只占15°~35°曲轴转角(按发动机转速3000r/min计,只占$8.3\times10^{-4}\sim1.9\times10^{-3}$s),可燃混合气形成十分困难;而且边燃烧边喷油,气缸内各处混合气浓度很不均匀,极易造成燃烧不完全,排气冒黑烟,动力性及经济性能下降等不良后果。

为此,现代柴油机除采用前面所述的高压燃油喷射外,还需要组织空气在气缸中高速流动,同时设计出各种燃烧室,促进可燃混合气的形成和快速燃烧。

2. 柴油机混合气的形成方式

根据柴油机混合气的形成特点不同,可以分为空间雾化混合和油膜蒸发混合两种基本方式。

空间雾化混合是将柴油高压喷向燃烧室空间,形成雾状,与空气进行混合。为了使混合均匀,要求喷出的燃油与燃烧室形状相配合,并充分利用燃烧室中空气的运动。

油膜蒸发混合是将大部分柴油喷射到燃烧室壁面上,形成一层油膜,受热蒸发,在燃烧室中强烈的旋转气流作用下,燃料蒸气与空气形成均匀的可燃混合气。

在柴油实际喷射中,很难保证燃料完全喷到燃烧室空间或燃烧室壁面,所以两种混合方式都兼而有之,只是多少、主次有所不同。

为了促进柴油与空气更好混合,一般都要组织适当的空气涡流,常见的有以下三种:

(1) 进气涡流　进气涡流是指在进气行程中,使进入气缸的空气形成绕气缸中心高速旋转的气流。它一直持续到燃烧膨胀过程。

产生进气涡流的方法一般是将进气道设计成螺旋形进气道(见图7-25a)或切向进气道(见图7-25b)。切向进气道在气门座前强烈收缩,引导气流以单边切线方向进入气缸,造成进气涡流。螺旋形进气道是在气门座上方的气门腔里制成螺旋形,使气流在螺旋气道内就形成一定强度的旋转,造成较强的进气涡流,涡流速度可以达到曲轴转速的6~10倍。

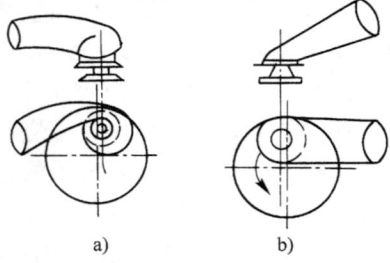

图7-25　螺旋形进气道和切向进气道
a) 螺旋形进气道　b) 切向进气道

(2) 挤压涡流　挤压涡流(挤流)是指在压缩过程中形成的空气运动。当活塞接近压缩上止点时,活塞顶上部的环形空间中的气体被挤入活塞顶部的凹坑内(见图7-26a),形成了气体的运动。当活塞下行时,活塞顶部凹坑内的气体向外流到环形空间(见图7-26b),称为逆挤流。挤压涡流的产生与活塞顶凹坑(燃烧室)的设计有很大关系,柴油机活塞顶凹坑形形色色,目的就是促进燃油与空气的混合与燃烧。

(3) 燃烧涡紊流　燃烧涡紊流是指利用柴油燃烧的能量,冲击未燃的混合气,造成混合气涡流或紊流。其目的也是进一步促进燃油与空气的混合与燃烧。燃烧涡紊流的程度与柴油机燃烧室的形状密切相关。

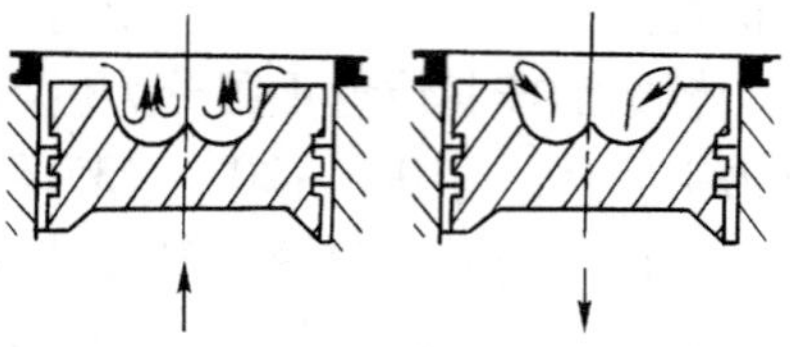

图7-26　挤压涡流
a) 挤流　b) 逆挤流

3. 柴油机燃烧室

燃烧室是柴油机的燃烧场所。它对燃烧有重要影响,其结构形形色色,基本分为直喷式燃烧室和分隔式燃烧室两大类（见图7-27）。

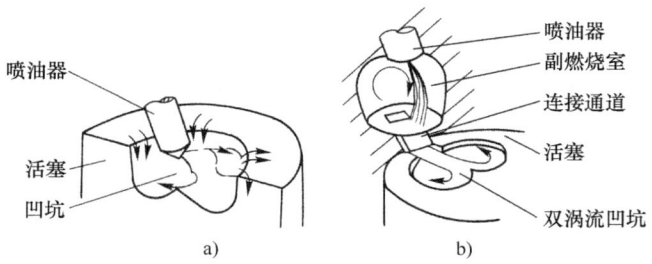

图7-27　柴油机燃烧室
a) 直喷式燃烧室　b) 分隔式燃烧室

（1）直喷式燃烧室　直喷式燃烧室的结构特点是只有一个燃烧室，位于活塞顶面和气缸盖底平面之间，燃料直接喷入该燃烧室中与空气进行混合燃烧。

直喷式燃烧室的活塞顶设计极具独创性（见图7-28），不同的涡流凹坑，产生不同的气体运动，混合气形成也不同，导致发动机性能的差异。

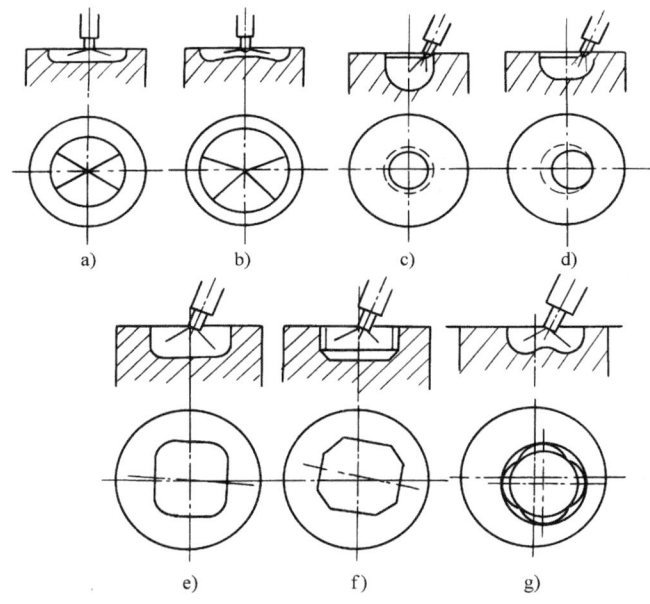

图7-28　不同直喷式燃烧室
a) 浅盆形燃烧室　b) 浅W形燃烧室　c) 球形燃烧室　d) U形燃烧室
e) 四角形燃烧室　f) 八角形燃烧室　g) 花瓣形燃烧室

图7-28a所示的浅盆形燃烧室凹坑较浅、底部较平、空气压缩涡流小，主要靠喷油器高压喷油到燃烧室空间与空气混合，属于空间雾化混合方式。这种燃烧室结构简单、紧凑，由于空间小，传热少，动力性、经济性与起动性都较好。但对喷油系统要求高，需要较高的喷油压力，喷油嘴的喷孔也要求小而多，工作起来也比较粗暴。

图7-28c所示的球形燃烧室凹坑呈球状、较深，空气涡流较强，喷油器顺气流喷射，在强涡流气流的带动下，燃油被涂布到球形燃烧室壁面上，形成一层油膜。只有一小部分从油

束中分散出来的燃油以油雾分散在燃烧室空间，在炽热的空气中，首先完成着火准备，形成火源。然后靠此火源点燃从壁面已蒸发出来并和空气混合的可燃混合气。随着燃烧进行，产生大量热量，辐射在油膜上，又使油膜加速蒸发，不断地和室壁附近高速旋转的气流混合，达到迅速燃烧的目的。所以这种燃烧方式属于油膜蒸发混合方式。由于空气的强烈涡流，空气利用率较高；燃料燃烧是逐层蒸发燃烧，所以工作起来比较柔和。它对燃油系统要求不高，可以使用单喷孔喷油嘴，喷油压力也较低。但它的起动性能不好，因为起动时机体温度低，油膜较难蒸发燃烧，低速性能也不好。

（2）分隔式燃烧室　分隔式燃烧室的结构特点是燃烧室被分隔为主、副两个燃烧室，二者由一个或数个通道相通。副燃烧室在气缸盖内，容积占总压缩容积的50%～80%，主燃烧室在缸盖底平面与活塞顶面之间。燃料先喷入气缸盖中的副燃烧室进行预燃烧，再经过通道喷到活塞顶上的主燃烧室进一步燃烧。

分隔式燃烧室根据结构的不同分为涡流室式和预燃室式两种。

1）涡流室式燃烧室。涡流室式燃烧室的副燃烧室有球形（见图7-29a）、吊钟形（见图7-29b）和组合形（见图7-29c，由一段球形、一段柱形和一段锥形组成）等形状，主燃烧室的活塞顶也有不同凹坑，如双涡流凹坑（见图7-30a）、铲击形凹坑（见图7-30b）等。

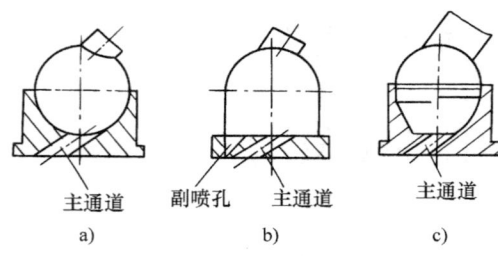

图7-29　涡流室式燃烧室的副燃烧室
a）球形　b）吊钟形　c）组合形

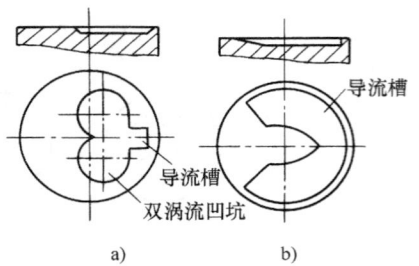

图7-30　涡流室式燃烧室的主燃烧室
a）双涡流凹坑　b）铲击形凹坑

不同的燃烧室结构，其工作情况也不同。图7-29c所示的组合形副燃烧室在压缩过程，气缸中的空气被活塞挤压，经过通道流入涡流室形成有组织的强烈涡流。接近压缩上止点时，喷油器开始顺气流喷油，在强涡流气流带动下，燃油被涂布到燃烧室壁面上，形成油膜。同时，有少部分油雾分散在燃烧室空间，着火形成火源，并点燃从壁面蒸发出来的可燃混合气，迅速燃烧，使副燃烧室内的温度和压力迅速升高，高温、高压气体经通道喷入主燃烧室。若主燃烧室活塞顶上的凹坑是双涡流凹坑（见图7-30a），则喷入主燃烧室的混合气就会形成二次涡流，与主燃烧室内的空气进一步混合燃烧。这种燃烧室由于采取强烈有组织的气体二次涡流，空气利用率高，对喷雾质量要求不高，可采用单喷孔喷油嘴，喷油压力较低，喷油嘴故障少，调整方便，同时由于燃烧先在副燃烧室内进行，使主燃烧室压力升高趋缓，工作比较柔和。缺点是副燃烧室相对散热面积大，又直接与冷却液接触，加上主、副燃烧室之间的通道节流，使热利用率降低，经济性较差，起动也较困难。

为了改善起动性能，有的增加了副喷孔（起动喷孔），使得在起动时由于空气涡流不强，从喷油嘴喷出的燃油可通过副喷孔，直接喷入活塞顶的主燃烧室温度较高处，燃料容易着火燃烧。

2）预燃室式燃烧室（见图 7-31）。预燃室式燃烧室的副燃烧室与主燃烧室的通道截面较小，而且方向与喷油方向相对。压缩时，空气经通道被压向副燃烧室，形成强烈的紊流，燃料逆气流方向喷射，与空气相撞混合，并着火预燃烧，所以副燃烧室也称预燃室。随后不完全燃烧的混合气经通道到主燃烧室，与主燃烧室内的空气进一步混合燃烧。这种燃烧室比涡流室式燃烧室工作更柔和，而且可以燃用多种燃料，但它的节流损失比涡流室式大，所以经济性能较差。

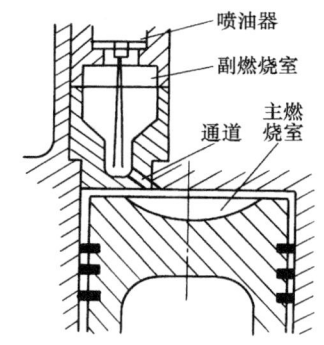

图 7-31 预燃室式燃烧室

7.3.4 柴油机的燃烧过程

根据柴油机燃烧过程进展的实际特征不同，可以将其分为以下四个阶段：

1. 着火延迟期

着火延迟期是指从喷油开始（A 点）到柴油开始着火（B 点）的时期（见图 7-32 中的 I）。

这个时期主要进行柴油着火前的物理化学准备过程（雾化、吸热、扩散、蒸发、氧化、分解）；同时，燃料不断喷入，占循环喷油量的 30%～40%。

着火延迟期时间虽短（0.0007～0.003s），但对整个燃烧过程影响很大。若着火延迟期长，则喷出的油量多，导致速燃期压力急剧升高，柴油机工作粗暴；但着火延迟期过短，又会导致可燃混合气形成困难，柴油机动力性及经济性能恶化。

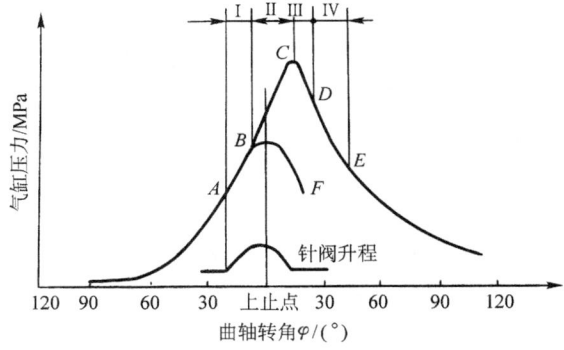

图 7-32 柴油机燃烧过程

2. 速燃期

速燃期是指从柴油开始着火（B 点）到气缸内最高压力点（C 点）的时期（见图 7-32 中的 II）。

速燃期燃料燃烧非常迅速，气缸压力和温度急剧增加，是对外做功的关键时期；在这个时期，针阀仍然开启，燃料继续喷入，燃烧条件变差，所以要控制该时期的喷油量和加强气缸内气体的流动。

3. 缓燃期

缓燃期是指从最高压力点（C 点）到最高温度点（D 点）的时期（见图 7-32 中的 III）。

缓燃期由于活塞下行，气缸容积变大，氧气变少，废气增多，所以混合气燃烧速度减缓，气缸内压力增加不显著，而温度却继续上升；若此时喷油还在继续，则会由于燃烧恶化，燃料易裂解成黑烟排出。

4. 后燃期

后燃期是指从缓燃期终点（D 点）到燃料基本燃烧完为止（E 点）的时期（见图 7-32

中的Ⅳ)。

后燃期气缸内未燃的油料继续燃烧,由于燃烧条件恶化,使燃烧不完全,排气冒黑烟,放出的热无法做功而传给机体,使发动机过热,所以应尽量减少后燃,并加强这个时期气缸内气体的流动。

7.3.5 电控柴油机冒黑烟的故障分析【学生分组讨论】

提示：从燃油、混合气形成、电控喷油器、喷油时间等考虑。

7.3.6 柴油机燃料供给系统的使用与维护

1. 柴油的清洁

由于柴油喷射系统有诸多精密偶件,如喷油器偶件,其配合间隙仅0.0015mm左右,喷孔小而多,如BOSCH公司的6孔、直径0.169mm的喷孔,稍有杂质就会导致喷孔堵塞或偶件卡死,为此燃油必须保持高度清洁,使用前要经过严格的净化(储存沉淀与过滤)。

(1) 柴油的沉淀　柴油加注到汽车燃油箱以前,必须经过长时期的静置。一般静置要求为100~120h,以使其中的固体杂质和水分下沉,与柴油分离,储油罐底部设有螺塞,应定期清除罐底部的杂质和水分,并清洗油罐内壁。

(2) 柴油的过滤　柴油注入油池后,还必须经过滤清才能使用,一般采用加压过滤法,效率高,过滤质量好。用油泵将柴油压入过滤器内,经过滤芯,流入油桶或油罐,以备使用。发动机维护时,粗、细滤清器必须按时洗刷更新。

2. 柴油机燃料供给系统的维护

(1) 日常维护

1) 每天例行检查燃油系统的各紧固螺钉(喷油泵的紧固螺钉,喷油器的紧固螺钉或螺母,联轴器的连接螺钉,各缸高压油管的连接螺母,喷油泵壳体上的外部螺钉、螺母)有无松动。

2) 检查燃油系统的密封状况,各接头、油管不得有漏油、进气现象。

3) 注意检查电控汽油喷射系统各电缆、导线连接是否可靠、正确。

4) 接通起动开关,注意查看仪表盘故障指示灯是否点亮,出现故障及时到修理厂检查排除。

5) 发动机运行时,不要拆卸蓄电池,给车辆蓄电池充电时,需拆下蓄电池;控制线路的各种插头只能在断电状态(点火开关关)进行拔插,不能用传统的方法进行新型电控柴油发动机的故障诊断。

6) 油路进空气时,会导致起动困难,应松开油路上油管螺钉,使用电动燃油泵泵油,排除空气;如果空气在高压油路,则松开喷油器进油口,起动起动机把空气排净。

(2) 定期维护

1) 按使用说明书要求,定时维护柴油滤清器,一般柴油机工作累积50h或汽车行驶1500~2500km时可以进行一次维护。滤芯可以用干净的柴油或煤油清洗。如滤芯堵塞严重或滤芯破裂应更换。安装时,应注意滤芯密封垫的位置不得偏斜。否则,柴油滤清器会漏柴油。安装有方向要求的滤清器时要注意柴油管的连接方向(输油泵进油口处有滤网的,这时也应清洗)。

2）按制造厂家的要求定期检查调试喷油器及喷油泵。平时使用中则不能轻易拆卸或自己随意调整。

项目小结

1. 电控柴油喷射系统具有喷油量及喷油定时控制精度高、调节灵活、响应速度快、稳定性好、可靠性和适应性强等优点。

2. 电控柴油喷射系统主要由燃油供给系统（电动输油泵、燃油滤清器、高压油泵、共轨管、电控喷油器等）和电子控制系统（各种传感器、执行器和控制器ECU）两大部分组成。

3. 电控柴油喷射系统基本工作原理是通过传感器采集柴油机的转速、温度、压力、流量和加速踏板位置等信号，输入ECU进行比较、运算，确定最佳运行参数，再通过执行器对喷油压力、喷油量、喷油时间、喷油规律等进行控制，使柴油机工作状态达到最佳。

4. 柴油机可燃混合气是在气缸内以极短的时间形成的，需要通过柴油的高压喷射和组织空气的适度涡流，并配以合适的燃烧室来完成。混合气形成分空间雾化混合和油膜蒸发混合两种基本方式。燃烧室分为直喷式燃烧室和分隔式燃烧室两大类。两者相互匹配，可以有效提高柴油机的动力、经济和排放性能。

5. 我国柴油按质量不同分为优等品、一等品和合格品三个等级，每个等级又按柴油的凝点不同分为10、0、-10、-20、-35和-50六个牌号。选用柴油时，要求柴油的凝点低于气温5℃以上。

6. 柴油机燃烧过程分着火延迟期、速燃期、缓燃期和后燃期四个阶段。燃料的性质、供油提前角及喷油规律都对燃烧过程有重要影响。

7. 柴油机燃料供给系统应注意柴油使用的高度清洁和日常维护及定期维护。

★ 知识与技能评价

一、选择题

1. 下列属于电控柴油机燃油供给系统的有（   ）。
   A. 曲轴   B. 活塞   C. 高压油泵   D. 电控喷油器
2. 电控喷油器电磁阀磨损，会导致（   ）。
   A. 喷油量增加   B. 喷油量减少   C. 回油量增加   D. 回油量减少
3. 关于电控高压油泵（以德国BOSCH公司CP1型为例）的下列说法正确的是（   ）。
   A. 采用三个径向布置的柱塞泵油元件
   B. 可以产生的最高压力达50MPa
   C. 油泵每转1圈，可以对外供油1次
   D. 在急速或小负荷时，高压泵有时不再连续供油
4. 学生a说：高压共轨电控柴油喷射系统的喷油规律柔性可调；学生b说：高压共轨电控柴油喷射系统的喷油压力可以达到160MPa以上。他们说法应该是（   ）。
   A. 只有学生a正确   B. 只有学生b正确
   C. 学生a和b都正确   D. 学生a和b都不正确
5. 下列说法正确的是（   ）。
   A. 柴油机燃烧一般认为分3个阶段

B. 着火延迟期长，柴油机工作会粗暴
C. 速燃期指从柴油开始着火到气缸内最高温度点
D. 缓燃期喷油器仍然在喷油
6. 下列说法正确的是（　　）。
A. 气温 0℃，应选择 0 号柴油　　B. 气温 0℃，应选择 10 号柴油
C. 气温 0℃，应选择 -10 号柴油　D. 气温 0℃，应选择 -20 号柴油

二、问答题

1. 叙述高压共轨燃油供给系统的基本组成、各部件的基本结构与工作原理。
2. 叙述高压共轨电子控制系统的基本组成及其工作原理。

三、实操题

1. 检测一台长城 2.8TC 柴油机电控喷油器的电器性能和喷油性能。
2. 使用柴油机电脑检测仪，读取一台电控柴油机的故障码和数据流。

补充阅读材料　柴油机传统燃料供给系统

1. 柴油机传统燃料系统的基本组成与工作原理

柴油机传统燃料供给系统由柴油箱、粗滤清器、细滤清器、输油泵、喷油泵、喷油器和各油管组成（见图 7-33）（拆装实训详见《汽车构造与原理实训 第 3 版》的"项目 7.4 传统柴油机燃油供给系统的总体拆装与喷油器的检查调整"）。

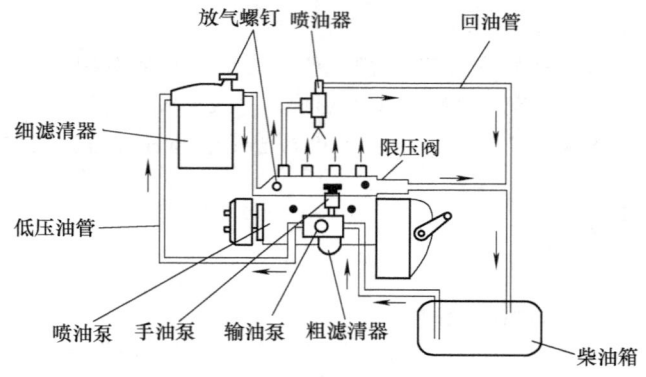

图 7-33　柴油机传统燃料供给系统

在输油泵的作用下，柴油从柴油箱被吸出，经过柴油滤清器过滤，干净的柴油进入喷油泵，提高压力，再经高压油管送到喷油器，以一定的速率、射程和喷雾锥角喷入燃烧室。多余的柴油从回油管流回柴油滤清器。

与电控柴油机燃料供给系统不同的是，高压油的产生和控制全部采用机械式，导致压力低，控制精度低，目前在部分低档汽车上使用。

2. 传统喷油器结构原理与检测

喷油器的作用是按照发动机要求，将高压柴油喷向柴油机燃烧室特定位置。

以汽车常用的孔式喷油器为例，其基本结构如图 7-34 所示，主要由针阀、针阀体、顶杆、调压弹簧及喷油器体等零件组成。

喷油器上最主要的是用优质合金钢制成的针阀和针阀体，二者合称针阀偶件。针阀上部

的圆柱表面同针阀体的相应内圆柱面作高精度的滑动配合，配合间隙为 0.002~0.003mm。此间隙过大则可能发生漏油而使油压下降，影响喷雾质量；间隙过小时针阀将不能自由滑动。

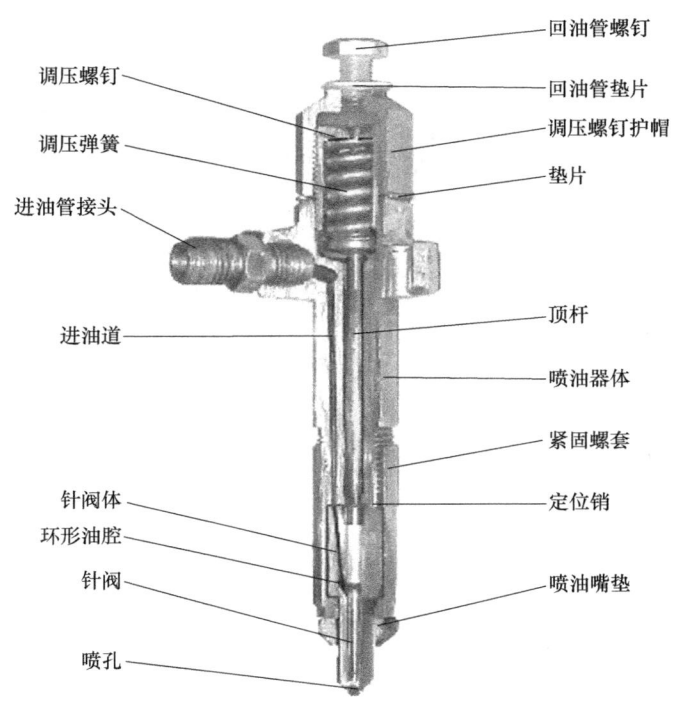

图 7-34 孔式喷油器

柴油机工作时，喷油泵供给的柴油经进油管接头、油道进入针阀体下部的环形油腔内。当油压升高到作用在针阀承压锥面上的轴向分力大于调压弹簧的预紧力时，针阀开始向上移动，喷油器喷孔被打开，高压柴油通过喷孔喷入燃烧室。当喷油泵停止供油时，油压突然下降，针阀在调压弹簧的作用下及时回位，将喷孔关闭。可见，喷油器的喷油压力与调压弹簧的预紧力有关，预紧力越大，喷油压力则越高。调压弹簧的预紧力可通过调压螺钉来调整。

喷油器应定时在喷油器试验台上进行检测，方法如下：

将喷油器装在喷油器试验器（见图7-35）上，以

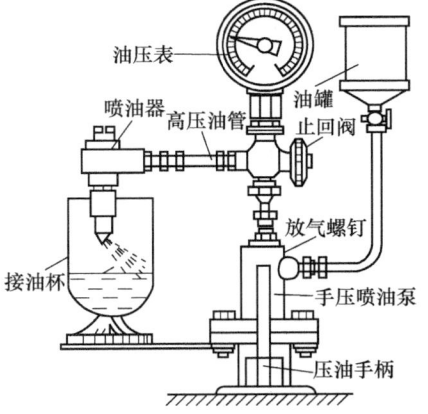

图 7-35 喷油器试验器

60次/min速度压动试验器手柄，观察在喷油过程中压力表上的读数是否符合要求，同一台发动机各缸喷油器的喷油压力偏差不得大于490kPa，否则应予以调整。

调整时可先拆下锁紧螺母，用旋具转动调整螺钉，旋入螺钉喷油压力增加；反之，则压力降低（有的喷油器是采用增减垫片来调整的）。调试结束，将锁紧螺母装合并拧紧，然后

再进行一次喷油压力校验。

之后观察喷油情况，要求喷出的燃油应呈雾状，不应有明显的肉眼可见的雾状偏斜和飞溅油粒、连续的油柱和极易判别的局部浓稀不均匀现象；喷射应干脆，具有喷油器偶件结构相应的响声；多次喷射后，针阀体端面或头部不得出现油液积聚现象。全面检查还应该进行偶件密封性和喷雾锥角等检查。如果雾状不良，则应更换喷油器总成。

3. 传统柱塞式喷油泵结构原理简介（拆装实训，详见《汽车构造与原理实训第3版》的"任务7.5 柱塞式喷油泵拆装"）

喷油泵的功用是按照柴油机的运行工况和气缸工作顺序，以一定的规律，定时定量地向喷油器输送高压燃油。

喷油泵种类很多，以汽车使用较多的A型喷油泵为例（见图7-36），其基本结构主要由分泵、油量调节机构、传动机构和泵体四部分组成。

图7-36 柱塞式喷油泵

（1）分泵（图7-37） 分泵是带有一副柱塞偶件的泵油机构，整个喷油泵中具有数目与发动机缸数相等，结构和尺寸完全相同的若干个分泵。

分泵的主要零件有柱塞偶件（柱塞和柱塞套）、柱塞弹簧、柱塞弹簧下座、出油阀偶件（出油阀和出油阀座）、出油阀弹簧、出油阀压紧座等。

柱塞偶件与出油阀偶件结构如图7-38所示。

当柱塞向下移动时（见图7-38a），燃油自低压油腔经柱塞套上的油孔被吸入并充满泵腔。

当柱塞向上移动到柱塞上部的圆柱面将两个油孔完全封闭时，柱塞继续上升（见图7-38b），柱塞上部的燃油压力迅速增大，当此压力

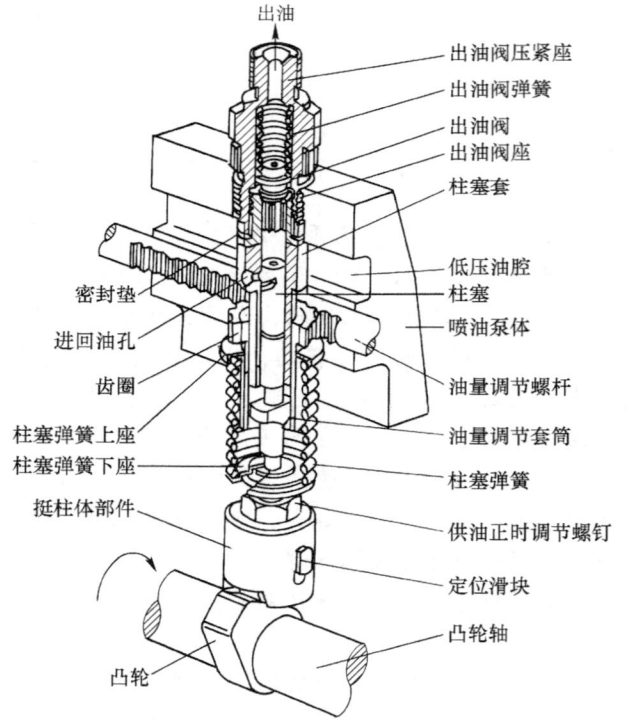

图7-37 A型喷油泵分泵

增大到足以克服出油阀弹簧的作用力时，出油阀即开始上移，高压燃油便自泵腔通过高压油管流向喷油器。

项目 7 柴油机燃料供给系统

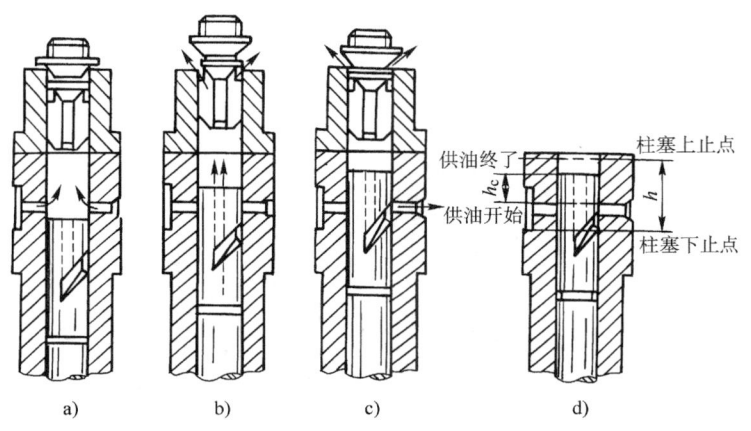

图 7-38 喷油泵的泵油原理
a) 进油 b) 压油 c) 回油 d) 柱塞行程

当柱塞继续上移到图 7-38c 所示位置时，斜槽同油孔开始接通，于是泵腔内的燃油便经柱塞中央的孔道、斜槽和油孔流向低压油腔，这时泵腔内油压迅速下降，出油阀在弹簧压力作用下立即回位，喷油泵供油即中止。此后柱塞仍继续上行，直到上止点为止，但不再泵油。

(2) 油量调节机构　油量调节机构的任务是根据柴油机负荷和转速的变化相应改变喷油泵的供油量。

A 型喷油泵采用齿杆式油量调节机构，如图 7-39 所示。柱塞下端的榫舌嵌入控制套筒相应的切槽中，控制套筒松套在柱塞套上，在控制套筒上部套装一个调节齿圈，用螺钉锁紧。调节齿圈与调节齿杆相啮合。调节齿杆的轴向位置由驾驶人或调速器控制。移动调节齿杆时，调节齿圈连同控制套筒带动柱塞相对于不动的柱塞套转动，这样就改变了柱塞圆柱表面上的螺旋槽与进油孔的相对角位置，从而调节了供油量。

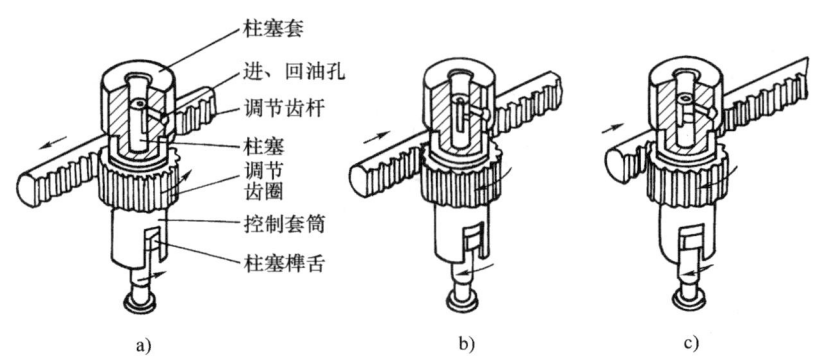

图 7-39 喷油泵供油量调节机构
a) 不供油 b) 部分供油 c) 最大供油

(3) 传动机构　传动机构由凸轮轴和滚轮传动部件组成。凸轮轴（见图 7-37）的两端支撑在圆锥滚子轴承上，前端装有联轴节及机械离心式供油提前角自动调节器，后端与调速器相连。

4. 传统分配式喷油泵结构原理简介（拆装实训见《汽车构造与原理实训 第3版》的"任务7.6 分配式喷油泵拆装"）

传统高压油泵除柱塞式外，还有一种常见的是分配式，如五十铃汽车发动机采用的是VE型分配式喷油泵（见图7-40）。

图7-40 分配式喷油泵

VE型喷油泵主要由泵体、泵盖、驱动机构、滑片式输油泵、泵油机构、断油电磁阀和喷油提前器等组成（见图7-41）。

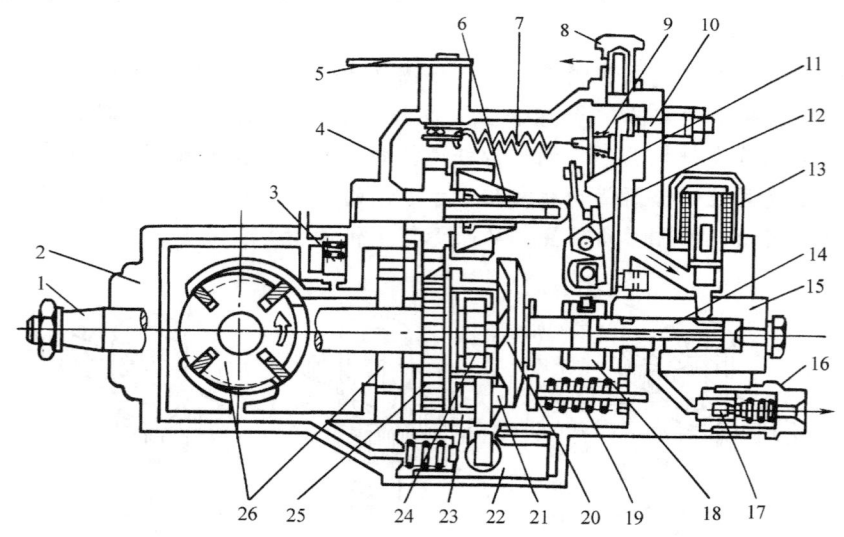

图7-41 VE型分配泵结构示意图

1—驱动轴 2—泵体 3—调压阀 4—泵盖 5—调速手柄 6—飞锤 7—调速弹簧 8—回油电磁阀 9—稳定弹簧 10—最大油量调整螺钉 11—张力杆 12—调整杆 13—断油电磁阀 14—柱塞 15—柱塞套 16—出油阀紧座 17—出油阀偶件 18—油量调节套筒 19—柱塞弹簧 20—平面凸轮盘 21—滚轮 22—喷油提前器活塞 23—滚轮支架 24—十字联轴器 25—调速器驱动齿轮 26—滑片式输油泵

泵体2和泵盖4用铝合金铸成，支承着喷油泵的所有零部件。泵盖与泵体之间用橡胶垫密封，不得漏油。泵盖上安装有回油电磁阀8、调速手柄5、高速限制螺钉、急速螺钉、最大油量调整螺钉10等。

驱动机构由驱动轴1、调速器驱动齿轮25、滚轮支架23、滚轮21、十字联轴器24和平面凸轮盘20等组成。工作时，驱动轴由发动机曲轴通过中间传动装置驱动。传动轴一方面带动滑片式输油泵转动，同时通过调速器驱动齿轮带动调速器工作；另一方面，传动轴右端通过十字联轴器带动平面凸轮盘转动，凸轮盘上的凸轮数与发动机气缸数相同，并紧靠在滚轮上，滚轮支承在滚轮支架上，当平面凸轮盘转动时，受滚轮的作用，还作左右往复运动，用于驱动分配泵的柱塞也作转动和往复运动。

滑片式输油泵26安装在VE泵入口，由驱动轴1驱动，并由调压阀3调节压力，用于产生一定压力的燃油，充满整个泵腔，润滑冷却泵体内部的所有运动零件，并为泵油机构提供一定压力的低压柴油。

泵油机构是VE型分配泵的关键部件，用以定时、定量产生高压油。它主要由柱塞14、柱塞套15、油量调节套筒18、柱塞弹簧19、出油阀偶件17等组成。

当平面凸轮盘20的下凹部分转到与滚轮接触时，在柱塞弹簧的作用下，转动着的柱塞向左移动接近终点时，泄油孔完全被油量调节套筒18所封闭。当柱塞的一个进油槽与柱塞套的进油孔相对时，泵腔中的燃油便进入柱塞中心油道，直至柱塞进油槽与柱塞套的进油孔错开，进油结束。

当平面凸轮盘由下凹部分向凸起部分转动到与滚轮接触时，柱塞由左向右运动，此时柱塞中心油道的油压急剧升高，当柱塞的出油槽与柱塞套的一个出油孔相对时，高压燃油便经出油孔、出油阀、高压油管，送到相应缸的喷油器中。

柱塞在平面凸轮盘作用下继续右移，当柱塞的泄油孔露出，油量调节套筒与泵腔相通时，柱塞中心油道中的高压油便流回泵腔，油压急剧下降，供油结束。

VE型分配泵装有断油电磁阀13。发动机起动时，将起动开关闭合，蓄电池来的电流直接流过电磁线圈，产生的电磁吸力，使进油孔打开，燃油进入泵油机构。发动机需要停止运转时，将起动开关旋至OFF位置，电路断开，阀门在回位弹簧作用下落座，切断油路，停止供油。

VE泵的喷油提前器属于液压式，当发动机转速增加时，滑片式输油泵运转加快，泵腔油压升高，使喷油提前器活塞22的右端压力大于左端，便压缩弹簧，使活塞左移，通过传动销带动滚轮支架23顺时针旋转（逆着驱动轴方向旋转），导致滚轮提早顶起平面凸轮，提早供油和喷油。发动机转速越高，泵腔燃油压力也越大，活塞左移越多，喷油也越早。

项目 8　汽油机点火系统

教学目标与要求

- 掌握不同点火系统的组成与结构特点
- 学会火花塞不跳火故障的诊断
- 掌握独立点火系统的组成与结构原理
- 学会火花塞的选型与更换
- 理解点火正时的控制
- 学会发动机爆燃故障的检测

教学重点

※ 不同点火系统的组成与结构特点
※ 火花塞不跳火故障的诊断
※ 独立点火系统的组成与结构原理

教学难点

▲ 点火系统的检测与分析
▲ 点火正时的控制

点火系统

任务 8.1 火花塞不跳火的故障诊断

8.1.1 火花塞不跳火的故障案例与场景设置

● 丰田卡罗拉汽车发动机怠速不稳、加速无力且故障灯亮，用解码器读取故障码为 P0303 和 P0353。

8.1.2 点火系统总体拆装【学生分组实训，详见教材《汽车构造与原理实训第3版》的"任务 2.2 发动机基本拆装"】

8.1.3 点火系统的组成及工作原理

1. 点火系统的作用

汽油发动机正常工作的三要素：良好的空气-燃油混合气，足够的压缩压力，正确的点火正时及强烈的火花。点火系统的作用就是产生的强烈电火花在最佳点火正时，去点燃空气-燃油混合气。

对点火系统有三个要求：

（1）强烈的电火花 点火系统所产生的强烈电火花在火花塞电极之间，以便于点燃空气-燃油混合气。因为电极之间混合气存在电阻，这个电阻随气体压力的升高而增大，所以点火系统必须能产生几万伏的高电压，以保证产生强烈火花去点燃空气-燃油混合气。

（2）正确的点火正时 点火系统必须始终根据发动机的转速和负荷等工况的变化提供正确的点火正时。

（3）良好的耐用性 点火系统必须具备足够的可靠性，能够承受发动机产生的振动和高温，保证持久的耐用性。

2. 点火系统的组成（见图 8-1）

现代汽车典型点火系统的组成包括：曲轴位置传感器（NE），用于探测曲轴角度位置（发动机转速）；凸轮位置传感器（G），用于辨认气缸和行程，并探测凸轮轴正时；爆燃传感器（KNK），用于探测发动机的爆燃；节气门位置传感器（VTA），用于探测节气门的开启角；空气流量计（VG/PIM），用于探测进气量（某些发动机型号上，此项探测由一个进气歧管压力传感器来完成）；水温传感器（THW），用于探测发动机冷却液温度；带点火器的点火线圈，在最佳点火正时，接通和切断初级线圈电流，并向发动机 ECU 发送 IGF 反馈信号；发动机 ECU，能根据多个传感器发出的信号，产生 IGT 信号，并将此信号送往带点火器的点火线圈；火花塞，用于产生电火花，引燃空气-燃油混合气。

3. 点火提前角

在汽油发动机中，空气-燃油混合气被点燃，引起燃烧产生的爆发力推动活塞下行。当最大燃烧爆发力发生在压缩上止点后 10° 时，热能可以最有效地转化为推动力。发动机不能在点火的同时产生最大爆发力，而是在点火时刻稍微向后一段时间产生最大的爆发力。因此，为使最大爆发力发生在上止点后 10°，点火时刻应该有所提前。点火提前角即点火时曲

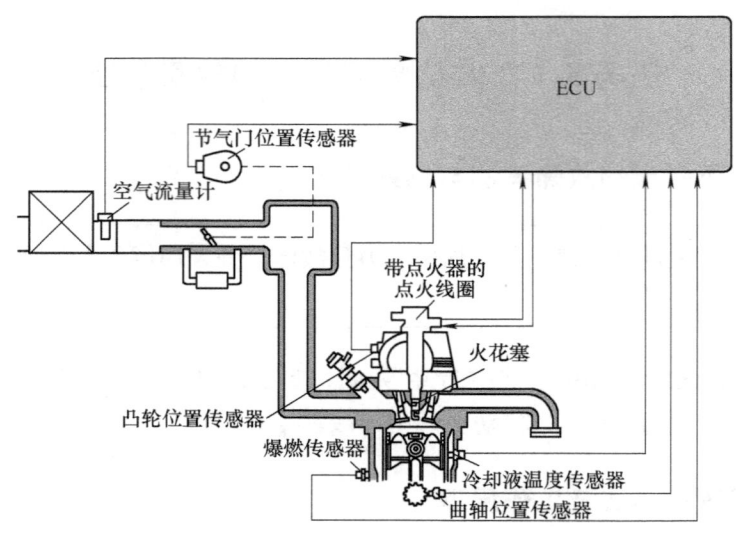

图 8-1 点火系统的组成

轴与上止点位置形成的角度,曲轴在上止点前时点火提前角为正,如图 8-2 所示。

点火之后,空气-燃油混合气不能立刻燃烧,而是从火花附近的小范围(火焰中心)首先燃烧,然后扩展到周围区域。从空气-燃油混合气被点火那一刻到混合气燃烧这段时间,称为滞燃期,如图 8-3 中 A、B 之间。实际上滞燃期是恒定的,它不受发动机工况变化的影响。

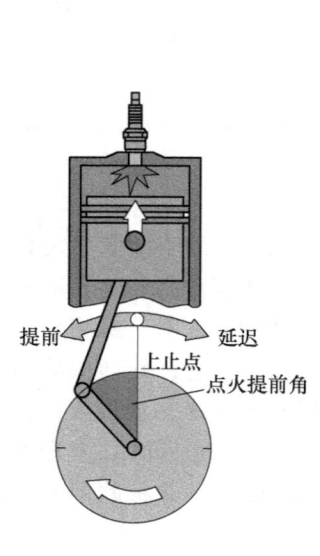

图 8-2 点火提前角

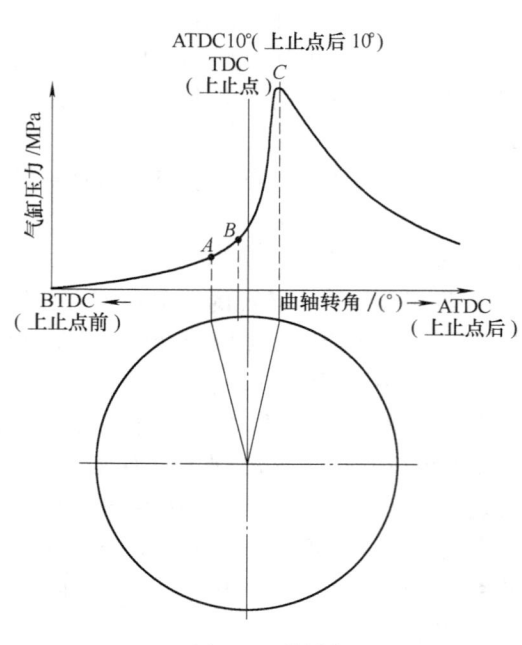

图 8-3 滞燃期

火焰中心形成后,火焰逐渐向外扩展,其扩展速度称为火焰传播速度,其周期称为火焰传播期,如图 8-4 中 B-C-D。进气量大时,单位容积内的混合气变多。因此,空气-燃油混合气中微粒之间的距离减小，从而加速了火焰的传播。并且，空气-燃油混合气的涡流越强，火焰传播速度越快。火焰传播速度快时，必须减小点火正时的提前量。因此必须根据发动机的工况控制点火正时。

实际上，决定点火提前角的因素有两个：一个是活塞的速度，即发动机转速；另一个是火焰传播速度，随着发动机负荷增大，混合气增多，残余废气减少，火焰传播速度加快。传统点火系统就是根据发动机转速设置了离心点火提前装置，根据发动机负荷设置了真空点火提前装置来控制点火提前角的。

点火提前角不正确，对发动机性能有很大影响，甚至产生严重故障。

点火过早，则燃烧完全在压缩过程中进行，气缸内压力急剧上升，在活塞到达上止点前即达到最大压力，给正在上升的活塞一个很大的阻力，不仅使发动机功率下降、油耗增加，还会引起爆燃。

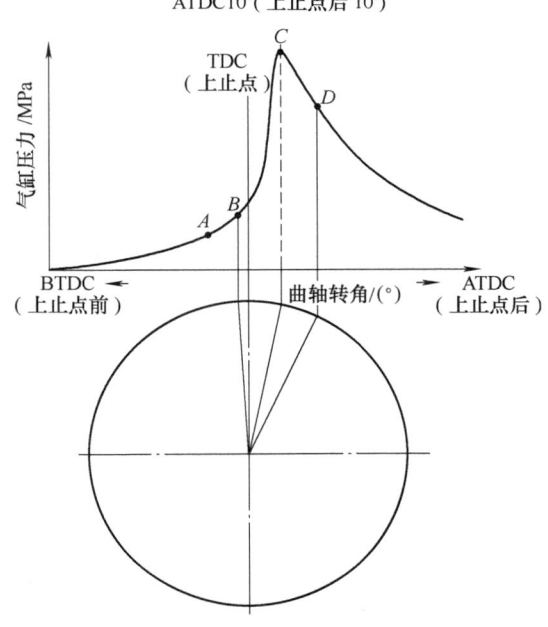

图 8-4 火焰传播期

点火过晚，则活塞下行时混合气才燃烧，即燃烧是在容积增大的情况下进行的，从而使气缸压力降低，发动机功率下降，同时由于炽热的气体与气缸壁接触面积增大，热损失增大，导致发动机过热，油耗增大。

点火正时的调整可以使发动机随时根据工况在上止点后10°产生最大爆发力，因此点火系统必须能够根据工况在正确时刻点燃空气-燃油混合气，使发动机能够产生最有效的爆发力。

4. 分电器式电子控制点火系统

无触点电子点火系统取消了断电器触点，采用多功能专用点火集成电路模块，配以高能点火线圈，使点火电压、点火能量大大提高，还具有恒流控制、闭合角控制等功能，使点火性能显著提高，改善了发动机的动力性能、燃油经济性能、起动性能和排气净化性能。但是，对影响发动机性能最重要的因素——点火提前角的调节，仍然是采用离心式和真空式点火提前调节装置，即机械调节方式，而且只能考虑发动机转速、负荷等少数几个因素的影响，而对发动机冷却液温度、进气温度、可燃混合气的空燃比等多种运行参数没法考虑。

由于机械式点火提前调节装置控制精度低，响应速度慢，不能保证发动机在各种工况下均在最佳时刻点火，使发动机性能进一步提高受到限制，所以人们研制和开发了微机控制的电子点火系统。

在20世纪80年代初，世界各大汽车公司纷纷推出自己的发动机控制系统时，电子控制点火系统便是其中的重要组成部分。电子控制点火系统与电子点火系统最大的区别是其点火正时由发动机ECU控制，各种相关传感器将信号传给ECU，再由ECU综合计算处理后输出理想的点火正时信号给点火器，其结构组成如图8-5所示。

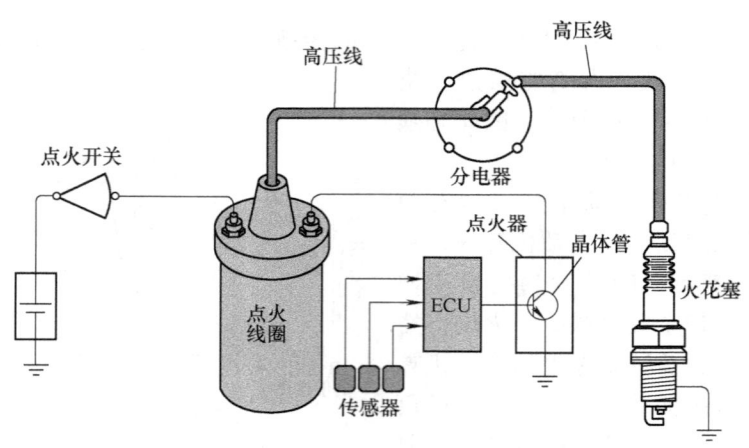

图 8-5 分电器式电子控制点火系统

电子控制点火系统的特点如下：

1）由于取消了离心式、真空式等机械式点火提前调节装置，采用微机控制点火提前角，考虑的因素更加全面，控制精度高，使发动机在各种工况下都能采用最佳点火提前角，发动机的动力性、燃油经济性及排放净化性能进一步提高。

2）当采用爆燃传感器闭环控制时，能够使发动机总是工作在爆燃的边缘而又不发生爆燃，发动机的热效率高，动力性、经济性好。

3）具有故障自诊断功能，当点火监测信号多次没有反馈信号时，ECU 强制切断燃油喷射，并显示点火系统有故障。

5. 无分电器式电控直接点火系统

分电器式电子控制点火系统存在以下缺陷：高压电经分火头、旁电极、高压线等，点火能量损失大，高速、多缸时点火能量不易保证（受闭合角限制），点火正时误差大（由于机械传动误差），无线电干扰严重等。

为了消除分电器的上述缺陷，进一步提高点火系统的性能，便出现了无分电器点火系统（Distributorless Ignition System，DLI），即电控直接点火系统（Direct Ignition System，DIS）。电控直接点火系统主要有两种方式：单独点火方式和双缸同时点火方式，如图 8-6 所示。

1）单独点火方式。一个火花塞配一个点火线圈，点火线圈直接安装在火花塞顶上，不需要高压线。

2）双缸同时点火方式。一个点火线圈同时给两个缸点火。这种点火方式要求共用一个点火线圈的两缸工作相位相差 360° 曲轴转角。这样当一缸接近压缩行程上止点时，另一缸接近排气行程上止点，点火时两缸的火花塞同时跳火，处于排气行程的气缸的点火是无效点火，处于压缩行程的气缸的点火是有效点火。

对于无分电器点火方式，减小了点火能量损失（配电器分火头与旁电极之间跳火会损失部分点火能量）；由于增加了点火线圈数量，每个线圈通电时间延长，保证发动机在高速时有足够的次级电压和点火能量。

目前这种点火系统在汽油机中占主导地位，新推出的发动机机型大都采用性能最佳的电控独立直接点火系统。

项目 8　汽油机点火系统

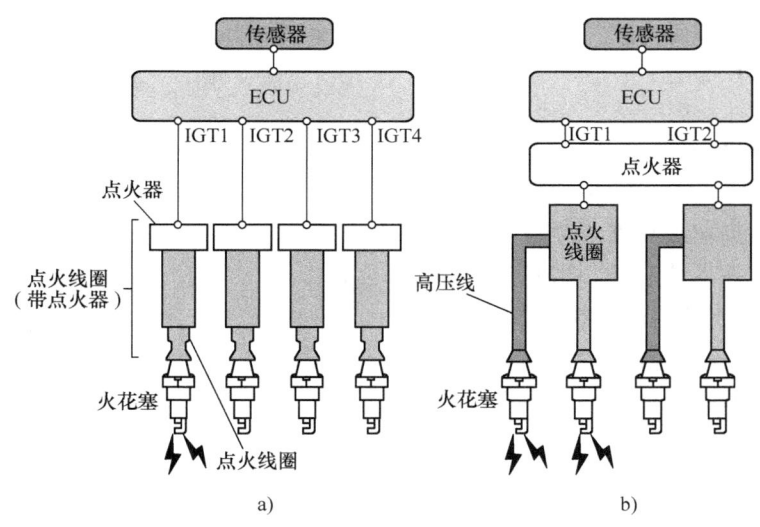

图 8-6　电控直接点火系统
a）单独点火方式　b）双缸同时点火方式

8.1.4　火花塞不跳火的故障分析【学生分组讨论】

提示：火花塞不跳火的可能原因在于火花塞本身的机械损失、火花塞间隙或外电路等问题。

8.1.5　火花塞不跳火故障的检修【学生分组实训，详见《汽车构造与原理实训第 3 版》的"任务 8.1　微机控制点火系统拆装与检查"】

任务 8.2　发动机功率下降的故障诊断

8.2.1　发动机功率下降的故障案例与场景设置

● 丰田卡罗拉汽车发动机更换点火系统零部件后，系统正常工作，但是过了一段时间之后就出现发动机功率下降的现象。

8.2.2　点火系统零部件的构造与检测

1. 点火线圈

点火线圈可产生足以在火花塞电极间引燃火花的高电压。初级和次级线圈都环绕在铁心上。次级线圈的匝数大约是初级线圈的 100 倍。初级线圈的一端连接在点火器上，次级线圈的一端连接在火花塞上，两个线圈各自的另一端则连接在蓄电池上，其结构原理如图 8-7 所示。

点火线圈的初级线圈所用漆包线粗，约 200 匝；次级线圈所用漆包线细，约 20000 匝。由于初级线圈中流过的电流较大，发热量大，所以初级线圈绕在次级线圈的外面，便于散热。为了减小涡流和磁滞损失，铁心由若干片涂有绝缘漆的硅钢片叠成，次级线圈和初级线圈都是绕在同一铁心上。

如图 8-8、图 8-9 所示，分析点火线圈的工作。当发动机运转时，根据发动机 ECU 输出的点火正时信号（IGT），蓄电池的电流通过点火器流到初级线圈，在线圈中心铁心产生磁力线，并存储能量。当发动机继续运转时，点火器按发动机电子控制单元（ECU）输出的点火正时信号（IGT）快速地停止流往初级线圈的电流。其结果是初级线圈的磁通量开始减小。因此，通过初级线圈的自感和次级线圈的互感，在阻止现存磁通量衰减的方向上产生电动势。自感效应产

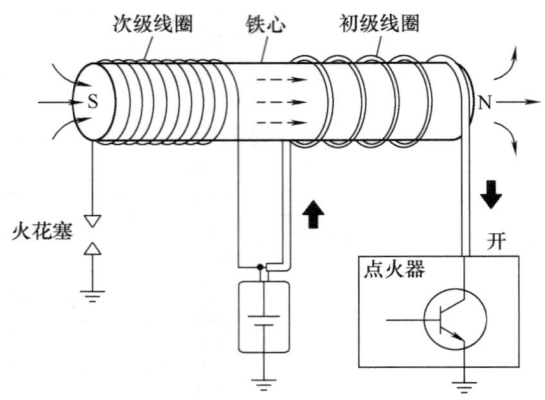

图 8-7 点火线圈工作原理

生约为 500V 的电动势，而与其相伴的次级线圈互感效应产生约为 30kV 高压电动势。这样火花塞就产生火花放电。初级电流切断越迅速，初级电流值越大，则相应的次级电压也越高。

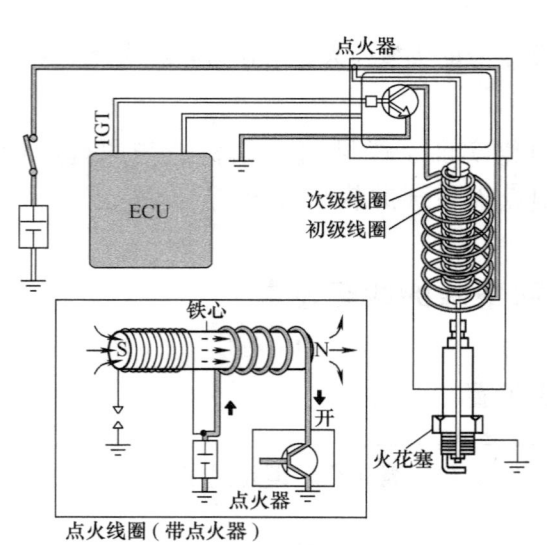

图 8-8 初级线圈通电

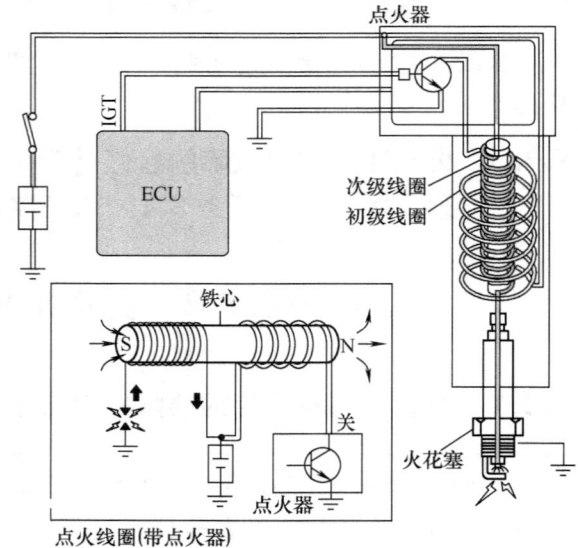

图 8-9 次级线圈产生高压电动势

目前这种带点火器的点火线圈，直接连接在每个气缸的火花塞上。因点火线圈和火花塞直接连接，高压电流过的距离缩短，从而使电压损失和电磁干扰也减少，这样点火系统的可靠性也得到提高。

2. 点火器

点火器按发动机电子控制单元（ECU）输出的点火正时信号（IGT）精确地中断流往点火线圈的初级电流。

(1) 点火正时信号（IGT） IGT 信号是 ECU 发给点火器的指令，高电平时点火器接通

初级电路，低电平时点火器断开初级电路。

闭合角（或凸轮轴闭合角）是指断电器触点闭合、初级线圈通电时，分电器凸轮转过的角度。分电器凸轮同发动机驱动气门的凸轮转速相同，四缸发动机点火系统闭合角为54°左右，由此初级线圈断电时凸轮转过的角度为36°。闭合角是相对固定的，不会随着发动机转速的变化而改变。但初级线圈的通电时间会随着发动机转速的提高而减小。

这里所说的闭合角是指IGT信号通电脉冲时凸轮轴的转角。

如果闭合角固定，发动机转速低时，点火器接通初级电路，初级电流逐渐增大。当初级电流达到规定值时，点火器将调节电流，以限定最大电流值，保持初级电流稳定。但是当发动机转速升高时，初级电流持续时间减少，导致充电电流达不到规定值，点火器会控制延长通电时间。

目前更多发动机的点火闭合角不是固定的，而是由ECU通过IGT信号控制的，其实质是直接控制初级电流通电时间或初级电流的大小，如图8-10所示。

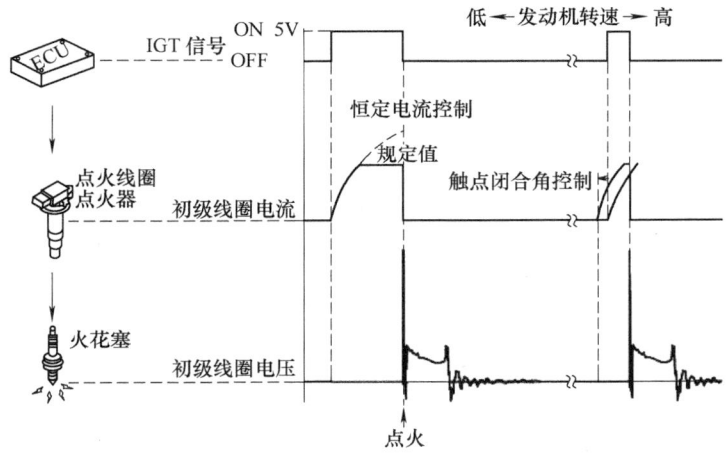

图8-10 点火正时信号IGT

当IGT信号从通转换至断时，点火器关断初级电流。初级电流被关断的瞬间，在初级线圈中产生几百伏的自感电压，而在次级线圈中产生几万伏的高电压。

（2）点火确认信号（IGF） 点火器按发动机ECU的IGT信号，精确地中断点火线圈中的初级电流。然后，又按初级电流的电流值，向发动机ECU输送一个点火确认信号（IGF），如图8-11所示。当来自点火器的初级电流达到预定值IF1时，IGF信号即被输出。当初级电流超过预定值IF1时，此系统就判定所需的电流量已流过，因而允许IGF信号回至其原来的电压（IGF信号的波形随发动机型号而不同）。如果发动机ECU未收到IGF信号，则可认定点火系统内存在故障。为防止过热造成的不良影响，发动机ECU停止燃料喷射，并将故障储存在诊断功能中。但是，发动机ECU不能探测次级电流电路中的故障，因此发动机ECU只能监视初级电流电路中的IGF信号。

在有些发动机型号上，IGF信号是通过初级电压判定的。

3. 火花塞

（1）火花塞的结构 火花塞用来将高压电引入燃烧室，产生电火花，点燃混合气。火花塞的结构如图 8-12 所示。它主要由中心电极、搭铁电极、外壳和绝缘管等组成。

在钢质壳体的内部固定有高氧化铝陶瓷绝缘体，在绝缘体中心孔的上部有金属杆，杆的上端有接线端子，用来接高压电。下部装有中心电极，金属杆与中心电极有铜芯和电阻。垫片起密封和导热作用。外壳体的上部有便于拆装的六角平面，下部有螺纹，用于把火花塞安装到发动机气缸盖内，壳体下端焊接有弯曲的搭铁电极。

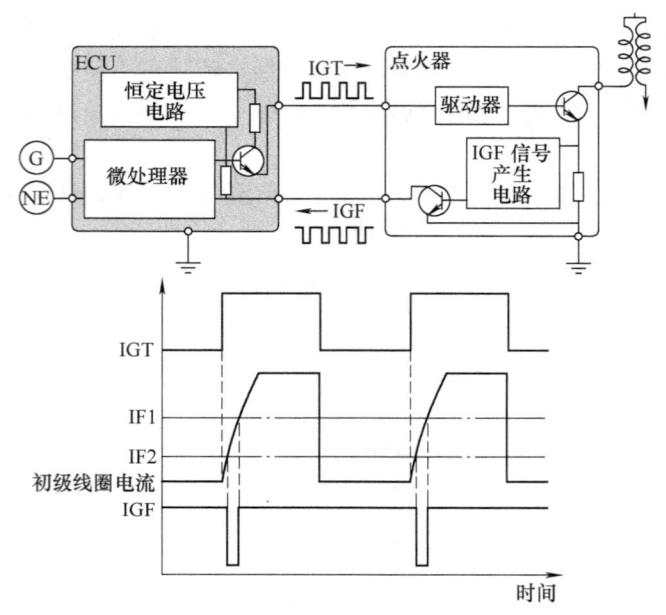

图 8-11 点火确认信号 IGF

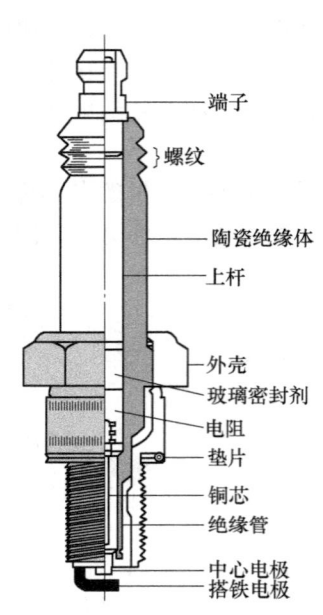

图 8-12 火花塞结构

（2）火花塞点火机理 火花塞上产生的火花点燃空气－燃油混合气，使其爆发，通常称为燃烧。燃烧不会立刻发生，过程如下所述。

火花塞点火机理如图 8-13 所示，火花穿过空气-燃油混合气从中心电极到搭铁电极。结果，空气－燃油混合气沿着火花的路径被触发，产生化学反应（通过氧化作用），同时产生热量，形成火焰中心。火焰中心触发周围的空气－燃油混合气。这样，火焰中心的热量向外扩展并称之为火焰传播，点燃空气－燃油混合气。

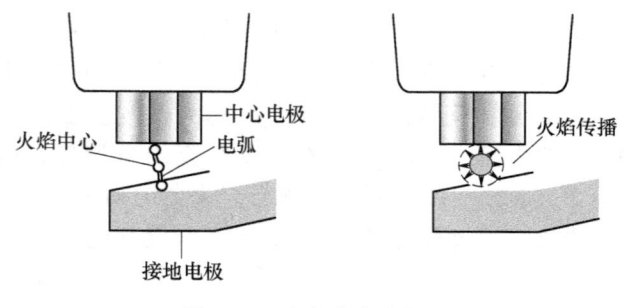

图 8-13 火花塞点火机理

如果火花塞电极的温度太低或电极的间隙太小，电极将吸收火花产生的热量。结果，火焰中心将被熄灭，导致缺火，这种现象称为"电极猝熄"。如果电极猝熄效应比较明显，则火焰中心将被熄灭。电极越小，猝熄作用越小。电极越尖，越容易放电。

为了改善点火性能，某些火花塞在接地电极上有一个 U 形槽，或在中心电极上有 V 形槽。带槽火花塞比电极上不带槽的火花塞具有较小的猝熄作用，以形成较大的火焰中心。同样，还有些火花塞通过较细的电极减小猝熄效应，如白金/铱金火花塞。

（3）火花塞点火性能　电极形状和火花塞间隙两个因素影响火花塞的点火性能。

电极形状影响放电性能，如图8-14所示。圆形电极使放电困难，方形或尖形的电极使放电较容易。火花塞经过长时间的使用，电极成了圆形之后，使放电困难。因此，火花塞应定期更换。火花塞的电极越细越尖，越容易产生火花。但是，那样的火花塞耗损较快，使用寿命较短。因此，有些火花塞电极上带白金或铱金，耐耗损，这种带白金或铱金的火花塞通常称为白金或铱金电极火花塞。

火花塞的更换间隔里程：普通型，10000～60000km；白金或铱金电极型，100000～240000km。具体更换时间参照维修手册。

火花塞间隙影响放电电压，火花塞间隙越大，放电电压越高。当火花塞耗损后，电极间隙变大，发动机可能会缺火。中心电极和搭铁电极间隙增大后，使得火花跳过电极就更困难，因此需要更高的电压来产生火花。所以每隔一定的里程必须调整火花塞电极间隙或更换火花塞。

如果点火系统能提供足够高的击穿电压，尽管火花塞间隙较大，也能产生强火花，更容易点火。因此白金或铱金电极的火花塞电极间隙为1.1mm，而普通火花塞间隙一般为0.8mm。

（4）火花塞热值　由火花塞散出的热量因其形状和材料的不同而不同。火花塞的散热量称为热值。火花塞能散出较多热量的称为"冷型"，因为火花塞自身保持较少的热量。散热量较少的称为"热型"，因为自身保持较多的热量。

火花塞上印有数字和字母的组合代码，用来说明其构造和性能。代码因生产厂家的不同而稍有不同。通常，热值越大，火花塞越冷，因为它散热好。热值越小，火花塞越热，因为它不容易散热。火花塞在最小中心电极温度——自洁温度450℃（842 ℉）和自燃温度950℃（1742 ℉）之间性能最佳，如图8-15所示。

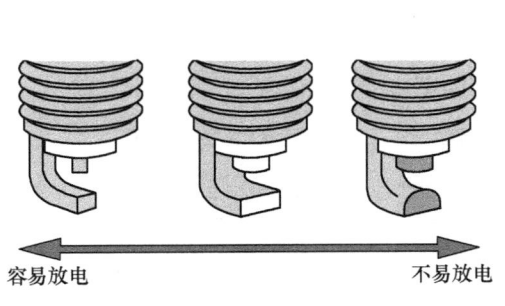

图8-14　电极形状与放电性能

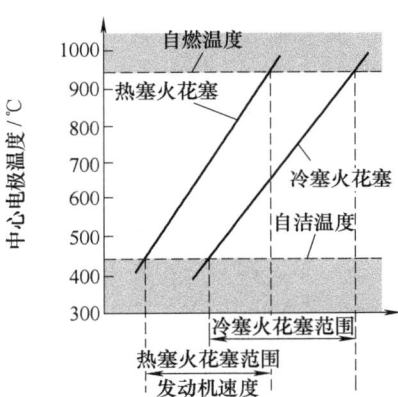

图8-15　火花塞热值

当火花塞达到一定温度后，它能烧掉聚集在点火区域内的积炭，以保持点火区域的清洁，此温度称为自洁温度。若电极温度低于450℃，积炭会聚集在点火区域，导致火花塞缺火，如图8-16所示。

如果火花塞自身成为了热源，不用火花就点燃了空气－燃油混合气，此时的温度称为自燃温度。当火花塞电极温度达到950℃（1742℉）时，会发生自燃。如果发生这种现象，由于不正确的点火正时，会导致发动机功率下降，同时火花塞电极或活塞可能会熔化，如图8-17所示。

正常

不正常

图8-16 火花塞自洁温度

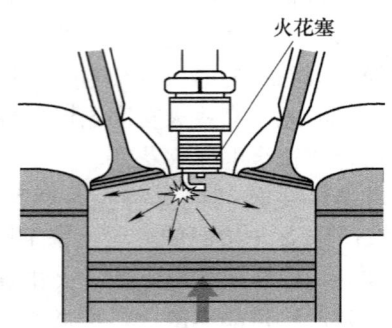

图8-17 火花塞自燃温度

要根据车型来确定最适当的火花塞热值。安装不同类型的火花塞会干扰火花塞的自洁温度和自燃温度。为了避免这些问题，通常更换特定类型的火花塞。

当发动机在低速运作时，使用冷型火花塞且低负荷条件，会降低电极温度，并使发动机运转不良。当发动机高速运作时，使用热型火花塞且高负荷条件，只会增加电极温度，并使电极融化。

（5）白金/铱金火花塞　如图8-18所示，在白金火花塞和铱金火花塞上，中心电极和与其相对的搭铁电极都覆盖着白金（铂）和铱金的薄层。由于白金和铱金都具有很强的耐磨性，因此其使用寿命很长，达到10万km以上，是常规火花塞的几倍。

另外，白金和铱金火花塞电极尺寸更小，电极间隙更大，因此猝熄效应更小，具有更加优良的点火性能。

白金火花塞上，白金是焊在中心电极和接地电极顶端的。中心电极的直径较常规火花塞的要小。

铱金火花塞上，铱（较铂有更高的耐磨能力）是焊在中心电极顶端的，但焊在搭铁电极上的仍是白金。中心电极的直径较白金火花塞的更小。

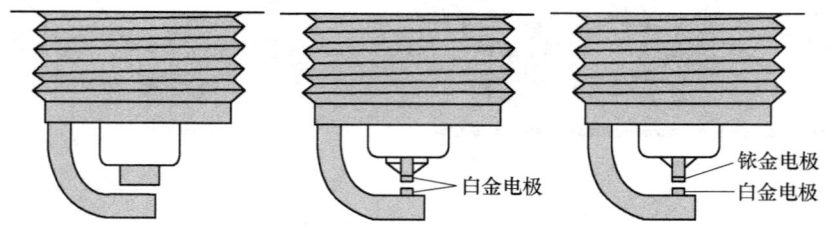

图8-18 白金和铱金火花塞

注意，白金和铱金火花塞电极间隙不可调整，如有异常，必须更换。

8.2.3　发动机功率下降的故障诊断【学生分组讨论】

提示：本案例发动机功率下降的可能原因主要在火花塞选型方面。

8.2.4 火花塞的选型与更换【学生分组实训】

任务8.3 发动机爆燃故障的诊断

8.3.1 发动机爆燃故障案例与场景设置

● 一辆丰田卡罗拉行驶20000km，因事故进厂维修后出现功率下降、加速无力且发动机噪声增大的故障现象。

8.3.2 点火正时控制

不同厂家、不同机型的点火正时控制大同小异，本节以丰田发动机点火控制为例进行介绍。

点火正时控制包括两个阶段，起动点火控制和起动后点火控制，如图8-19所示。

1. 起动点火控制

起动点火控制是在预定的曲轴转角进行点火而不考虑发动机的运作情况。该曲轴转角称为"初始点火正时角"。

当发动机起动时，由于其转速较低，再加上进入的空气质量不稳定，因此空气流量VG信号或绝对压力PIM信号不能被用作控制信号。所以，点火时间设置在初始点火时间角。初始点火时间角是由发动机ECU的备份IC控制的。

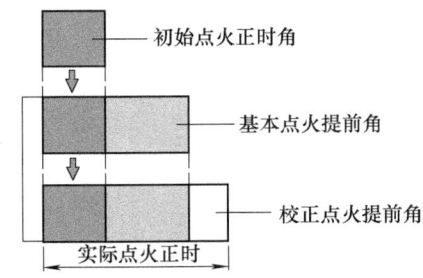

图8-19 点火正时控制的内容

此外，转速信号NE用于确定发动机是否起动，并且当发动机转速小于或等于500r/min时，表明发动机正在起动，也就是说超过500r/min时转为起动后点火控制。根据发动机型号不同，有些车型的发动机ECU是在接收到起动信号（STA信号）时才起动的。

如图8-20所示，初始点火正时角由G信号和NE信号决定。当发动机ECU接受了G信号（图形左边A点）后，再接受NE信号（图形左边B点），这就决定了当曲轴转角达到上止点前5°、7°或10°时（不同的机型角度也不同），此时的角度即为初始点火正时角。

2. 起动后点火控制

起动后点火控制就是当发动机起动后正常运转时的有效控制。这种控制是通过对初始点火正时角和基本点火提前角进行各种校正来完成的，如图8-21所示。

起动后点火正时角 = 初始点火正时角 + 基本点火提前角 + 校正点火提前角

（1）基本点火提前角 基本点火提前角是由NE信号和VG信号或者PIM信号来决定的。决定基本点火提前角的NE信号和VG信号被储存在发动机ECU的内存中，发动机怠速和非怠速分别控制，如图8-22、图8-23所示。

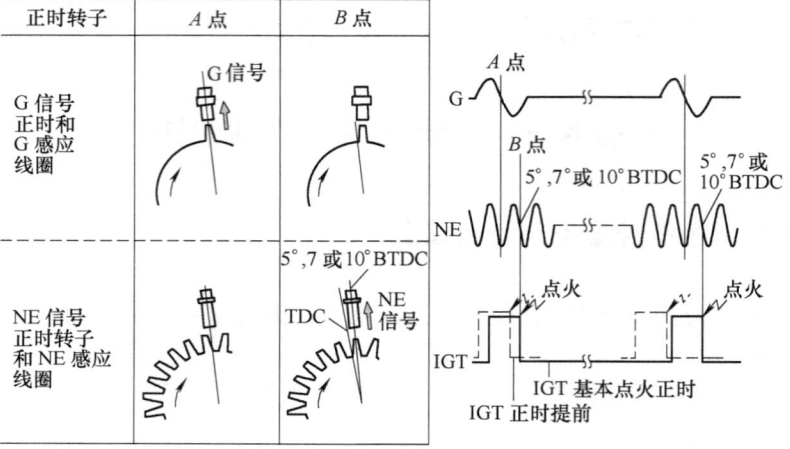

图 8-20　初始点火正时角

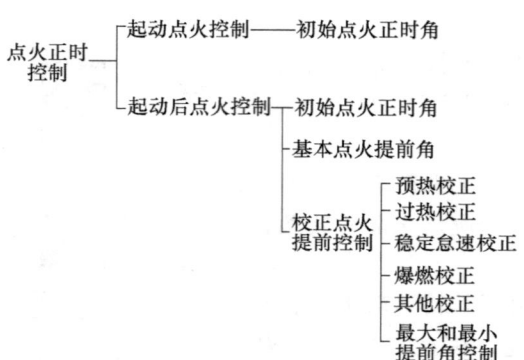

图 8-21　点火正时控制的组成

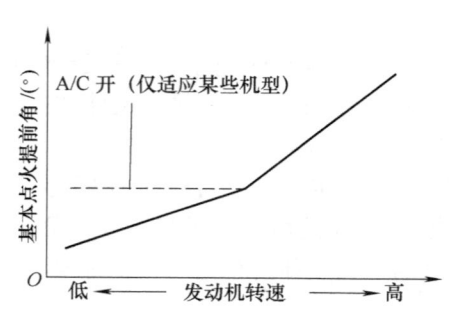

图 8-22　怠速时基本点火提前角数据

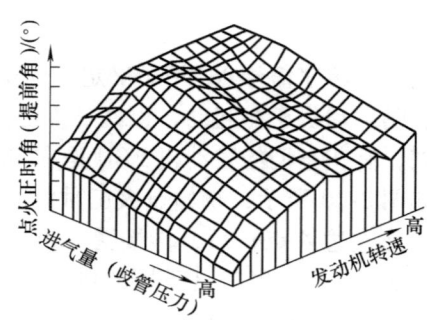

图 8-23　非怠速时基本点火提前角数据

怠速时基本点火提前角控制是由怠速 IDL 信号决定的，IDL 信号打开时，根据发动机转速决定点火正时提前角。

在某些发动机机型中，基本点火提前角依据空调器的打开/关闭而变化，如图 8-22 所示左边的虚线区域。另外，这些机型在标准怠速时有提前角。

非怠速即 IDL 信号关闭时，点火正时根据 NE 信号和 VG 或者 PIM 信号来确定，基本点火提前角的值被存入发动机 ECU，根据每个转速信号和进气量信号就能找到一个对应的基本点火提前角数值，如图 8-23 所示。

一般来讲，一种发动机使用燃油的辛烷值应该固定，如要求使用 93 号或 97 号汽油，发动机存储的基本点火提前角也是根据辛烷值确定的。但实际车辆会有使用高标号或低标号汽油的情况。因此，现在车辆大多具有辛烷值调节的能力，其存储有两组基本点火提前角数据，ECU 根据爆燃 KNK 信号来自动改变确定点火正时的数据组。注意在一些老款车型上，辛烷值选择是手动的，要通过选择开关或插头进行。

（2）校正点火提前角　发动机运行时，仅靠初始点火提前角与基本点火提前角无法实现各种工况下最佳的点火正时，因此发动机还根据节气门位置、冷却液温度、气温、爆燃等信号对点火正时进行校正，这就是校正点火提前角。不同机型，点火正时校正的内容和方式可能不同，但总地来讲，达到的目的是基本相同的。在校正方式上，可以在基本点火提前角的基础上采用加减、乘系数或两者结合的方式。

1）预热校正。发动机起动后的暖机过程中，冷却液温度低，火焰燃烧速度较慢，需要增大点火提前角改善发动机性能。在极冷的条件下，通过该校正功能可将点火时间角提前大约 15°。冷却液温度超过一定值（如 80℃）时，预热校正停止，如图 8-24 所示。

2）过热校正。当冷却液温度过高时，点火时间将被延迟，以防止爆燃或过热。这种校正使点火时间角度延迟最大 5°，如图 8-25 所示。

某些机型也参照空气计量计信号（VG 或 PIM）、发动机转速信号（NE）或节气门位置信号（IDL）等信号进行过热校正控制。

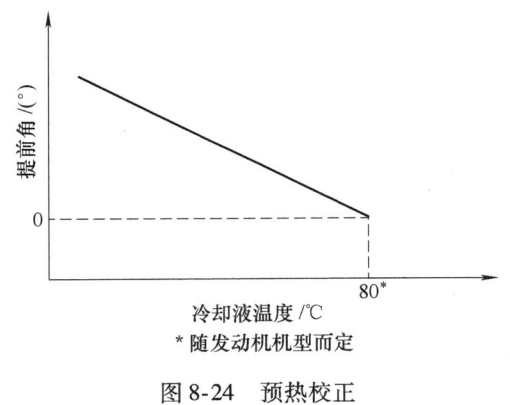

图 8-24　预热校正

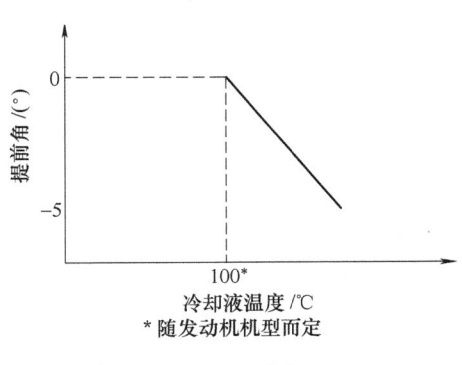

图 8-25　过热校正

3）稳定怠速校正。发动机怠速时，实际转速会偏离目标怠速转速，那么发动机 ECU 将会调节点火时间，以使发动机转速稳定，如图 8-26 所示。

发动机 ECU 不断地计算出发动机的平均速度，因此，如果发动机转速降至目标怠速转速以下，发动机 ECU 将会使点火时间提前预设角度。如果发动机转速高于目标怠速转速，则发动机 ECU 将延迟预设角度。这种校正，点火时间角度变化值最大为 ±5°。

某些车型发动机会区分空调器的打开或关闭状态进行角度提前控制。某些车型仅是当发动机转速低于目标速度时才使用这种校正。

4）爆燃校正。如果发动机出现爆燃，爆燃传感器则会把爆燃产生的振动转化为一个电压信号（KNK 信号），并把它传给发动机 ECU。发动机 ECU 根据 KNK 信号的强度来判断爆燃是强烈、中等强或弱。然后 ECU 通过延迟点火时间进行校正，以使点火时间和 KNK 信号的强度相一致。换句话说，就是当爆燃较强烈时，点火时间延迟较长；而当碰撞较弱时，点火时间仅稍有延迟。当发动机停止爆燃，发动机 ECU 便停止延迟点火时间，而且有时还会稍微地提前点火时间，直到再次发生爆燃。当爆燃再次发生时，通过重新起动点火正时来重复该控制，如图 8-27、图 8-28 所示。

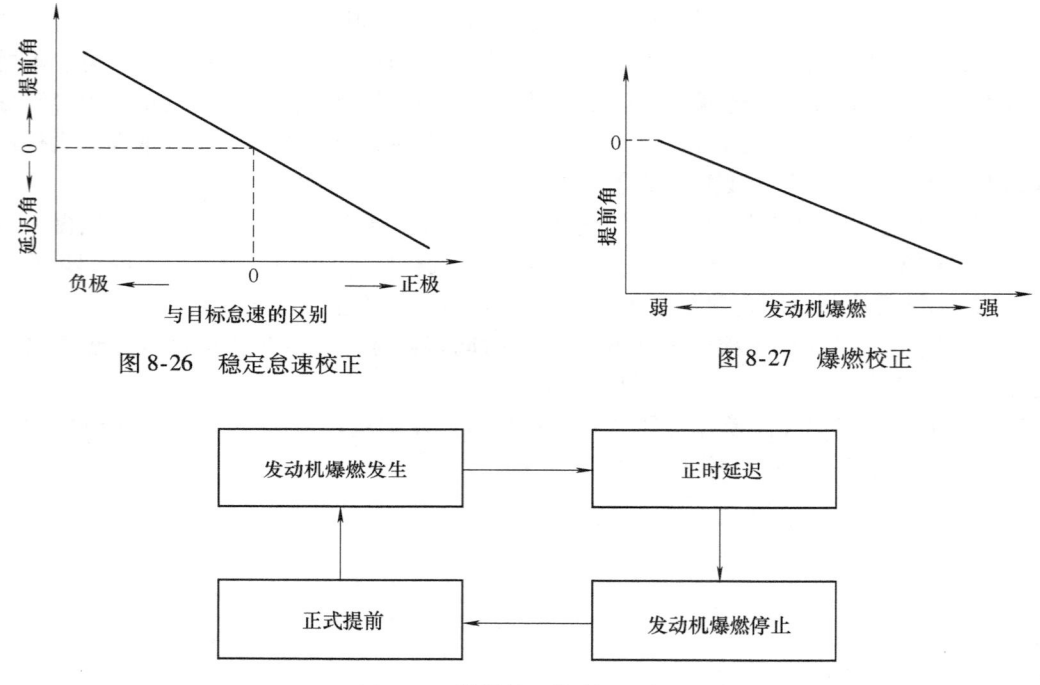

图 8-26　稳定怠速校正　　　　　图 8-27　爆燃校正

图 8-28　爆燃校正控制过程框图

通过这种爆燃校正，点火正时角度延迟最大为 10°。

某些机型在几乎整个负荷范围内都进行爆燃校正，而其他机型只在高负荷时使用这种校正方法。

5）其他校正。还有一些发动机型点火系统增加了下列几种校正，以便更准确有效地控制点火时间：

① 空燃比例反馈校正。发动机的速度随着喷油量的增加/减少而相应变动，为了保持怠速稳定，在空燃比例反馈校正中，要使点火时间提前或延后，以和进入的空气量相匹配。在车辆行驶中不执行这种校正方式。

② EGR（废气再循环）校正。当废气再循环工作时，混合气中废气含量比例增多，火焰燃烧速度减小，要增大点火提前角，以便和进入的空气质量和发动机转速相一致，提高发动机性能，最终改善其行车性能。

③ 转矩控制校正。由于车辆配备了电子控制自动变速器，为了减小换档冲击，使换档过程平顺，通过延迟点火正时，以降低发动机转矩。

④ 转换校正。当从减速转换为加速时，点火时间需要提前或者延迟，以便满足加速过程的需要。

⑤ 巡航控制校正。当以巡航控制行驶时，在下坡行驶中，巡航控制 ECU 发出一个信号给发动机 ECU，以延迟点火正时，使得在制动过程中产生的发动机转矩变化最小，以执行平稳巡航控制。

⑥ 牵引力控制校正。牵引力控制工作时，为了降低发动机转矩，延迟点火正时。

⑦ 最大和最小提前角控制。实际点火正时等于初始点火正时角、基本点火提前角和校正点火提前角之和。如果实际点火正时有误，将影响发动机的性能。发动机 ECU 控制实际点火提前角（点火正时），可以防止发生基本点火提前角和校正点火提前角之和大于或小于设定值。基本点火提前角和校正点火提前角之和的最大值为 35°~45°，最小值为 -10°~0，注意考察实际点火正时极限值还要加上初始点火正时。

8.3.3 发动机爆燃故障诊断【学生分组讨论】

提示：发动机爆燃的原因主要在于爆燃传感器本身及其控制电路，使用不当也会发生爆燃。

8.3.4 发动机爆燃故障检测【学生分组实训】

项目小结

1. 点火系统的作用就是产生的强烈电火花在最佳点火正时，去点燃空气-燃油混合气。

2. 传统点火系统主要由点火线圈、分电器、火花塞、电源、点火开关和高压线等组成。

3. 电子点火系统解决了机械触点缺陷的问题，点火性能有了很大提高。

4. 要根据车型来确定最适当的火花塞热值。安装不同类型的火花塞，会干扰火花塞的自洁温度和自燃温度。为了避免这些问题，通常更换特定类型的火花塞。

5. 白金或铱金电极的火花塞电极间隙为 1.1mm，而普通火花塞间隙一般为 0.8mm。

6. 点火正时控制包括两个阶段，起动点火控制和起动后点火控制。起动点火控制是在预定的曲轴转角进行点火，而不考虑发动机的运作情况，该曲轴转角称为"初始点火正时角"。起动后点火控制就是当发动机起动后正常运转时的有效控制。这种控制是通过对初始点火正时角和基本点火提前角进行各种校正来完成的。

7. 起动后点火正时角 = 初始点火正时角 + 基本点火提前角 + 校正点火提前角。

★ 知识与技能评价

一、选择题

1. 关于爆燃的叙述，不正确的是（　　）。
A. 避免爆燃应增大点火提前角
B. 爆燃使发动机过热、油耗增大、功率下降
C. 在离点燃中心较远处，由于压力和温度过高，可燃混合气易自燃

D. 发动机增压容易爆燃
2. 在 ECU 控制的点火器中，有一个"IGT"信号，它属于（　　）。
A. 点火控制信号　　　B. 点火反馈信号　　　C. 点火顺序信号　　　D. 爆燃信号
3. 关于火花塞，叙述正确的是（　　）。
A. 火花塞中央电极是正极，利于火花产生
B. 冷型火花塞适用于高速强化发动机
C. 火花塞工作温度过高易积炭
D. 火花塞工作温度过低易引起早燃
4. 工人甲说火花塞间隙太大会造成缺火；工人乙说火花塞间隙太小会使点火电压上升。谁正确？
（　　）
A. 甲正确　　　　　B. 乙正确　　　　　C. 两人均正确　　　D. 两人均不正确

二、问答题

1. 简述分电器式电子控制点火系统的组成和工作原理。
2. 简述独立点火系统中点火器的组成和工作原理。
3. 解释火花塞点火性能、热值，说明白金/铱金火花塞的结构特点。
4. 什么是点火提前角？它对发动机有什么影响？如何确定和校正？

三、实操题

1. 火花塞不跳火故障的检测。
2. 为发动机选择合适的火花塞并更换。
3. 用解码器读取发动机爆燃的故障码和数据流。

项目9　发动机排气污染与防治

教学目标与要求

- 掌握发动机排放污染的来源与成因
- 学会检测与分析汽车尾气成分
- 掌握三元催化转化系统的结构原理
- 掌握二次空气喷射系统的结构原理
- 掌握废气再循环系统的结构原理
- 掌握曲轴箱强制通风系统的结构原理
- 掌握汽油蒸发控制系统的结构原理

教学重点

※ 发动机排放污染的来源与成因
※ 检测与分析汽车尾气成分
※ 三元催化转化系统的结构原理

教学难点

▲ 检测与分析汽车尾气成分
▲ 三元催化转化系统的结构原理

任务 9.1　汽车尾气排放超标的故障诊断

9.1.1　汽车尾气排放超标的故障案例与场景设置

● 丰田卡罗拉汽车尾气排放超过国家标准，需要检测尾气成分并分析故障原因，并排除故障。

9.1.2　发动机排放的来源及成因

汽车排放污染物是指燃油箱中的燃油蒸发，从气缸壁和活塞之间的漏气，以及从排气管排出的废气。排放的气体对环境和人是有害的，因为它包括有害物质一氧化碳（CO）、碳氢化合物（HC）和氮氧化合物（NO_x）。装备柴油发动机的车辆还有碳烟，对环境和人体同样有影响。汽车产生的有害气体及比例如图 9-1 所示。

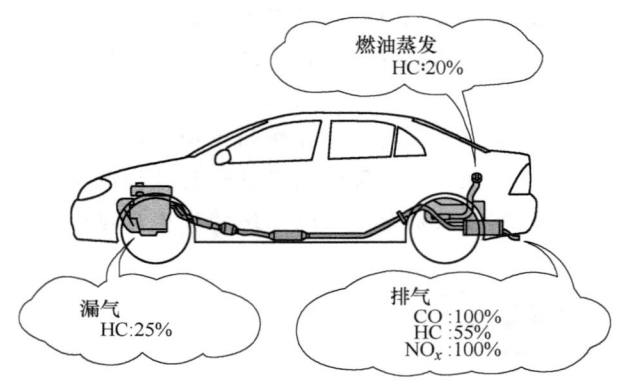

图 9-1　汽车产生的有害气体及比例

1. 一氧化碳（CO）

汽油的成分是碳氢化合物（HC），其中的碳充分燃烧后产生无害的二氧化碳（CO_2），如果混合气过浓，燃烧室中氧气不足，就会产生一氧化碳。

一氧化碳（CO）被人体吸入之后，进入血液并妨碍血液的输氧能力。人如果吸入大量一氧化碳会导致死亡。

2. 碳氢化合物（HC）

碳氢化合物（HC）的排放主要来自三个方面：一是油箱蒸发，二是曲轴箱窜气，三是燃油未完全燃烧。混合气越浓，碳氢化合物（HC）产生越多。混合气越稀，碳氢化合物（HC）产生越少。但是混合气太稀时，部分混合气如不能点燃，碳氢化合物（HC）会激增。另外，气门重叠开启时的泄漏，燃烧室温度过低时的"猝熄"，也会增加碳氢化合物（HC）的排放。

大量碳氢化合物（HC）被人体吸入后，可能会致癌。碳氢化合物（HC）与 NO_x 在阳光作用下会形成光化学烟雾，可降低大气可见度，伤害眼睛、咽喉，影响植物生长。

3. 氮氧化合物（NO_x）

氮氧化合物（NO_x）是由空气－燃油混合气中的氮气和氧气在燃烧室温度达到 1800℃（3272 ℉）以上时产生的。燃烧室温度越高，混合气越稀，其生成量越大，因为混合气中氧的比例太高。因此，氮氧化合物（NO_x）的生成是由燃烧室温度和氧的浓度决定的。

氮氧化合物（NO_x）被人体吸入后，会刺激鼻腔和咽喉。氮氧化合物（NO_x）也会导致光化学烟雾。

CO、HC、NO_x 的形成与空燃比关系如图 9-2 所示。

混合气较浓，CO、HC 增加，NO_x 减少。

混合气较稀，CO、HC 减少。混合气太稀时，因缺火造成 HC 含量增加。在混合气比理论空燃比稍稀时，燃烧温度高且氧气充足，所以 NO_x 产生量最大。混合气更稀时，因燃烧室温度降低，NO_x 产生量减少。

除了混合气浓度因素以外，在下列情况下，CO、HC、NO_x 的产生量也会增加：

1) 发动机冷态，因所供混合气较浓，CO、HC 的产生量增加。

2) 高负荷时，废气排放量因燃油和空气的增加而增加。因所供混合气较浓，CO、HC 的产生量增加。因燃烧室温度升高，NO_x 的产生量增加。

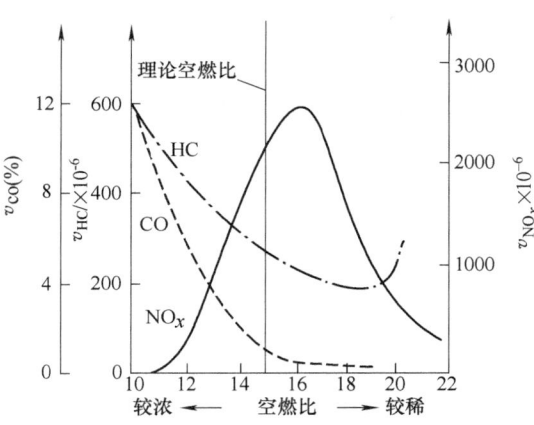

图 9-2　CO、HC、NO_x 的形成与空燃比关系

4. 汽车排放法规

目前全世界的多数国家都制定了各种法规，来防止汽车尾气排放造成的空气污染。这些标准统称为排放控制法规。其测量方法和标准值各国有所不同。下面将简单介绍几种具有代表性的测量模式。

（1）美国（LA#4 模式）　此模式模拟在美国洛杉矶（缩写为 LA）郊区的复杂驾车方式，近似于真实的驾车条件，如图 9-3 所示。

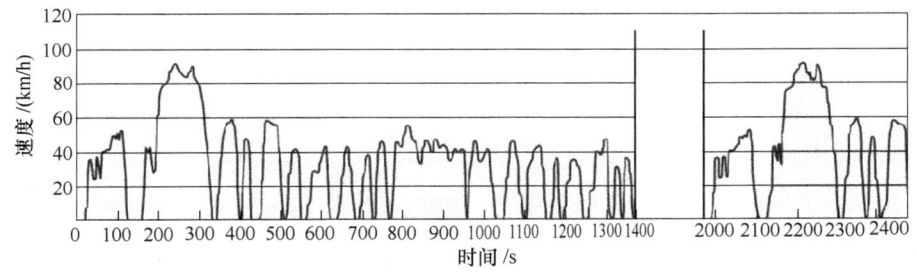

图 9-3　美国（LA#4 模式）

（2）欧盟（新 EC 模式）　此驾车模式已增补了模拟高速公路驾车模式，以及最严格的氮氢化合物标准，如图 9-4 所示。

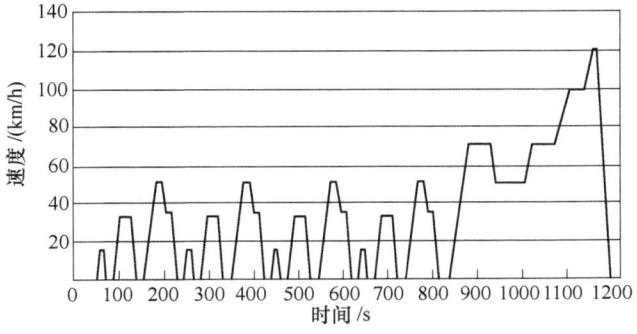

图 9-4　欧盟（新 EC 模式）

（3）日本（10.15 模式） 此模式模拟在装有交通信号灯城市中的驾车方式，如图 9-5 所示。

9.1.3 发动机排放控制装置

汽车主要的排放控制系统如图 9-6 所示。

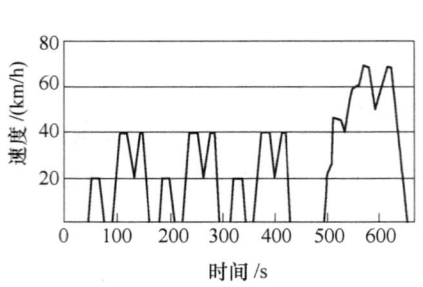

图 9-5 日本（10.15 模式）

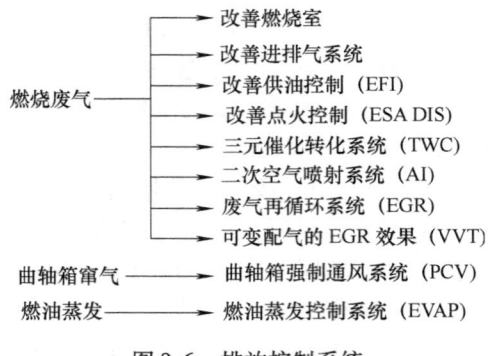

图 9-6 排放控制系统

1. 三元催化转化系统的结构原理

三元催化转化器（TWC）是把发动机排出的有害物质（CO、HC 和 NO_x），经过化学反应转化为 H_2O、CO_2 和 N_2。通常，汽车上使用铂、钯、铱、铑等作为催化剂，如图 9-7 所示。

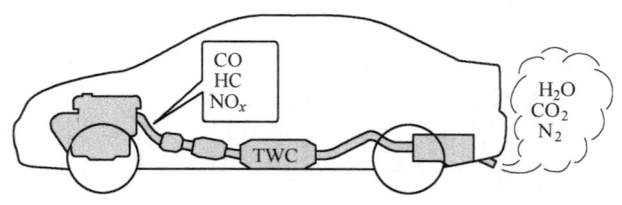

图 9-7 三元催化转化器

催化器的净化率随温度而变化。如图 9-8 所示，催化器温度达到 400℃ 以上时，净化率接近 100%，废气将得到有效净化。

混合气过浓会使催化转化器负担过重，温度升高。若高温（1000~1400℃）持续时间过长，会损坏催化转化器，导致排气不畅。

三元催化转化器对 HC 和 CO 进行氧化，将其净化为 H_2O 和 CO_2，同时对 NO_x 进行还原，将其净化为 N_2。如图 9-9 所示，催化剂涂在整体格栅式载体上，上面有许多小孔，有害物质通过小孔时被净化。

催化转化器有两种类型的载体：陶瓷型和金属型。格栅越薄，净化能力越强。

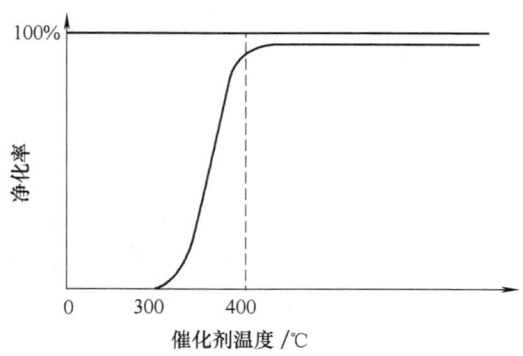

图 9-8 催化剂工作温度

项目 9　发动机排气污染与防治

混合气在理论空燃比附近时，三元催化转化器的效率最高，因此需要空燃比反馈控制系统把空燃比保持在理论空燃比附近。空燃比反馈控制系统使用插入排气管内的氧传感器监测废气中氧的含量，然后发动机控制单元通过调整燃油喷油量控制空燃比，使三元催化转化器的转化效率达到最高，如图 9-10 所示。

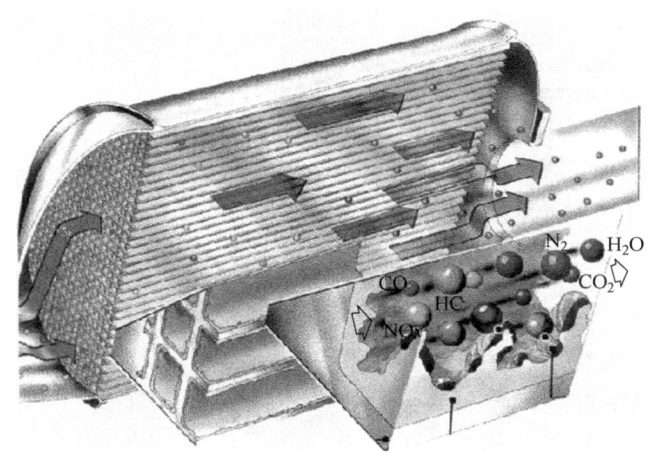

图 9-9　催化转化器内部结构

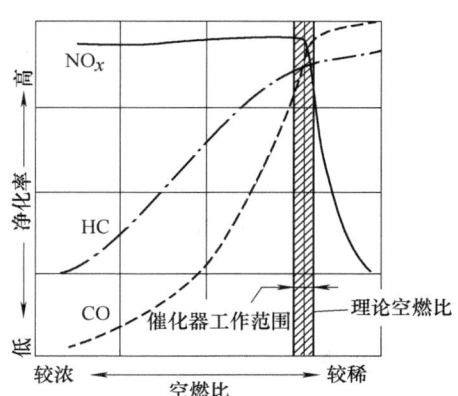

图 9-10　净化率与空燃比的关系

2. 二次空气喷射系统的结构原理

二次空气喷射（AI）控制系统或吸气（AS）控制系统是将一定量的新鲜空气引入排气管或三元催化转化器中，使废气中的有害气体与空气进一步燃烧。其作用是降低 HC 和 CO 的排放量，缩短氧传感器的加热时间，使发动机控制模块尽快进入空燃比闭环控制过程。这两种系统之间的差别在于：AI 控制系统是使用电动空气泵强制把空气压入，而 AS 控制系统是利用排气歧管怠速时间歇性真空吸力来吸入空气。

AI 控制系统由发动机 ECU 控制，只有当发动机冷机状态或车辆减速而使 HC 和 CO 废气排放增大时，该系统进行运作。这个系统在其他任何运行条件下都不使用。

当满足 AI 运行条件时，发动机 ECU 起动电动空气泵，同时控制 VSV 系统运作，以使进气歧管真空接通空气喷射阀。这样就打开了压缩空气流入排气歧管的通道。发动机 ECU 依据空气流量计传来的参数，计算流入 TWC 的喷射空气总量，如图 9-11 所示。

AS 控制系统的功能类似于 AI 控制系统，它是利用怠速时排气管间歇性真空吸入一定量新鲜空气，从而降低 HC 和 CO 废气的排放以及缩短氧传感器的加热时间，如图 9-12 所示。

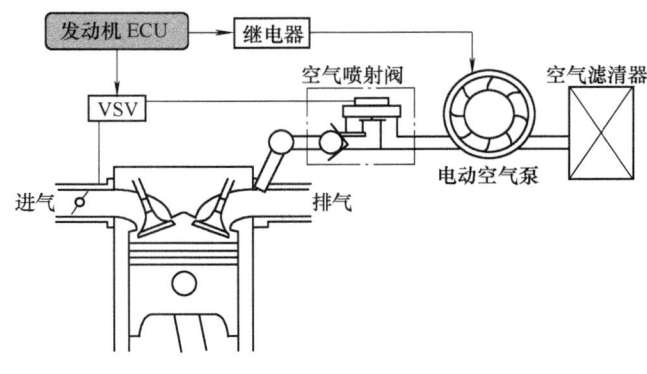

图 9-11　空气喷射控制系统

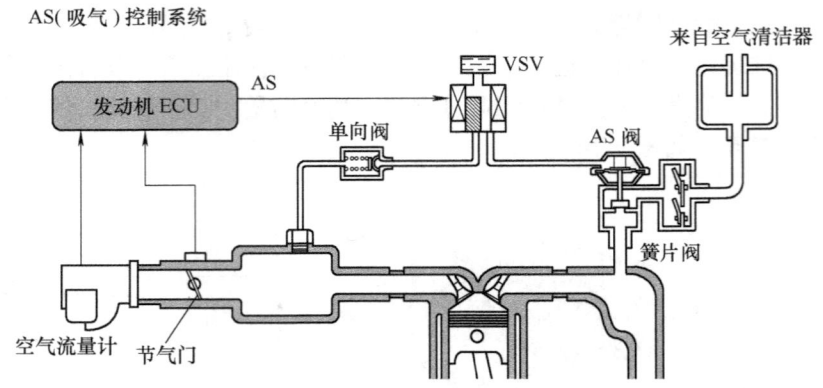

图 9-12 吸气控制系统

3. 废气再循环系统的结构原理

废气再循环（EGR）系统将部分废气引入进气系统。因为废气的大部分为惰性（不可燃）气体，将废气混入可燃混合气后，燃烧过程中火焰传播速度减慢。而且，由于惰性（不可燃）气体吸收燃烧所产生的热量，使燃烧温度得以降低，从而减少了氮氧化物的产生。其结构原理如图 9-13 所示。

过去 EGR 阀的开启采用复杂的真空控制，当前 EGR 阀大都采用带位置传感器的电磁阀，由计算机精确控制。

废气再循环量的多少用 EGR 率表示，EGR 率是再循环废气的量占整个进气量的百分比。EGR 率过高，则油耗增加，HC 排量增加，缺火率增加，使燃烧变得不稳定，发动机性能下降。EGR 率过低，则氮氧化物排放控制效果不好。

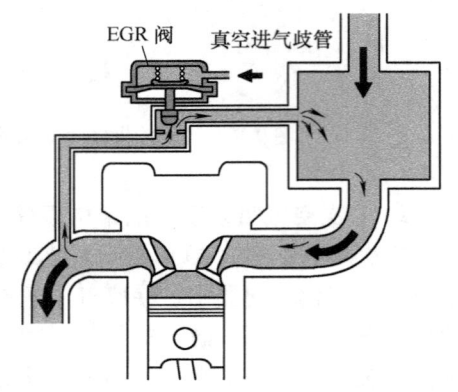

图 9-13 废气再循环结构原理

EGR 率控制范围一般在 6%~23%（指体积分数）之间变化。

发动机处于冷机或急速运行时，燃烧温度较低，同时为了急速稳定，EGR 阀关闭。发动机全负荷时需要最大的功率输出，EGR 阀也暂时关闭。

另外，一些发动机利用可变气门正时机构来实现 EGR 功能。在进气行程中，由于进气门和排气门的重叠，有部分废气被吸入。如丰田 VVT-i 系统通过控制配气正时，来主动地控制内部 EGR。VVT-i 系统较早地开启进气门，让部分废气回流至进气侧。在进气行程的同时，将回流的废气和可燃混合气吸入气缸内，就得到了 EGR 效应。当然，VVT-i 系统的基本功能是提高发动机低速经济性和高速动力性，不能因 EGR 效应而受到太大影响。

4. 曲轴箱强制通风系统的结构原理

曲轴箱强制通风（PCV）系统能将窜缸混合气导入进气系统，将其重新燃烧。窜缸混合气是从燃烧室通过活塞环泄漏到曲轴箱中的气体，大部分为未燃烧的可燃混合气。在曲轴箱（一般安装在缸盖罩上）和进气歧管之间通过管道连接，利用进气歧管的真空将窜缸混合气吸入并燃烧。为了保持曲轴箱内气压稳定,增加了一条连通曲轴箱和节气门前部进气管之间的通道,如图9-14所示。

PCV阀安装在进气歧管和曲轴箱之间的管道内,用来控制气体流量。一般来说,当发动机负荷小时,所产生的窜缸混合气的量较小,进气歧管真空度较大。而当发动机负荷较大时,所产生的窜缸混合气的量较小,进气歧管真空度却变小。所以PCV阀应该能够随着发动机负荷的增大而增大开启通道。

典型的PCV阀如图9-15所示。发动机停机时,回位弹簧使阀芯关闭。怠速时,真空吸力较大,阀芯被吸向进气歧管一侧,真空通道几乎关闭。随着发动机负荷增大,进气歧管真空度变小,阀芯逐渐向气缸盖侧移动,真空通道逐渐开大。

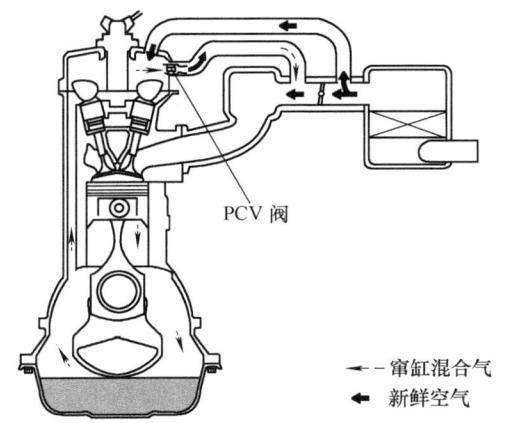

图9-14 曲轴箱强制通风系统结构原理

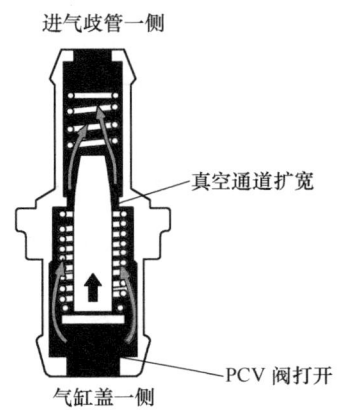

图9-15 典型的PCV阀结构

在怠速和中小负荷情况下,进气管内的新鲜空气经平衡管流向气缸盖(曲轴箱)。但是当加速或加大负荷时,曲轴箱内产生大量的窜缸混合气超过了PCV阀吸入能力,此时一部分窜缸混合气经平衡管流向进气管,防止曲轴箱内压力过高,导致油封泄漏。

9.1.4 汽车尾气排放超标的诊断【学生分组讨论】

提示:汽车尾气排放超标通过废气分析仪检测,原因与发动机技术状态、燃烧状况、燃料和环境状况有关。

9.1.5 汽车尾气排放的检测【学生分组实训,详见《汽车构造与原理实训第3版》的"任务9.1 汽车发动机尾气排放检测"】

任务9.2 汽车汽油蒸气泄漏的故障诊断

9.2.1 汽车汽油蒸气泄漏的故障案例与场景设置

● 一辆丰田卡罗拉汽车,周围不断散发出汽油蒸气,请分析故障原因,并排除故障。

9.2.2 汽油蒸发控制系统的结构原理

汽车产生的排放物中大约有20%来自燃油蒸发。燃油蒸发控制（EVAP）系统能够存储燃油系统产生的燃油蒸气（HC），阻止燃油蒸气泄漏到大气中，减少环境污染；同时将收集的燃油蒸气适时地送入进气歧管，与正常混合气混合后进入发动机燃烧，使汽油得到充分利用。

当前新车型中，大都通过发动机 ECU 直接控制炭罐电磁阀，精确的 ECU 脉宽控制可以很好地避免燃油蒸气对怠速的影响，同时与喷油脉宽修正配合实现良好的排放控制。结构原理如图 9-16 所示。

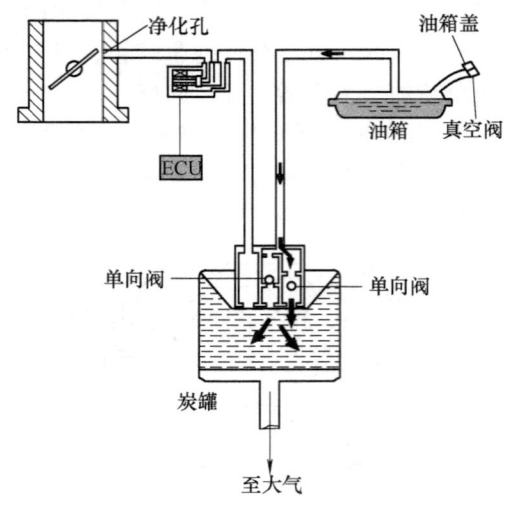

图 9-16　电磁阀控制的 EVAP 系统

9.2.3 汽车汽油蒸气泄漏的分析

提示：泄漏可能是油箱盖没有拧紧，管路、炭罐或油箱上有破损，炭罐的空气入口及过滤网阻塞，炭罐电磁阀一直处于关闭或开放状态等。

9.2.4 汽车汽油蒸气泄漏的检测【学生分组实训，详见《汽车构造与原理实训 第3版》的任务"9.1 汽车发动机尾气排放检测"】

项 目 小 结

1. 汽车排放污染物主要有 CO、HC 和 NO_x。CO 主要是由燃料不完全燃烧形成的，HC 产生的原因除燃料不完全燃烧外，燃烧室温度过低是排气中 HC 的主要来源，NO_x 是发动机燃烧温度过高时，残留的氧气与氮气发生反应的产物。

2. 汽车主要的排放控制装置有三元催化转化系统、二次空气喷射系统、废气再循环系统、曲轴箱强制通风系统、汽油蒸发控制系统等。

3. 汽车尾气排放超标通过废气分析仪检测，原因与发动机技术状态、燃烧状况、燃料和环境状况有关。

★ 知识与技能评价

一、选择题

1. 两个技师讨论 EGR 通道阻塞问题。技师甲说阻塞的 EGR 通道将导致过多的氮氧化物排放。技师乙说阻塞的 EGR 通道将导致发动机爆燃。说法正确的是（　　）。
   A. 甲正确　　　B. 乙正确　　　C. 两人均正确　　　D. 两人均不正确
2. 发动机怠速时通过 PCV 阀的进气量可以达到（　　）。
   A. 1%~3%　　　B. 10%~20%　　　C. 5%~10%　　　D. 最高 30%
3. 三元催化转化器的作用是（　　）。

A. 把废气中的 H_2O、CO 和 NO_x 转变为 HC、CO_2 和 N_2
B. 把废气中的 HC、CO 和 NO_x 转变为 H_2O、CO_2 和 N_2
C. 把废气中的 HC、CO_2 和 NO_x 转变为 H_2O、O_2 和 N_2
D. 把废气中的 HC、CO 和 NO_x 转变为 H_2O、O_2 和 N_2

4. 以下哪个不是造成发动机排气中 NO_x 含量超标的可能原因？（   ）
A. 混合气太浓　　　　　　　　B. 混合气稍稀
C. 废气再循环阀卡在关闭位置　　D. 发动机冷却液温度偏高

二、问答题

1. EGR 系统是怎样减少氮氧化物废气排放的？
2. PCV 和 AI 控制什么废气排放？
3. 三元催化转化器是怎样减少氮氧化物的排放的？

三、实操题

1. 正确使用废气分析仪检测汽车尾气。
2. 检测 PCV 阀的好坏。

项目10 发动机冷却系统

教学目标与要求

- 掌握冷却系统的作用与分类
- 掌握冷却液的分类与选用
- 掌握冷却系统的基本组成、结构与工作原理
- 学会冷却系统主要部件的拆装与检测
- 掌握冷却液工作循环

教学重点

※ 冷却系统的作用与分类
※ 冷却液的分类与选用
※ 冷却系统的基本组成、结构与工作原理
※ 冷却系统主要部件的拆装与检测

教学难点

▲ 硅油离合器的结构与工作原理

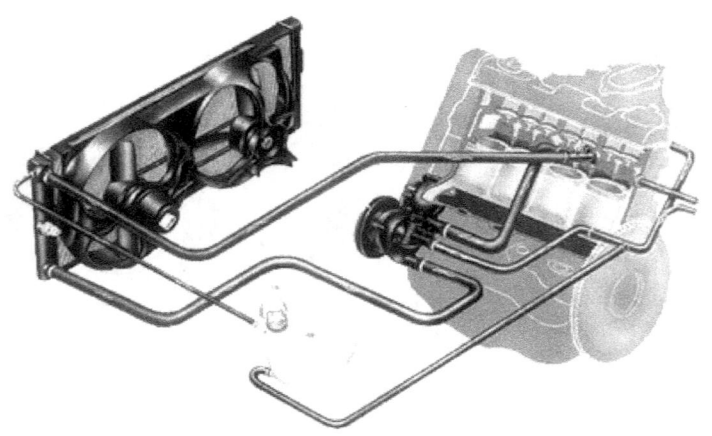

任务10.1　发动机冷却液温度过高的故障诊断

10.1.1　发动机冷却液温度过高的故障案例与场景设置

● 一辆桑塔纳2000型轿车，散热器加水口冒出大量水蒸气，冷却液温度表指针指示值为98℃，并有行车无力的感觉。

10.1.2　发动机冷却系统拆装实训【学生分组实训，详见《汽车构造与原理实训第3版》的"任务10.1　发动机冷却系统拆装与检查"】

10.1.3　发动机冷却系统的结构与工作原理

1. 冷却系统的作用及类型

（1）冷却系统的作用　发动机冷却系统的作用是保证发动机在适宜的温度范围内（一般为80~90℃）工作。

发动机工作时，气缸内的气体温度高达2500℃，若不及时冷却，会使零部件温度过高，受热膨胀过大，影响正常的配合间隙，导致活塞"咬缸"、轴瓦"抱轴"等严重事故；还会使汽油机产生爆燃；零部件的机械强度下降；机油变质，润滑不良，零件磨损加剧等。最终导致发动机动力性、经济性、可靠性、耐久性及排放性能的全面下降。

发动机工作温度过低，又会造成着火燃烧条件变差，起动困难；发动机工作粗暴；散热损失及摩擦损失增加；零件磨损加剧；CO及HC排放增加，排放恶化等，导致发动机功率下降及燃油消耗率增加。

（2）冷却系统的类型　汽车发动机常见的冷却方式有两种，即水冷却和风冷却。以空气为冷却介质的冷却系统称为风冷系统；以冷却液为冷却介质的冷却系统称为水冷系统。汽车发动机大都采用水冷系统。

图10-1所示为桑塔纳轿车发动机水冷系统组成。水泵安装在发动机左下侧，水泵与风扇不同轴，采用双速电动风扇。电动风扇由热敏开关控制，热敏开关安装在气缸体一侧的水套出水口处。当冷却液温度高于75℃时，热敏开关将风扇电动机低速档接通，风扇以约1600r/min的转速运转；当冷却液温度高于105℃时，热敏开关接通风扇电动机高速档，风扇以2400r/min的转速运转；当冷却液温度下降到93~98℃时，高速档停止工作；当冷却液温度下降到84~93℃时，低速档停止工作。

节温器安装在水泵进水口处，当冷却液温度高于85℃时，节温器使冷却液进行大循环；当冷却液温度低于85℃时，节温器使冷却液进行小循环（见图10-2）。

在不同发动机上，水冷系统的布置形式不完全相同。如在一些轿车发动机上，利用冷却液控制怠速空气阀、EGR阀；在发动机横置的汽车上，散热器安装在发动机一侧，风扇不与水泵同轴，而采用电动风扇；在一些载货汽车上，驾驶室内利用冷却液冬季取暖等。这些发动机只是水冷系统的管路较复杂，基本组成与原理相同。

对于装有自动变速器的汽车，还有一部分冷却液要流经ATF散热器。

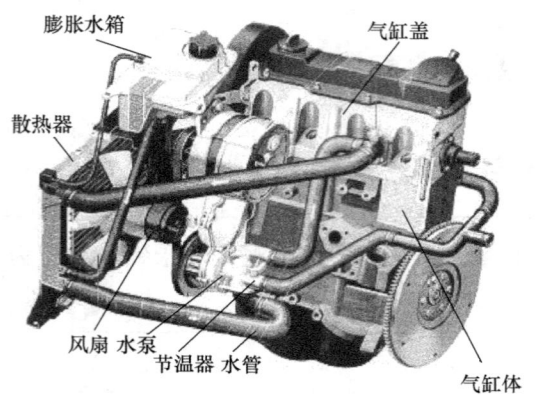

图10-1 桑塔纳轿车发动机水冷系统组成

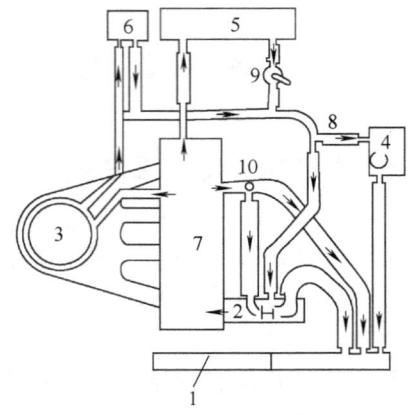

图10-2 桑塔纳轿车发动机冷却水循环线路
1—散热器 2—水泵和节温器 3—自动阻风门
4—膨胀水箱 5—暖气用热交换器
6—ATF油散热器（仅自动变速器车）
7—发动机水套 8—水管
9—暖气控制阀 10—热敏开关

2. 冷却液

冷却液是发动机冷却系统最重要的工作介质，汽车常用的冷却液有水及加有防冻剂的防冻液。

（1）水冷却液 指直接用水作冷却液，它具有简单方便的优点。但水沸点低，易蒸发，需经常添加。而且不宜添加河水、井水等含矿物质的水，以免产生水垢，影响冷却系统散热不良。要求添加雨水、雪水或离子交换水，给冷却液添加造成困难。更应值得注意的是水在严寒冬季易结冰，需放水过夜，否则会结冰使体积膨胀，造成胀裂机体、气缸盖的严重事故。

（2）防冻液 现代轿车普遍采用防冻液，以提高冷却液的防冻和防沸的能力。例如桑塔纳系列轿车采用以乙二醇为基料的冷却液（乙二醇的质量占45.6%，水的质量占54.4%），使其冰点在-25℃以下，沸点在106℃以上。不同的冷却液有不同的冰点和沸点，可以根据发动机使用条件进行选用。有的冷却液还添加有防锈剂、泡沫抑制剂等，有利于减轻冷却系统锈蚀和冷却液泡沫的产生，提高冷却效果。

专用冷却液一般呈深绿色或深红色，有一定的毒性，使用时应注意。发现冷却液泄漏时应及时检查添加。

（3）纳米冷却液和无水冷却液 以水为主要成分的防冻液的主要缺点是易氧化沉淀起水垢、工作状态压力大、有毒、不环保等。而目前有一类前沿科技的冷却介质：纳米冷却液和无水冷却液。其中应用比较广泛的是美国爱温无水冷却液，该冷却液在20世纪80年代由美国军方牵头，杜邦负责研制成功，产品具备高沸点、低冷凝点、无氧化积垢腐蚀、超强热传导性、免更换和添加等显著特点；加注后能够快速预热发动机并始终保持内部恒温、提升发动机动力、有效降低油耗和尾气排放等效果，为冷却介质的发展方向树立了一个全新的标杆，为冷却系统的维护提供了可靠的保障基础。

3. 冷却系统主要部件的结构与工作原理

（1）散热器

1)散热器的功用。其功用是加速冷却液的冷却。冷却液经过散热器后,其温度可降低10~15℃。为了将散热器传出的热量尽快带走,散热器一般用铜和铝制成,在散热器后面装有风扇,与散热器配合工作。

2)散热器的构造。散热器由上水室、散热器芯和下水室等组成(见图10-3)。

散热器上水室顶部有加水口,冷却液由此注入整个冷却系统并用散热器盖盖住。在上水室和下水室分别装有进水管和出水管,进水管和出水管分别用橡胶软管与气缸盖的出水管和水泵的进水管相连。在散热器下面一般装有减振垫,防止散热器受振动损坏。在散热器出水管上还有放水开关,必要时可将散热器内的冷却液放掉。

散热器芯由许多冷却管和散热片组成,设置散热片是为了增加散热器芯的散热面积。散热器芯的构造形式有多种,常用的有管片式、管带式和板式三种(见图10-4)。

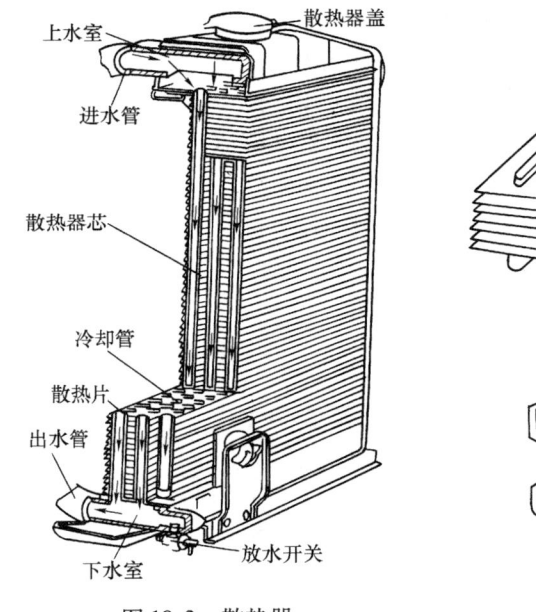

图10-3 散热器

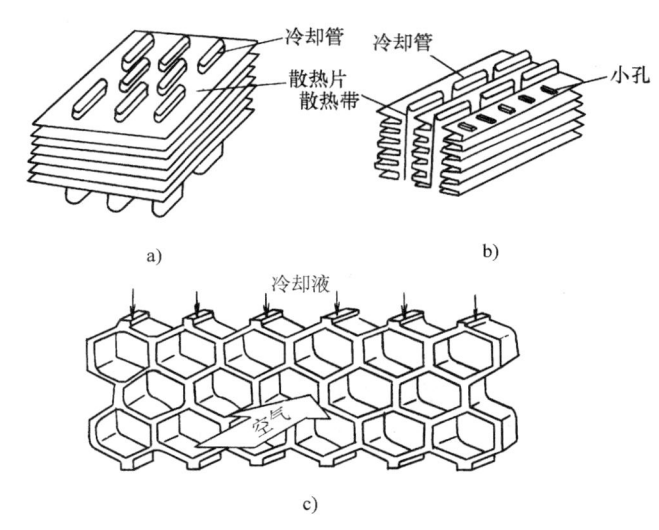

图10-4 散热器芯的结构
a) 管片式 b) 管带式 c) 板式

管片式散热器芯(见图10-4a)冷却管的断面大多为扁圆形,它连通上、下水室,是冷却液的通道。与圆形断面的冷却管相比,扁形管不但散热面积大,而且万一管内的冷却液结冰膨胀,扁形管可以借其横断面变形而避免破裂。采用散热片不但可以增加散热面积,还可增大散热器的刚度和强度。这种散热器芯强度和刚度都较好,耐高压,但制造工艺较复杂,成本高。

管带式散热器芯(见图10-4b)采用冷却管和散热带沿纵向间隔排列的方式,散热带上的小孔是为了破坏空气流在散热带上形成的附面层,使散热能力提高。这种散热器芯散热能力强,制造工艺简单,成本低,但其刚度不如管片式,一般多被轿车发动机采用。

板式散热器芯(见图10-4c)的冷却液通道由成对的金属薄板焊合而成。这种散热器芯散热效果好,制造简单,但焊缝多不坚固,容易沉积水垢且不易维修。

现代汽车发动机多采用闭式水冷系统,其散热器多采用压力式散热器盖(见图10-5)。

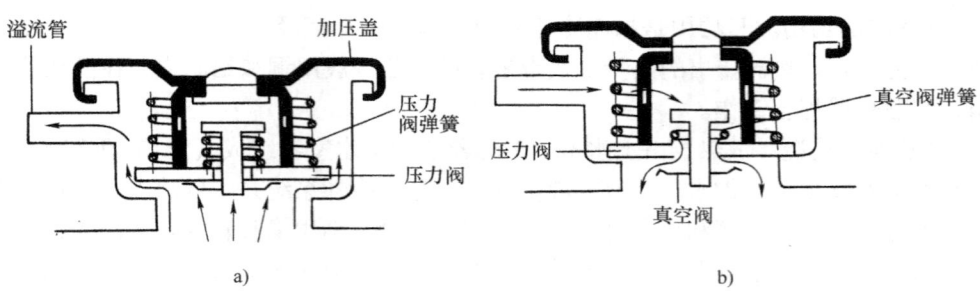

图 10-5 压力式散热器盖
a) 压力阀打开状态 b) 真空阀打开状态

压力式散热器盖包括一个压力阀和一个真空阀,均为单向阀。发动机正常状态时阀门均关闭,使冷却系统与大气隔开。当冷却系统内温度升高,蒸气压力升高到一定值时,压力阀弹簧受压缩,打开阀门,过高的压力由溢流管释放掉,冷却系统内的压力下降,以防止散热器胀裂;当压力下降到一定值时,压力阀在弹簧作用下又重新关闭。这样就使冷却系统内压力稍高于大气压力,从而可提高冷却液沸点。各种汽车发动机散热器盖阀门开启压力略有差别,一般超过大气压 26% ~ 37%。

当散热器内的压力继续降低,超过某一值时,真空阀开启,使外部空气进入散热器,以防止散热器内产生真空;当散热器内的压力升高到一定值后,真空阀在其弹簧的作用下重新关闭。

目前大多数汽车发动机采用防锈防冻液,为了防止防冻液损失,在冷却系统设置了补偿水桶,也称副水箱(见图 10-6),补偿水桶用软管与散热器的出水管相连,当防冻液在水箱内受热膨胀时,多余的防冻液便进入膨胀水箱,而当温度降低,水箱内形成了一定的真空度时,补偿水桶内的防冻液便进入水箱。当冷却液温度低于 50℃ 时,液面高度不得低于水箱上的 "DI" 刻线,否则应补充冷却液(可以从补偿水桶加液口加入),但高度不得高于水箱上的 "GAO" 刻线。

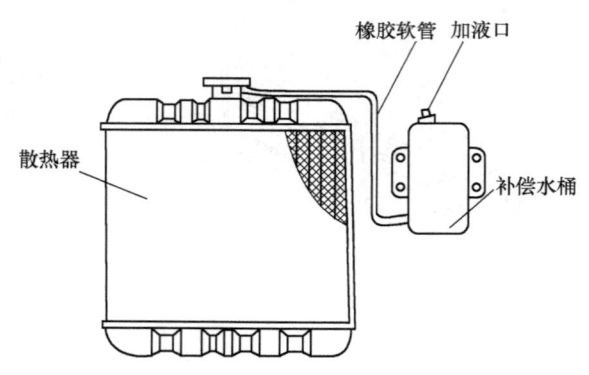

图 10-6 补偿水桶装置示意图

有些货车和大客车发动机在散热器前面装有百叶窗,其作用是通过改变吹过散热器的空气量来调节发动机的冷却强度,以保证发动机经常在适当的温度范围内工作。在发动机冷起动或暖车期间,冷却液的温度较低,这时可将百叶窗部分或完全关闭,以减少吹过散热器的空气流量,使冷却液的温度迅速升高。

百叶窗可由驾驶人通过驾驶室内的手柄来操纵其开闭,也可用感温器自动控制。如图 10-7 所示,百叶窗装在散热器的前面,当冷却液的温度低时,驾驶人可通过装在驾驶室内的操纵手柄将百叶窗部分或全部关闭,以减少通过散热器的空气流量,使冷却液温度回升。蜡式节温器可以自动控制百叶窗的开度,随着冷却液温度升高,蜡式节温器中的石蜡膨胀，控制杆上升，通过传动机构，带动百叶窗开大角度，冷却强度加大。

（2）冷却风扇　冷却风扇安装在水泵轴上，并由驱动水泵和发电机的同一根传动带传动。

1）冷却风扇的功用。当风扇旋转时吸进空气，使其通过散热器，以增强散热器的散热能力，加速冷却液的冷却，达到散热的目的。

2）冷却风扇的构造。汽车发动机水冷系统多采用低压头、大风量、高效率的轴流式风扇，即风扇旋转时，空气沿着风扇旋转轴的轴线方向流动。在风扇外围设有导风罩（见图10-8），使风扇吸进的空气全部通过散热器，以提高风扇效率。

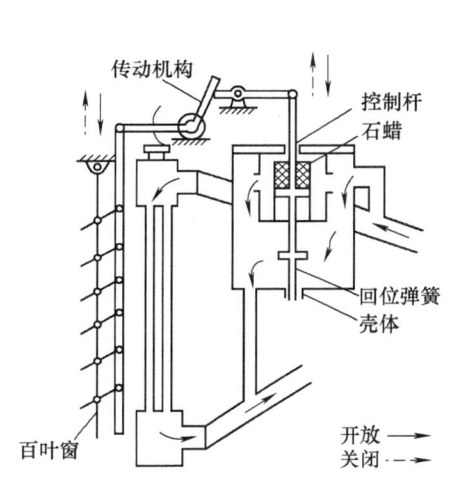

图10-7　百叶窗自动调节装置示意图

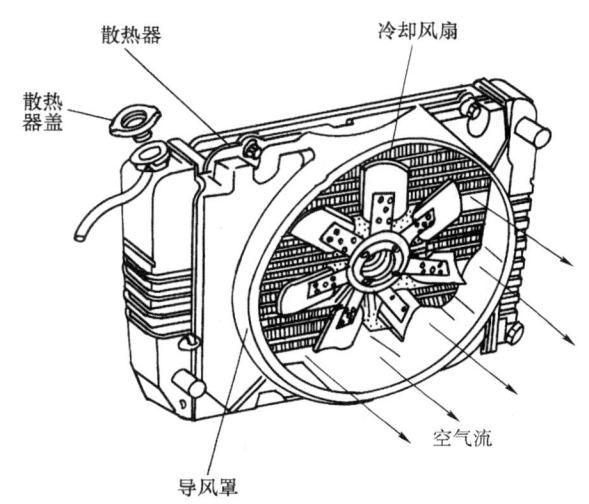

图10-8　冷却风扇与导风罩

风扇和发电机一般同时由曲轴带轮通过V带驱动（见图10-9），汽车风扇传动带张紧装置、发动机的支架做成可移动式，以调解传动带的张紧度。传动带过松，将引起传动带相对于带轮打滑，使风扇的扇风量减少，导致发动机过热和发电机发电量下降；传动带过紧，将增加发电机轴承的磨损，因此要求传动带必须保持合适的松紧度，一般用大拇指以30~50N的力，按下传动带产生10~15mm的挠度为宜。

风扇的转速与发动机在各种工况下的运行有很大关系。当发动机转速较慢时，不易得到足够快的风扇转速；而当发动机转速较高，即汽车高速行驶时，或者在天气寒冷时，则不希望风扇的转速过高，以免增加发动机的功率损失和风扇噪声。所以在现代轿车中，常常采用各种措施来控制风扇的转速。这些措施包括采用硅油离合器、电动风扇和液力驱动风扇等。

① 硅油离合器。在风扇和风扇带轮之间布置一个硅油离合器（见图10-10），利用流经散热器的空气温度来控制风扇转速的变化。

硅油离合器主动轴9和水泵轴之间用螺栓连接成一体，主动板2铆接在主动轴9的前端，从动板1用螺钉固定在前盖6和壳体11之间，三者连为一体，靠轴承10支承在主动轴9上，风扇7用螺钉装在壳体11上。从动板1与壳体11之间的空腔为工作腔。主动板在空腔内与腔壁有一定的间隙。密封毛毡圈12装在壳体11的环形槽中，防止油液漏出。从动板

1与前盖6之间的空间为储油腔,内装有硅油(油面低于轴中心,加入硅油总量约为17cm³)。从动板上有一进油孔B,平时由阀片3盖住,呈关闭状态。将阀片3转过一定角度,进油孔B打开。阀片3的转动靠装在离合器前端的盘形螺旋状的双金属感温器5控制。感温器5的外端头固定在前盖6上,内端头卡在阀片轴4前端的槽内,从动板的外缘有一回油孔A。

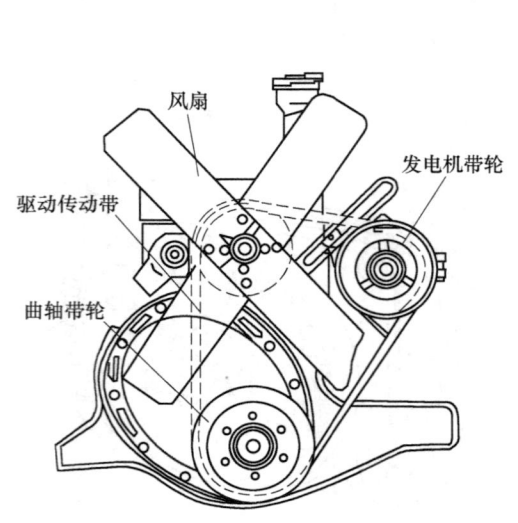

图10-9 汽车风扇传动带张紧装置

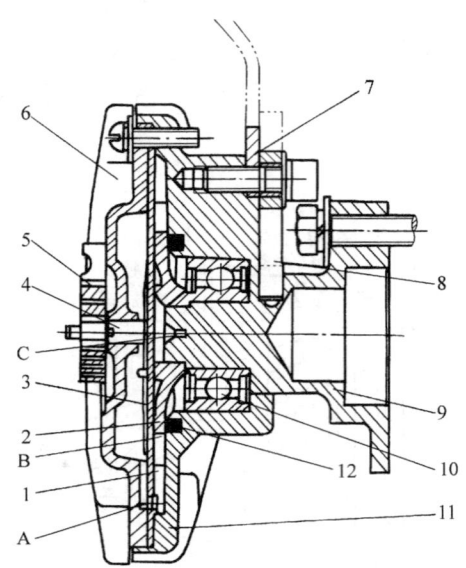

图10-10 硅油液力离合器
1—从动板 2—主动板 3—阀片 4—阀片轴
5—双金属感温器 6—前盖 7—风扇
8—锁止板 9—主动轴 10—轴承 11—壳体
12—密封毛毡圈 A—回油孔 B—进油孔 C—漏油孔

这种风扇离合器是以硅油为传递转矩的介质,以双金属感温器为控制元件,以流经散热器的空气为热源,控制双金属感温器热胀冷缩转动阀片进行离、合工作的。

当发动机在小负荷下工作时,冷却液和通过散热器的气流温度不高,进油孔B被阀片3关闭,硅油不能从储油腔进入工作腔,工作腔内无油,离合器处于分离状态。这时主动轴9及主动板2与水泵轴一起转动,而风扇则随离合器壳体在主动轴上空转打滑。此时风扇转动,仅仅是由密封毛毡圈12和轴承10的微弱摩擦引起的,转速很低。

当发动机的温度升高后,散热器中冷却液的温度及通过散热器的气流温度也随之升高,双金属感温器5受热膨胀变形,带动阀片轴4和阀片3转过一定的角度,当吹过感温器的气流温度超过65℃时,阀片转到使进油孔B处于打开位置,硅油便从储油腔进入工作腔,由于主动板和从动板、壳体之间的缝隙中进入了粘度较大的硅油,主动板利用硅油的黏度带动壳体及风扇转动。此时离合器处于接合状态,风扇的转速随之升高。由于主动板驱动壳体和风扇是以硅油为介质的,并非刚性传动,所以风扇的转速总是低于主动板的转速,因摩擦而有功率损失。为避免工作中硅油的温度升高,该风扇离合器的硅油在储油腔与工作腔不断循环,同时,在前盖和壳体上铸有散热片,以加强硅油的冷却。油液的循环过程是:主动板旋转将硅油甩向外缘,且外缘的压力比储油腔的压力高,所以,硅油便从工作腔经回油孔A

流向储油腔,而储油腔的油又经进油孔口及时向工作腔补充。

当发动机负荷下降,吹向感温器的气流温度低于308K(35℃)时,阀片将进油孔关闭,工作腔内的硅油继续从回油孔甩入储油腔,直至甩空为止,使风扇离合器又恢复到原先的分离状态。为加速回油,缩短风扇离合器的分离时间,在进油孔 B 的边缘逆着旋转方向加工出一个刮油突起。

为了防止温度过低时,双金属感温器冷缩过甚将阀片3反向转动而打开进油孔B,在从动盘上加工出一个止推凸台,作为阀片3的反向定位,阻止阀片逆转过量。在从动盘中心处还开有一个直径大于阀片轴孔的漏油孔 C,以防停车后,风扇离合器处于静止状态时,从阀片轴周围向外泄漏硅油。

当硅油风扇离合器失灵时,可旋松固定风扇的内六角圆柱头螺钉,将其下的锁止板8从假想线所示位置向下移至实线所示位置,使锁止板端部的指销插入主动轴9的孔中,再拧紧内六角圆柱头螺钉,使风扇离合器的壳体、风扇和主动轴连成一个整体,以保证风扇在离合器失效时仍能正常工作。

② 电动风扇(见图10-11)。电动风扇是指用电动机驱动的风扇,它不使用发动机做直接动力源,而是使用蓄电池的电能,所以其转速与发动机转速无关。电动风扇只在冷却液温度超过一定值时才开始工作,所以电动风扇无动力损失,构造简单,总体布置方便,为大多数现代轿车所使用。

电动机一般有高速和低速两个档位,其工作状态通过温度传感器(开关)由冷

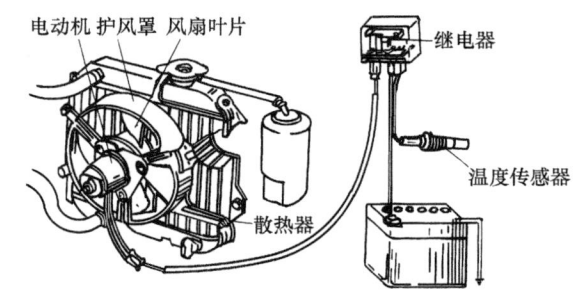

图10-11 电动风扇

却液温度控制。当散热器出口冷却液温度为92~97℃时,温控开关接通电动机Ⅰ档(低速档),风扇开始运转,保证有足够的空气流经散热器;当冷却液温度在99~105℃时,温控开关接通电动机Ⅱ档(高速档),风扇以更高的转速运转,以提高冷却强度,防止发动机过热;当冷却液温度下降到91~98℃时,风扇电动机恢复Ⅰ档(低速档)运转;当冷却液温度下降到84~91℃时,风扇电动机停止工作。

③ 液力驱动风扇。液力驱动风扇一般由冷却液温度传感器、电控单元、比例阀、油泵、油箱、冷油器、油马达等组成。系统由冷却液温度传感器将冷却液温度信号传给ECU,ECU处理冷却液温度信号后,发出控制信号,通过比例阀调节液压系统油压,从而实现马达及风扇转速的无级调节。丰田雷克萨斯(Lexus)ES300轿车和亚洲龙(Ava-lon)轿车所采用的1Mz-FE型发动机,以及丰田佳美(Camry)轿车采用的3Vz-FE发动机,都应用了电液比例技术控制发动机冷却风扇系统。

(3)冷却水泵

1)冷却水泵的功用与基本工作原理。冷却水泵的功用是对冷却液加压,使冷却液在冷却系统内循环流动。

水泵叶轮(见图10-12)固定在水泵轴上,水泵壳体安装在发动机缸体上。发动机工作时,冷却系统内充满冷却液,曲轴通过传动带驱动水泵轴并带动叶轮转动,从而使水泵腔内的冷却液也一起转动,在离心力作用下,冷却液被甩向叶轮边缘,以切线方向从出水管泵

出。同时，叶轮中心部位形成一定的真空，将散热器内的冷却液经进水管吸入泵腔，使整个冷却系统内的冷却液循环流动。

2) 冷却水泵的构造。汽车发动机常用离心式水泵的结构如图10-13所示。

水泵轴12的一端用两个轴承11支承在水泵壳体1内，其伸出壳体以外的部分用半圆键13与安装风扇带轮的凸缘盘14连接。水泵轴的另一端安装水泵叶轮2，并用螺栓5紧固。在叶轮2与轴承11之间装有水封，用来防止水泵内的冷却液沿水泵轴渗漏。水封中的弹簧7通过水封环18将水封皮碗6的一端压在水封座圈10上，而将皮碗6的另一端压在夹布胶木密封垫圈3上。夹布胶木密封垫圈在弹簧的压力下与

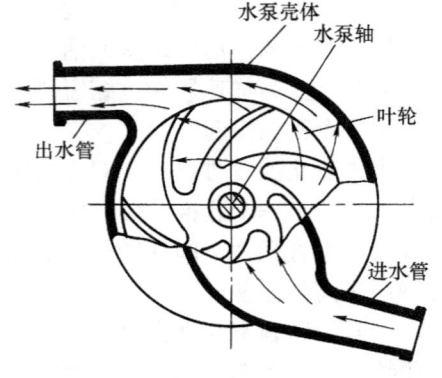

图10-12 离心式水泵的基本工作原理

水泵叶轮毂的端面贴合。密封垫圈上有两个凸耳卡在水泵上的槽孔内。因此，在水泵工作时，水封不随水泵轴旋转。水泵壳体上有泄水孔C，位于水封之前。一旦有冷却液漏过水封，可从泄水孔泄出，以防止冷却液进入轴承而破坏轴承的润滑。

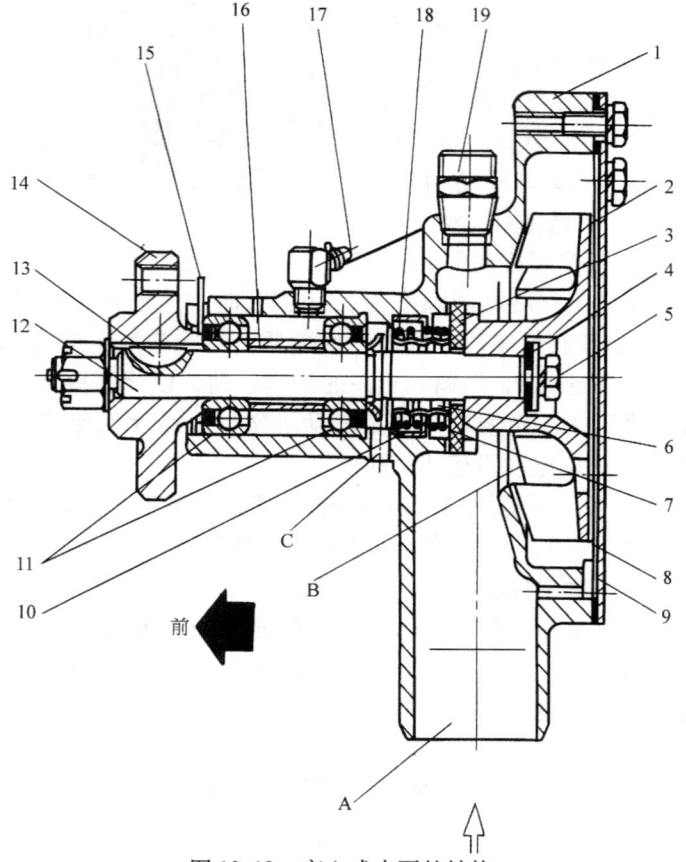

图10-13 离心式水泵的结构

1—水泵壳体 2—叶轮 3—密封垫圈 4、8—衬垫 5—螺栓 6—水封皮碗 7—弹簧
9—水泵盖 10—水封环 11—轴承 12—水泵轴 13—半圆键 14—凸缘盘 15—轴承卡环
16—隔离套 17—润滑脂嘴 18—水封环 19—管接头 A—进水口 B—水泵内腔 C—泄水孔

离心式水泵具有结构简单、体积小、出水量大、工作可靠等优点,因而在汽车上得到了广泛的应用。

(4) 节温器

1) 节温器的功用。它是控制冷却液流动路径的阀门,能根据发动机冷却液温度的高低,打开或关闭冷却液通向散热器的通道,使冷却液在散热器和水套之间进行大循环或小循环,调节冷却强度,保证发动机在最适宜的温度下工作。

2) 节温器的结构。汽车发动机装的节温器基本是蜡式节温器(见图10-14),推杆的一端固定在支架上,另一端插入胶管的中心孔内。石蜡装在胶管与节温器壳体之间的腔体内。

3) 节温器的工作原理。如图10-15所示,温度较低时,石蜡呈固态,主阀门被弹簧推向上方与阀座压紧,处于关闭状态(见图10-15a),此时,副阀门开启,冷却液进行小循环,来自发动机水套的冷却液经副阀门、小循环水管直接进入水泵,被泵回到发动机水套内。

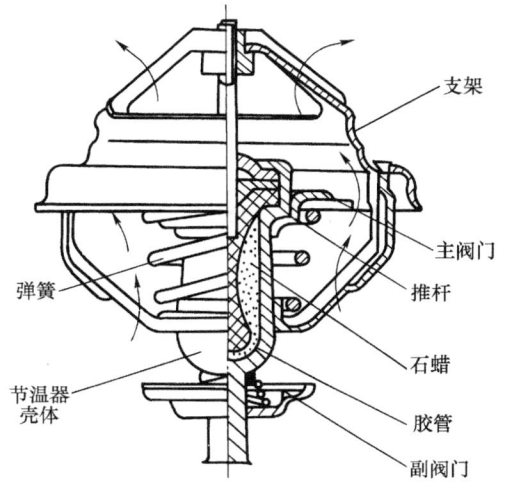

图 10-14 蜡式节温器的构造

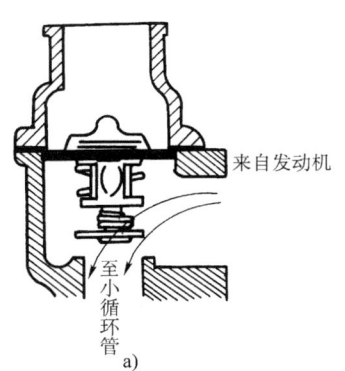 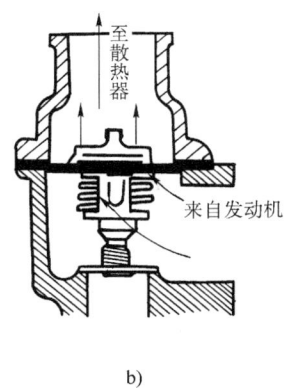

图 10-15 蜡式节温器的工作原理
a) 小循环 b) 大循环

温度升高时,石蜡逐渐熔化成液态,体积膨胀,迫使胶管收缩,对推杆端部产生向上的推力,由于推杆固定在支架上,推杆对胶管、节温器壳体产生向下的反推力。当冷却液温度升高到一定值时,反推力克服弹簧的弹力使胶管、节温器壳体向下运动,主阀门开始开启,同时副阀门开始关闭。当冷却液温度进一步升高到一定值时,主阀门完全开启,而副阀门也正好关闭小循环水路(见图10-15b),此时来自发动机水套的冷却液全部经过散热器进行大循环。冷却液温度在主阀门开始开启温度与完全开启温度之间时,主阀门和副阀门均部分开启,在整个冷却系统内,一部分冷却液进行大循环,另一部分冷却液进行小循环。

主阀门从开始开启到开到最大时的温度随不同的车型有所不同，如桑塔纳 JV 型发动机节温器，主阀门开始开启温度应为 85℃，完全开启时的温度应为 105℃。一般载货汽车发动机节温器的开启温度较低，如 CA6102 发动机节温器，主阀门开始开启温度应为 76℃，完全开启时的温度应为 86℃。

4）电控节温器。传统的节温器控制冷却液大小循环的路线，节流损失大，工作不可靠，工作效率低，不能根据发动机的散热要求准确地调节冷却系统的散热能力，而电控节温器利用电加热引起双金属片变形，由双金属片变形带动节温阀旋转运动，来改变大小循环，可用于对发动机冷却能力的智能控制。

(5) 冷却液温度传感器

1）冷却液温度传感器的功用。它被用来感测发动机冷却液温度的变化。

在传统汽车中，冷却液温度传感器与装在仪表板上的冷却液温度指示表组成冷却液温度显示系统，以提醒驾驶人注意发动机的温度变化。在现代汽车中，冷却液温度传感器一方面作为一个感应信号传入控制计算机，以便对发动机的喷油、点火等进行最佳控制，另一方面显示冷却液温度及用来控制电动风扇的运转等。

2）冷却液传感器的结构及原理。热敏电阻式冷却液温度传感器采用热敏电阻制成（见图 10-16），工作温度范围为 -20 ~ +130℃。一般安装在发动机缸体、缸盖的水套或节温器壳内并伸入水套中，与冷却液直接接触，用来检测发动机的冷却液温度，并向发动机 ECU 传送信息。

图 10-17 所示为热敏电阻式冷却液温度传感器与电磁式冷却液温度指示表联用的冷却液温度显示系统。

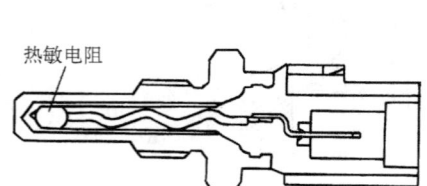

图 10-16　热敏电阻式冷却液温度传感器

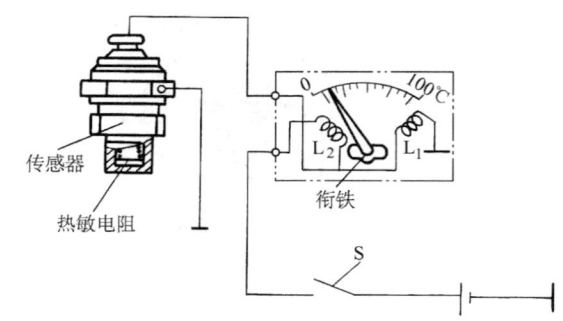

图 10-17　电磁式冷却液温度显示系统

电磁式冷却液温度指示表（双点画线框内部分）中装有两个垂直安装的线圈 L_1 和 L_2，L_1 和传感器并联，L_2 和它们串联。线圈 L_1 和 L_2 的中间装有带有指针的衔铁。

点火开关接通后，电流流过冷却液温度指示表和传感器。当冷却液温度较低时，传感器内热敏电阻的阻值较大，流经线圈 L_1 和 L_2 的电流相差不多，但 L_1 匝数多，产生的磁场强，使衔铁带动指针向左偏转，指针指向低温刻度。当冷却液温度升高时，热敏电阻的阻值减小，线圈 L_2 中的电流明显增大，电磁力也增大，使衔铁带动指针向右偏转，冷却液温度表的指针指向高温刻度。

10.1.4 发动机冷却液温度过高的故障分析【学生分组讨论】

发动机冷却系统的常见故障及原因参考表10-1。

表10-1 冷却系统常见故障与原因

故障现象	故障原因	排除方法
冷却液渗漏	散热器盖及密封垫损坏	更换或修复
	冷却液管、软管接头、散热器芯和水泵等部位有损坏	更换或紧固、修复
	水套与机体有裂纹等	更换或修复
冷却液温度过高	冷却液不足	添加
	散热器风扇或热敏开关故障	更换或修复
	节温器失效、卡死或堵塞	更换或修复
	水泵堵塞或损坏	更换或修复
	冷却系统水垢过多	清洗水道
冷却液温度过低	节温器主阀门常开	更换
	冬季保温措施不良，百叶窗关闭不严	检查排除
	冷却液温度表或冷却液温度感应塞故障	更换或修复
	硅油风扇耦合器失效	更换或修复
	风扇控制电路有故障	检查、排除

10.1.5 发动机冷却液温度过高的检测实训【学生分组实训，详见《汽车构造与原理实训》的项目10.1 发动机冷却系统拆装与检查】

任务10.2　发动机冷却液温度过低的故障诊断

10.2.1 发动机冷却液温度过低的故障案例与场景设置

● 故障案例：一辆桑塔纳2000型轿车，行驶中冷却液温度一直低于60℃，请分析排除故障。

10.2.2 发动机冷却液温度过低的故障分析

发动机冷却液温度过低的主要原因见表10-1。

10.2.3 发动机冷却液温度过低的检测实训【学生分组实训，详见《汽车构造与原理实训》的任务10.1 发动机冷却系统拆装与检查】

项 目 小 结

1. 发动机冷却系统用于保持发动机处在合适的温度下工作。冷却方式有水冷式和风冷式两种。

2. 发动机水冷系统主要由散热器、风扇、水泵、节温器和冷却水道组成。

3. 冷却系统的工作原理是：

1）当发动机工作温度较低时，节温器主阀门关闭、副阀门打开，冷却液经节温器返回发动机机体水套，进行小循环。

2）当发动机工作温度高于一定值时，节温器主阀门开启、副阀门关闭，冷却液经节温器及散热器进水软管流入散热器，在散热器中，冷却液向流过散热器周围的空气散热而降温，最后冷却液经散热器出水软管返回水泵，进行大循环。

3）当发动机冷却液温度处于大小循环的温度范围内，节温器主阀门和副阀门都部分开启，冷却液大小循环都同时存在，以调节发动机温度基本稳定。

★ 知识与技能评价

一、选择题

1. 如果发动机工作温度过高，将容易产生（　　）。
A. 活塞"咬缸"
B. 轴瓦"抱轴"
C. 柴油机转速升高
D. 发动机油耗降低

2. 下列说法正确的是（　　）。
A. 汽车发动机强制冷却液系统常用离心式水泵
B. 节温器用来调节冷却强度，保证发动机在最适宜的温度下工作
C. 节温器是通过 ECU 来控制其开闭的
D. 节温器的工作温度一般大于 85℃

3. 采用自动补偿封闭式散热器结构的目的，是（　　）。
A. 降低冷却液损耗
B. 提高冷却液沸点
C. 防止冷却液温度过高，蒸气从蒸气引入管喷出伤人
D. 加强散热

4. 发动机风扇的硅油离合器的作用有（　　）。
A. 降低发动机功率损耗　　　　　　B. 控制发动机风扇转速
C. 防止发动机爆燃　　　　　　　　D. 控制发动机点火时间

5. 发动机运转时，水泵工作正常，液面正常，冷却液温度过高的原因是（　　）。
A. 发动机喷油量太少
B. 节温器损坏，只进行大循环
C. 风扇转速过快
D. 节温器损坏，只进行小循环

二、问答题

1. 试述发动机水冷系统的基本组成及工作过程。

2. 水冷系统中为什么要装节温器？它是如何工作的？
3. 简述硅油离合器的结构与工作原理。
4. 现代轿车中采用什么装置来控制风扇的转速？其工作原理如何？

三、实操题
1. 正确拆装发动机冷却系统各部件，并找出冷却液大小循环路线。
2. 分析发动机冷却液温度过高的原因，并进行检查排除。

项目11 发动机润滑系统

教学目标与要求

- 掌握润滑系统的作用与分类
- 掌握润滑系统的基本组成与结构原理
- 掌握润滑油的循环路线
- 学会润滑系统主要部件的折装
- 掌握润滑油的主要性能、分类与选用

教学重点

※ 润滑系统的基本组成与结构原理
※ 润滑油的循环路线
※ 润滑系统的折装
※ 润滑油的分类与选用

教学难点

▲ 润滑油的分类与选用

任务11.1　发动机润滑油压力过低的故障诊断

11.1.1　发动机润滑油压力过低的故障案例与场景设置

● 一辆桑塔纳2000型轿车，发动机在5000r/min下运转，润滑油压力只有100kPa，请诊断其故障原因【场景也可以采用其他发动机】。

11.1.2　发动机润滑系统拆装实训【学生分组实训，详见《汽车构造与原理实训第3版》的"任务11.1 发动机润滑系统拆装与检查"】

11.1.3　发动机润滑系统结构原理

1. 润滑系统的作用及方式

（1）润滑系统的作用　润滑系统的主要作用是减少运动件之间的摩擦，以减轻机件磨损，延长使用寿命，降低功率消耗。如曲轴以7000r/min的转速高速旋转，一旦缺少润滑，马上烧熔"抱轴"；活塞与活塞环在气缸中高速往复运动，其线速度高达17~23m/s，也容易造成发热而"拉缸"。

润滑系统还兼有冷却、清洁、密封、防氧化锈蚀、降低噪声的功能，在换气系统中的液压挺柱和可变气门升程控制中，润滑油还起传力和控制作用。

（2）润滑方式　根据汽车发动机不同运动表面的工作特点，分别采用以下三种润滑方式：

1）压力润滑。压力润滑是以一定的压力把润滑油供入摩擦表面的润滑方式。这种润滑方式润滑可靠，但结构较为复杂。它主要用于曲轴主轴承、连杆轴承及凸轮轴轴承等负荷较大的摩擦表面的润滑。

2）飞溅润滑。飞溅润滑是利用发动机工作时运转零件撞击润滑油溅起来的油滴或油雾润滑摩擦表面的润滑方式。该方式结构简单，但润滑可靠性较差。它主要用于负荷较轻的气缸壁面和配气机构的凸轮、挺柱、气门杆、摇臂等零件的工作表面。

3）润滑脂润滑。润滑脂润滑是通过定期加注润滑脂来润滑零件工作表面的润滑方式，如水泵及发电机轴承等。

2. 润滑系统的组成

（1）润滑系统的总体组成　润滑系统一般由油底壳、机油集滤器、机油泵、机油滤清器、机油冷却器等组成。图11-1所示为桑塔纳2000GSi型轿车发动机的润滑系统。

（2）润滑系统部件结构及工作原理

1）油底壳。油底壳用于储存润滑油，它由薄钢板冲压而成，为防止润滑油渗漏，其与机体结合面加垫片和密封胶密封。

2）机油集滤器。机油集滤器安装在油底壳润滑油的入口，用来滤除润滑油中粗大的杂质。

机油集滤器有浮式和固定式两种。浮式集滤器（见图11-2）的浮筒能随着油底壳油平

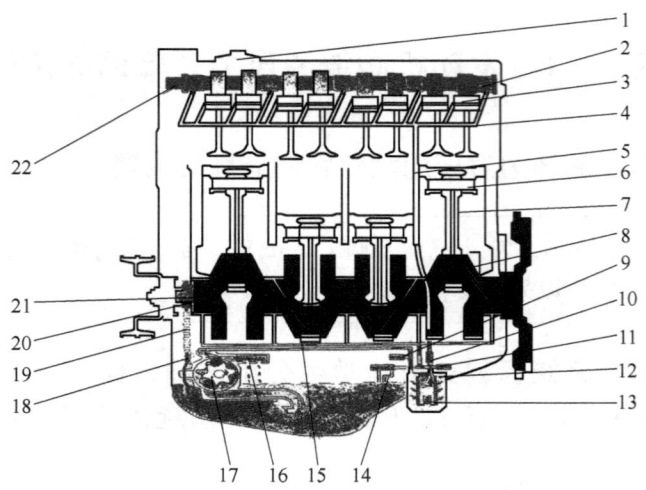

图 11-1　桑塔纳 2000GSi 型轿车发动机的润滑系统
1—加润滑油口盖　2—凸轮轴轴颈　3—液压挺柱　4—气缸盖主油道　5—气缸盖—气缸体主油道
6—活塞销　7—连杆油道　8—曲轴油道　9—油压开关　10—单向阀　11—油压开关
12—机油滤清器　13—旁通安全阀　14—限压阀　15—气缸体主油道　16—溢流阀
17—机油泵　18—机油泵链轮　19—链条　20—曲轴链轮　21—曲轴　22—凸轮轴

面高低浮动，始终浮在油面上，以吸入上层干净的润滑油。滤网采用金属丝编织，有弹性，中央有环口，一般情况下，借助滤网的弹性，环口压紧在浮筒罩上。浮筒罩边缘有缺口，浮筒罩与浮筒装合后形成进油狭缝。

正常工作时，润滑油从油底壳经进油狭缝、滤网进入吸油管（见图 11-2a），大杂质被滤网滤除。当滤网被杂质堵塞时，滤网上方真空度提高，将滤网吸向上方，环口离开浮筒罩，润滑油经进油狭缝和环口直接进入吸油管（见图11-2b），以防供油中断。

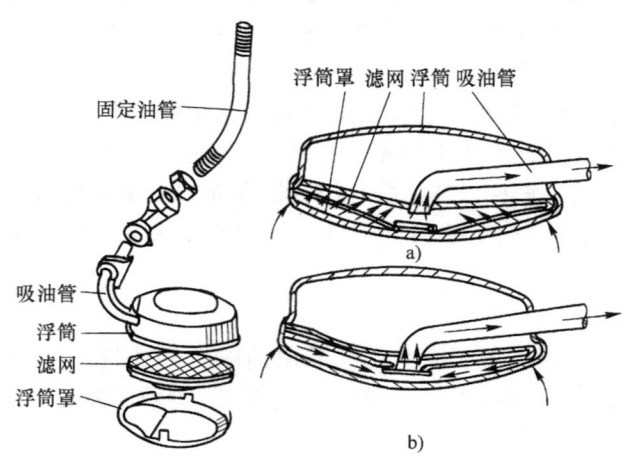

图 11-2　浮式集滤器
a）滤网未堵塞　b）滤网堵塞

浮式集滤器由于浮在润滑油面上，容易吸入油面的泡沫而使润滑油压力下降，可靠性差。而固定式集滤器的浮筒淹没在油面下，其他结构与浮式集滤器类似。它工作可靠，但容易吸入油底壳底部的杂质。

3）机油泵。机油泵用于将油底壳中的润滑油吸出，并以一定的压力压向各润滑部位。按其结构不同分为齿轮式和转子式两种，齿轮式又分外接齿轮式和内接齿轮式两种。

① 外接齿轮式机油泵（见图 11-3）。为了防止封闭在轮齿径向间隙内的油压过高引起的工作阻力加大和机油泵轴衬套加快磨损，在泵盖上加工有卸压槽，使轮齿径向间隙内的润滑油经卸压槽流入出油腔。

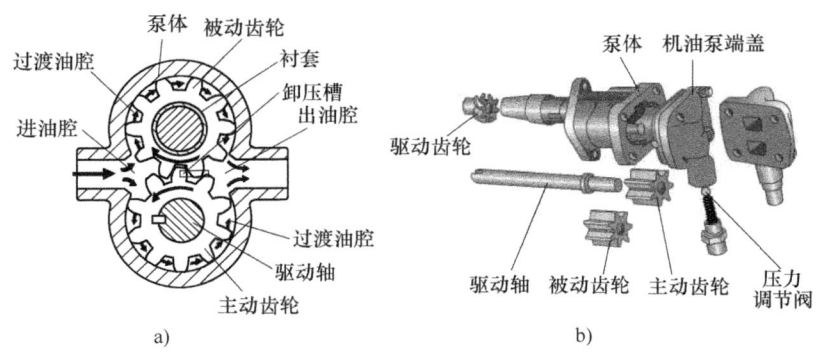

图 11-3　外接齿轮式机油泵
a）工作原理　b）结构

在机油泵齿轮与泵盖之间加有垫片密封，同时可以通过调整垫片的厚度，调整齿轮端面间隙在 0.05~0.20mm，该间隙过大会使润滑油压力下降，泵油量减少。

② 内接齿轮式机油泵（见图 11-4）。外齿轮为主动齿轮，套在曲轴前端，通过花键套直接由曲轴驱动。内齿轮为从动齿轮，安装在机油泵体内，泵体固定在发动机机体前端。当主动齿轮旋转时，带动从动齿轮旋转，进油容积由小变大，不断进油；出油容积不断由大变小，油压升高。这种齿轮泵直接由曲轴驱动，无需中间传动机构，所以零件数少，体积小，成本低，但泵油效率较低。

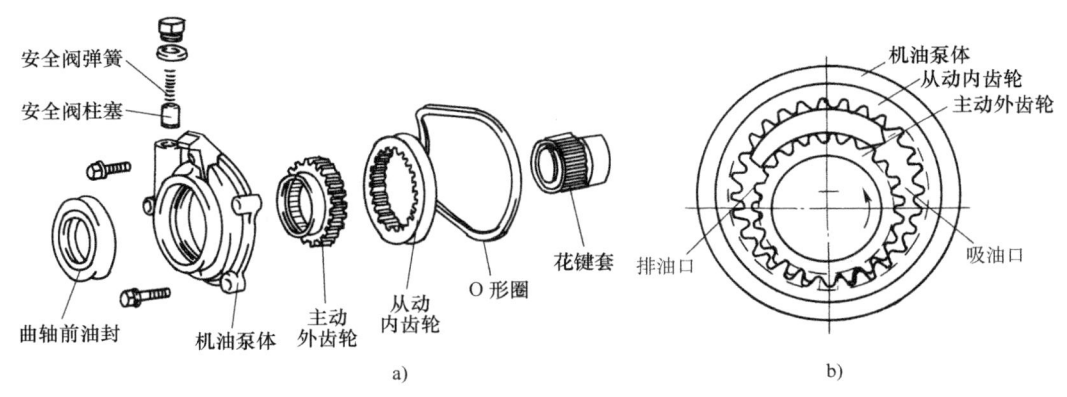

图 11-4　内接齿轮式机油泵
a）结构　b）工作原理

③ 转子式机油泵（见图 11-5）。它由内、外转子等零件组成。内转子有多个凸齿，外形为次摆线，固定在机油泵驱动轴上，由机油泵齿轮驱动。外转子比内转子多一个凹齿，它

自由地安装在机油泵壳体内，并与内转子啮合转动。内外转子有一定的偏心距，它们与机油泵泵体和泵盖组成了进油腔、过渡油腔和出油腔。

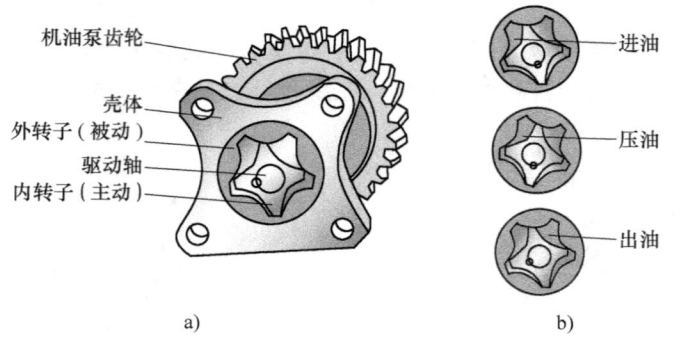

图 11-5　转子式机油泵（一）
a）结构　b）工作原理

机油泵工作时，内转子带动外转子旋转，进油腔容积不断由小变大，腔内产生一定真空度，润滑油从油底壳被吸入进油腔。随后经过过渡油腔，再进入出油腔，出油腔容积由大变小，使润滑油压力升高，再送往各润滑油道。

图 11-6 所示也是一种转子式机油泵，其内外转子的齿数较多，还带有安全阀。

4）安全阀。机油泵由发动机驱动，当发动机转速升高时，机油泵运转速度加快，输油量增加，机油压力升高。为了防止压力过高，

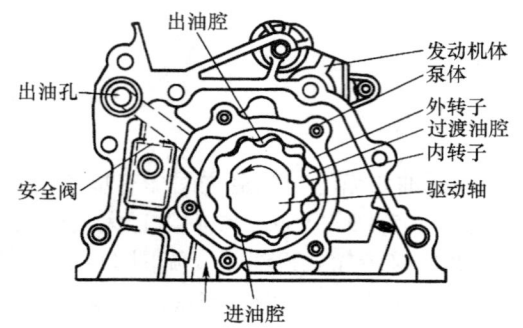

图 11-6　转子式机油泵（二）

在润滑油路中（有的直接在机油泵上或机油滤清器上）设置有安全阀（见图 11-6）。当机油压力超过规定值时，安全阀打开，多余的润滑油经安全阀流回机油泵的进油腔或流回油底壳。

5）机油滤清器。机油滤清器用来滤除润滑油中的金属屑、机械杂质和润滑油的氧化物。

机油滤清器若串联安装在机油泵与主油道之间，所有润滑油经过滤清器过滤，称该滤清器为全流式滤清器（见图 11-7）；若滤清器与主油道并联安装，只有一部分润滑油经过滤清器过滤，称该滤清器为分流式滤清器；有的发动机装有这两种滤清器（如重型货车发动机），全流式滤清器作为粗滤器，滤除润滑油中直径在 0.05mm 以上的较大杂质后，再进入主油道，润滑各运动零件表面，分流式滤清器作为细滤清器，滤除润滑油中直径在 0.001mm 以上的细小杂质后，再返回油底壳。

全流式滤清器外壳内安装有纸滤芯总成（见图 11-7b），由机油泵来的润滑油从滤芯外围进入滤清器中心，过滤后的干净润滑油经出油口进入主油道。

滤清器使用一定时间后，滤芯外留下了较多杂质，应该按说明书的要求及时更换新滤清器滤芯。为了防止用户未及时更换新滤清器造成滤芯堵塞、发动机缺润滑油的严重后果，在滤清器中设置有安全阀。当滤芯堵塞，润滑油压力升高时，能克服弹簧的压力，顶开安全

项目 11 发动机润滑系统

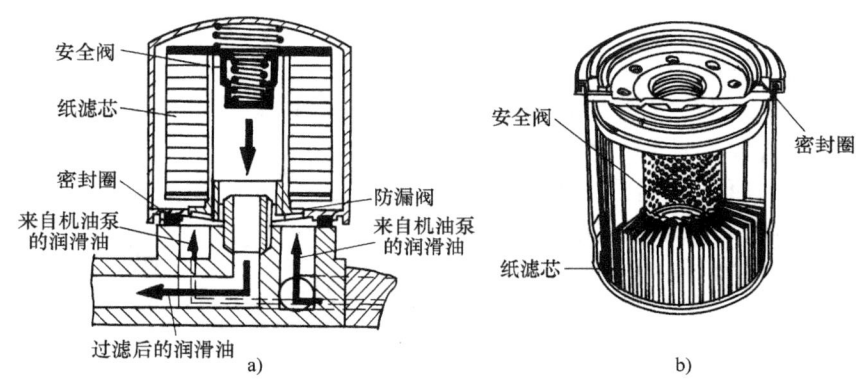

图 11-7 全流式滤清器
a) 滤清器 b) 纸滤芯总成

阀，直接进入主油道。

滤清器的滤芯材料有纸质、锯末和金属等。纸质滤芯因结构简单、重量轻、体积小、滤清效果好、成本低、保养方便，得到广泛应用。

为了提高润滑油过滤效果，有的滤清器采用双滤芯（见图11-8），称这种滤清器为复合滤清器。正常情况下，从机油泵来的润滑油经进油口进入外（粗）滤芯6，再进入内（细）滤芯7，然后经中心油道从出油口流向主油道。

当内滤芯堵塞，内滤芯前后压差达0.09~0.10MPa时，旁通阀15打开，润滑油从旁通阀流向主油道；当外滤芯堵塞，外滤芯前后压差达0.20~0.25MPa时，安全阀3打开，润滑油从安全阀流向主油道。

6) 机油冷却器。润滑油在发动机机体内循环，温度高达95℃以上，尤其是热负荷较高的发动机。过高的温度使润滑油黏度下降，不利于在摩擦表面形成油膜润滑，同时加快润滑油氧化变质，失去作用，所以有些发动机带有机油冷却器。

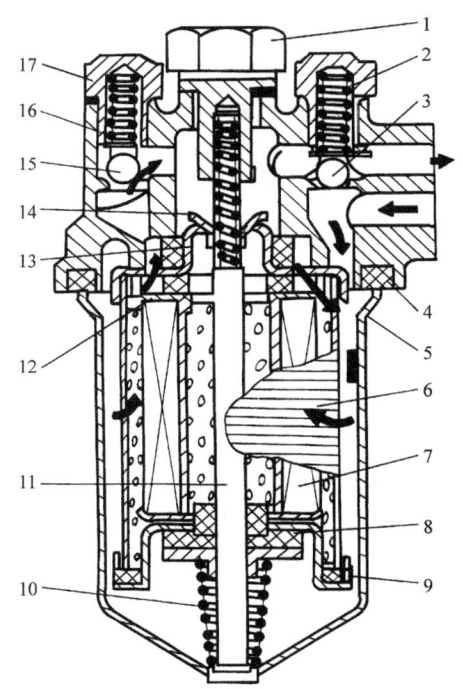

图 11-8 复合滤清器
1—拉杆螺母 2—安全阀弹簧 3—安全阀
4—橡胶垫 5—壳体 6—外（粗）滤芯
7—内（细）滤芯 8—橡胶下油封
9—橡胶密封圈 10—滤芯底座弹簧 11—拉杆螺栓
12—橡胶上油封 13—密封圈 14—锁紧螺母
15—旁通阀 16—旁通阀弹簧 17—滤清器盖

机油冷却器分风冷式和水冷式两种。风冷式机油冷却器安放在发动机前部，其结构与冷却系统的散热器相似，靠汽车行驶时迎面风对润滑油进行冷却。

水冷式机油冷却器靠冷却液冷却。如图11-9所示，在全流式机油滤清器上带有水冷式机油冷却器，从冷却系统散热器出水管引来的冷却液在冷却器芯的外面流过，而从机油泵来的润滑油经冷却器芯进入机油滤清器过滤，再经冷却器芯流出，在冷却器内进行热交换。

(3) 发动机润滑油路　不同发动机的润滑油路不同，但基本原则相同。对于负荷较大的曲轴主轴颈、连杆轴颈、凸轮轴颈等采用压力润滑，而气缸、活塞、齿轮等则采用飞溅润滑。发动机润滑油路示意图如图11-10所示。

当发动机工作时，机油泵运转，油底壳的润滑油被吸上来，经过机油滤清器过滤，进入主油道再分为多路。

第一路经主油道将润滑油分配到各曲轴主轴承，再由曲轴上的斜油孔通往各连杆轴承，由连杆体上的油孔通往连杆小头衬套，流出的润滑油喷向活塞销、气缸壁润滑气缸和活塞环。

第二路经主油道将润滑油分配到各凸轮轴主轴承，同时经凸轮轴正时齿轮润滑正时齿轮室的所有齿轮。

第三路经气缸体上的一个通向气缸体上平面的油道，经气缸盖机油道到摇臂轴中心，再分配到各摇臂轴和气门顶。如果是顶置式凸轮轴，则可以润滑凸轮轴轴颈和液压挺杆。

同时曲轴旋转带动连杆摆动，连杆大头撞击润滑油，使润滑油溅到活塞、气缸表面进行润滑。

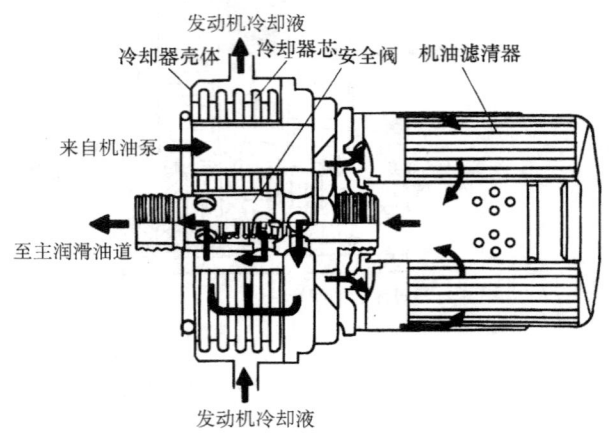

图11-9　水冷式机油冷却器

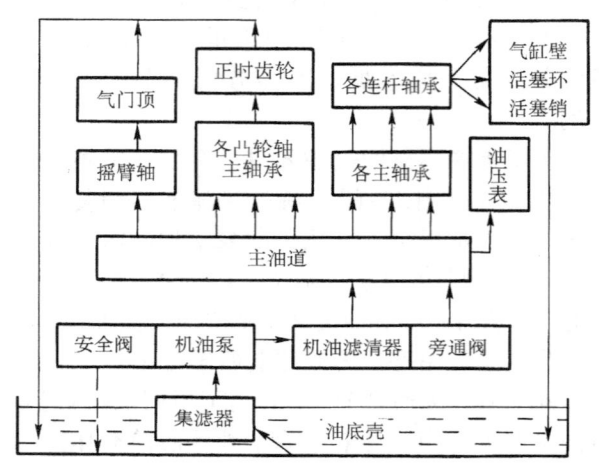

图11-10　发动机润滑油路示意图

11.1.4　发动机润滑剂

汽车发动机润滑剂有润滑油（机油）和润滑脂（黄油）两类。

1. 润滑油

(1) 润滑油的主要性能

1) 黏度。黏度是指润滑油受外力作用移动时，分子间产生的内摩擦力大小。它是润滑油分级和选用的主要依据。黏度过小，在高温、高压下容易从摩擦表面流失，不能形成足够厚度的油膜；黏度过大，冷起动阻力增加，起动困难，润滑油不能及时被泵送到摩擦表面，导致起动磨损严重。

2) 黏温性。黏温性是指润滑油黏度随温度而变化的特性。发动机从起动到满负荷工作，温度变化范围大，导致润滑油温度变化大于100℃。若润滑油的黏度随温度变化太大，就会使高温时黏度太低，而低温时黏度太高，影响正常润滑。

3) 氧化安定性。氧化安定性是指润滑油抵抗氧化作用不使其性质发生永久变化的能力。润滑油工作温度高达 95℃，产生氧化后，颜色变暗，黏度增加，酸性增大，并产生胶状沉积物。氧化变质的润滑油将腐蚀发动机零件，甚至破坏发动机的正常工作。

4）其他性能。如极压性、防腐性、起泡性、清净分散性等，它们对发动机的润滑都产生一定的影响，需要加入各种添加剂，保证润滑油的性能。

（2）汽车润滑油的分类　我国汽车润滑油分以下四类（GB/T 28772—2012）：

1）汽油机油。有 SE、SF、SG、SH（GF-1）、SJ（GF-2）、SL（GF-3）、SM（GF-4）、SN（GF-5）八个级别。"S"表示汽油机润滑油，"GF"表示以汽油为燃料、具有燃料经济性要求的乘用车发动润滑油；级号越后，使用性能越好，而且可以替代级号低的润滑油。

2）柴油机油。有 CC、CD、CF、CF-2、CF-4、CG-4、CH-4、CI-4、CJ-4 共九个级别。级号越后，使用性能越好，而且可以替代级号低的润滑油。

3）汽油机与柴油机通用油。适用于汽油机和柴油机，如 SJ/CF-4。

4）农用柴油机油。适用于农用柴油机及其农用汽车。

每一种级别又有若干种单一黏度等级（如 30、40 和 50 号）和多黏度等级（如 5W-30、10W-30、15W-40 等）。单一黏度等级的润滑油黏温性较差，只适应某一温度范围使用。多黏度等级的润滑油黏温性好，适应温度范围宽。

（3）润滑油的选用

1）汽油机选择汽油机润滑油，柴油机选择柴油机润滑油，通用油适用于汽油机与柴油机。

2）根据气温选用适当黏度等级的润滑油，可参见图 11-11 选择。具体机型应按使用说明书进行润滑油的选用与保养。

2. 润滑脂

润滑脂具有良好的黏附性，在常温下可附着于垂直表面而不流淌，可以在敞开或密封不良及受压较大的摩擦部位工作，并有防水、防尘和密封的作用。

汽车发动机主要在水泵轴承及发电机轴承使用润滑脂。目前普遍推荐使用的是通用锂基润滑脂，它具有良好的高低温适应性，可在 -30～120℃ 的温度范围内使用，具有良好的抗水性、缓蚀性、安定性和润滑性，在高速运转的水泵及发电机轴承使用，不变质，不流失，保证润滑。

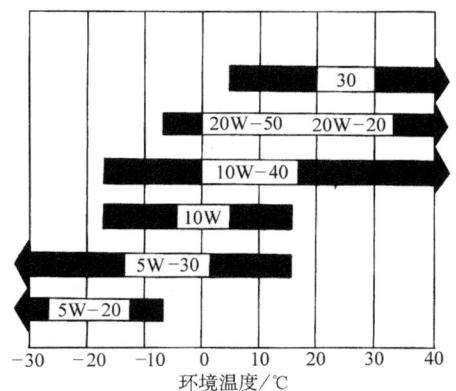

图 11-11　发动机润滑油的选用

11.1.5　润滑系统的使用维护

1. 润滑油选用

应严格按照汽车使用说明书的要求选用合适类型、牌号的润滑油和润滑脂。不同牌号的发动机润滑油不能混用，以免相互起化学反应。

选购时，应尽可能地购买有影响、有知名度的正规厂家的发动机润滑油，要特别注意辨别真假，确保发动机润滑油质量。图 11-12、图 11-13 所示为使用不良润滑油导致的严重后果。

图 11-12　火花塞结胶积炭

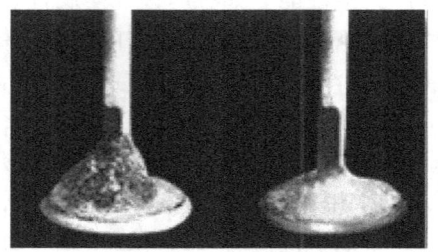
图 11-13　气门积炭严重

2. 润滑油油面高度检查

每次出车前应抽出机油尺，检查润滑油的油面位置。

机油尺上有上刻度线和下刻度线，如图 11-14 所示。机油尺上有 2/4、4/4 两道刻线，正常的润滑油油面应位于两刻线之间，低于 2/4 刻线时，应及时补充润滑油，高于 4/4 刻线时，易造成发动机漏油，运转阻力增加，应及时放出多余的润滑油。

检查润滑油油面高度时，汽车要停放在平坦的地面上，发动机熄火 3min，待润滑油流回油底壳后，抽出机油尺并将其擦净，然后将机油尺插回并插到底，重新抽出机油尺，在机油尺上就可以观察到润滑油油面位置。若油面处于机油尺下刻度线的下方，应从加润滑油口处加注润滑油，直到油面位置符合要求为止。若油面位置超过上刻度线，应放出多余的润滑油。

图 11-14　机油尺

3. 润滑油压力检查

对于在驾驶室仪表板上有润滑油压力表的汽车，可由润滑油压力表上直接读取主油道润滑油压力。对于驾驶室仪表板上装有润滑油压力警告灯的汽车，当汽车在正常行驶中警告灯亮时，表示润滑油压力过低，如果进一步检测主油道的润滑油压力，则需要拧下安装在主油道上的机油压力传感器，利用其联接螺口安装一机油压力表，由此表读取发动机工作时主油道内的机油压力。

4. 定期更换机油滤清器滤芯和润滑油

按照汽车使用说明书的要求，定期检查和更换机油滤清器的滤芯。

一般汽车在完成磨合里程后，每行驶 5000km 或每 3 个月，应更换一次滤芯和润滑油。注意检查润滑油颜色、气味、粘度的变化，如已变质，应及时更换。

更换润滑油时，在发动机熄火后的热机状态下，拧下油底壳底部的放油螺塞，放净发动机内的旧润滑油，再装回放油螺塞，从加润滑油口加注新的润滑油，直到油面位置符合要求为止。

在更换润滑油时，应同时对润滑油道进行清洗。

5. 机油冷却器的维护

保持机油冷却器外表干净，经常检查，清除杂物和油垢。

在寒冷地区或冬季使用装有水冷式机油冷却器的发动机时，若冷却系统中没有采用防冻液而用的是冷却水，在停车后放水时，应拧开水冷式机油冷却器下面的放水开关，把机油冷却器内的水放干净，以防机油冷却器冻裂。

11.1.6 发动机润滑油压力过低的故障分析【学生分组讨论】

发动机润滑系统常见故障与排除方法可参考表11-1。

表 11-1 润滑系统常见故障与排除方法

故障现象	故障原因	排除方法
润滑油压力过低	润滑油黏度标号低	更换润滑油
	润滑油劣化（混有燃油，水分）	更换润滑油
	润滑油温度过高	检查
	润滑油不足	添加润滑油
	集滤器堵塞	清洗集滤器
	机油泵齿轮与泵壳间隙过大	检修或更换
	机油泵外壳松动，O形密封圈损坏	拧紧紧固螺栓，更换O形密封圈
	机油泵止回阀关闭不严或止回阀弹簧损坏	检修或更换
	机油泵安全阀卡在开启位置	检修或更换
	发动机轴承间隙过大	检修曲柄连杆机构
漏油	发动机前后油封磨损	更换前后油封
	个别密封垫损坏	更换密封垫
	气缸盖、气缸体不平或有损伤	检修或更换
	气门室罩不平或有损伤	更换气门室罩
润滑油压力过高	机油滤清器堵塞且旁通阀开启困难	更换机油滤清器
	气缸体主油道堵塞	清洗、疏通
	新装配的发动机曲轴轴承间隙过小	检修曲轴轴承
	选用润滑油标号黏度过高	更换润滑油
润滑油消耗过多	发动机活塞与缸壁间隙过大	检修活塞和气缸
	活塞环弹力降低、开口对齐	更换活塞环
	活塞环侧隙、开口间隙过大	更换活塞环
	各油封密封垫处漏油	更换密封垫
	气门杆油封漏油	更换气门杆油封

11.1.7 发动机润滑油压力过低故障的检测【学生分组实训，详见《汽车构造与原理实训第3版》的"任务11.1 发动机润滑系统拆装与检查"】

任务 11.2　发动机润滑油压力过高的故障诊断

11.2.1　发动机润滑油压力过高的故障案例与场景设置

> ● 一辆桑塔纳 2000 型轿车，发动机怠速运转，润滑油压力达到 500kPa，请诊断其故障原因【场景也可以采用其他发动机】。

11.2.2　发动机润滑油压力过高的故障分析【学生分组讨论】

发动机润滑系统润滑油压力过高的分析参考表 11-1。

11.2.3　发动机润滑油压力过高故障的检测【学生分组实训，详见《汽车构造与原理实训 第 3 版》的"任务 11.1 润滑系统拆装与检查"】

项 目 小 结

1. 润滑系统具有减轻机件磨损、减小摩擦损失、降低功率消耗的作用，还具有密封、冷却、清洁和防氧化锈蚀的功能。

2. 汽车发动机润滑有压力润滑、飞溅润滑和润滑脂润滑三种方式。曲轴主轴承、连杆轴承及凸轮轴承等负荷较大的摩擦表面采用压力润滑；负荷较轻的气缸壁面和配气机构的凸轮、挺柱、气门杆、摇臂等采用飞溅润滑；水泵及发电机轴承采用润滑脂润滑。

3. 发动机润滑系统一般由油底壳、机油集滤器、机油泵、机油滤清器和机油冷却器等组成。为了保证可靠润滑，在机油泵和机油滤清器等部件上安装有相应的安全阀门和旁通阀门。

4. 汽车发动机润滑剂有润滑油和润滑脂两类。润滑油的黏度、黏温性、氧化安定性等对使用性能影响较大。我国润滑油分汽油机润滑油、柴油机润滑油和二冲程汽油机润滑油三大类，每类又分若干级别和牌号。润滑油的选用应根据发动机类型、强化程度及气温等条件确定。润滑脂主要应用于水泵轴承及发电机轴承，一般推荐使用通用锂基润滑脂。

★ 知识与技能评价

一、选择题

1. 学生 a 说：润滑系统有减轻机件磨损、减小摩擦损失、降低功率消耗的作用；学生 b 说：润滑系统有密封、冷却、清洁和防氧化锈蚀的作用。他们的说法应该是（　　）。
   A. 只有学生 a 正确　　　　　　　　　B. 只有学生 b 正确
   C. 学生 a 和 b 都正确　　　　　　　　D. 学生 a 和 b 都不正确

2. 下列说法正确的是（　　）。
   A. 曲轴主轴承和连杆轴承采用飞溅润滑
   B. 配气机构的凸轮采用压力润滑
   C. 发动机的水泵及发电机轴承采用润滑脂润滑

D. 发动机正时齿轮采用润滑脂润滑

3. 学生 a 说：机油泵中设置安全阀的目的是防止润滑油压力过高；学生 b 说：机油泵中设置安全阀的目的是防止机油泵工作突然停止。他们的说法应该是（　　）。
A. 只有学生 a 正确　　　　　　　　　　B. 只有学生 b 正确
C. 学生 a 和 b 都正确　　　　　　　　　D. 学生 a 和 b 都不正确

4. 学生 a 说：润滑油黏温性是指润滑油黏度随温度而变化的特性；学生 b 说：润滑油黏温性越小越好。他们的说法应该是（　　）。
A. 只有学生 a 正确　　　　　　　　　　B. 只有学生 b 正确
C. 学生 a 和 b 都正确　　　　　　　　　D. 学生 a 和 b 都不正确

5. 学生 a 说：多黏度等级的润滑油黏温性好；学生 b 说：单一黏度等级的润滑油黏温性好。他们的说法应该是（　　）。
A. 只有学生 a 正确　　　　　　　　　　B. 只有学生 b 正确
C. 学生 a 和 b 都正确　　　　　　　　　D. 学生 a 和 b 都不正确

二、问答题

1. 润滑系统一般由哪些零部件组成？各有何功用？
2. 转子式和齿轮式机油泵的结构与工作原理各有什么特点？
3. 画出所拆发动机的润滑油路示意图。
4. 润滑系统日常使用中应注意什么问题？

三、实操题

1. 更换一台发动机的机油滤清器。
2. 分析发动机润滑油压力过低的原因，并进行检查排除。

项目12 发动机起动系统

教学目标与要求

- 掌握起动系统的作用、起动方式和总体组成原理
- 掌握电起动机的构造和工作原理
- 学会电起动机的拆装与检查
- 理解低温起动与预热的方式、结构及工作原理

教学重点

※ 电起动机的构造和工作原理
※ 电起动机的拆装与检查

教学难点

▲ 电起动机的电路分析

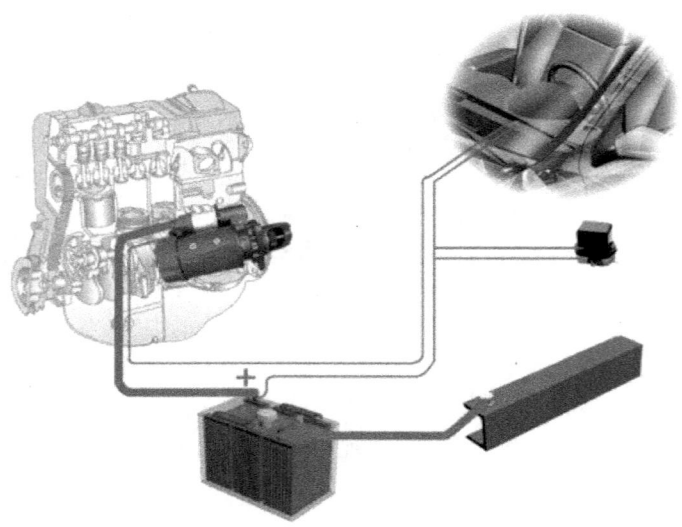

任务 12.1　起动机不转的故障诊断

12.1.1　起动机不转的故障案例与场景设置

● 桑塔纳 2000 型轿车起动时起动机不转，经检查蓄电池存电充足，请分析排除故障【场景也可以采用其他发动机】。

12.1.2　起动系统总体拆装实训【学生分组实训，详见《汽车构造与原理实训第 3 版》的任务 2.2 "发动机基本拆装"】

桑塔纳 2000 型轿车起动系统主要由蓄电池、起动机总成、点火开关等组成，其电路连接如图 12-1 所示。

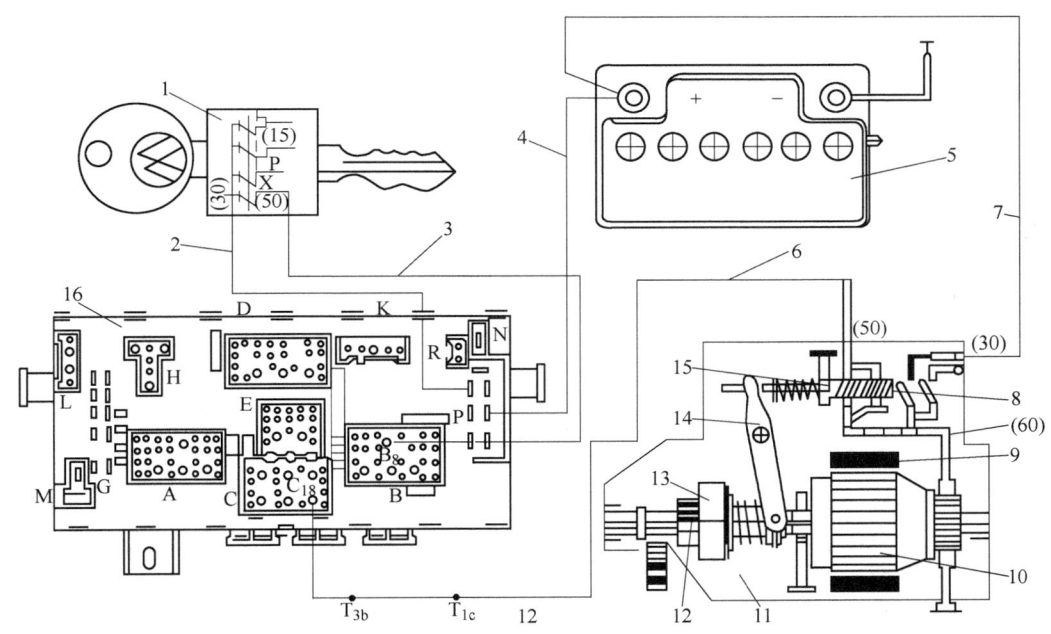

图 12-1　桑塔纳 2000 型轿车起动系统组成
1—点火开关　2、4—红色线　3、6—红/黑线　5—蓄电池　7—黑色线
8—电磁开关　9—定子　10—转子　11—起动机总成　12—小齿轮
13—单向滚柱离合器　14—传动叉　15—回位弹簧　16—中央电气装置线路板

12.1.3　发动机起动系统总体结构原理

1. 起动系统的作用

起动系统的作用就是按发动机要求，提供一定的起动转矩，使发动机达到规定的起动转速，顺利完成起动过程。起动后起动系统立即停止工作。

起动发动机时，还要求有一定的曲轴转速，称之为起动转速。汽油机要求不低于

50r/min，柴油机要求不低于150r/min。

起动性能是发动机的一个重要指标，衡量发动机起动性能的好坏一般用起动时间。我国标准规定，不采用特殊的低温起动措施时，汽油机在-10℃、柴油机在-5℃以下的气温条件下起动，能在15s以内达到自行运转。

2. 发动机起动方式

发动机常用的起动方式有手起动、电起动、辅助汽油机起动、压缩空气起动等几种方式。

电起动是利用电动机带动发动机曲轴旋转的起动方式。它具有起动快捷方便、省力等优点，但需要一套电起动系统。现代车用发动机，均采用电起动方式。

3. 电起动系统的基本组成与工作过程

电起动系统主要由蓄电池、起动机、起动继电器、点火开关、安全开关（有的汽车采用）、低温起动预热装置等组成（见图12-1）。

当点火开关1置于起动档"Start"时，首先接通起动控制电路，电磁开关闭合，蓄电池电流经电磁开关流入直流电动机，并使其转动。同时，电磁开关还将驱动齿轮向外推出，与发动机飞轮相啮合，带动发动机转动。当发动机完成着火并加速运转后，飞轮有反过来带动起动齿轮运转的趋势时，起动机上的单向离合器使起动机的驱动齿轮相对于起动机电枢轴空转（以保护起动机）。驾驶人及时将点火开关转到点火档"IG"，切断起动机控制电路，驱动齿轮退回，起动机停止运转。

12.1.4 电起动机结构原理

1. 电起动机的拆装【学生分组实训，详见《汽车构造与原理实训第3版》的"任务12.1 汽车电起动机拆装与检查"】

2. 电起动机的基本原理

汽车一般使用直流电动机，它是将电能转变为机械能的装备，是根据通电导体在磁场中受到电磁力作用而产生运动的原理进行工作的。

以单匝电枢绕组的直流电动机为例说明其工作原理。将通电线圈置于磁场中，磁场方向如图12-2所示，直流电通过电刷和换向器铜片引入，当电流I_s从A电刷经a-b-c-d到B电刷时，根据左手定则判定，匝边ab和cd受到的磁场力F方向如图12-2a所示，这个电磁力将形成力矩，使线圈逆时针转动；当线圈转到换向片A与负电刷接触，换向片B与正电刷接触时（见图12-2b），电流方向改变为d-c-b-a，同时匝边ab和cd的位置也改变，电磁转矩的方向保持不变，使线圈继续逆时针旋转。

3. 电起动机的结构原理

电起动机一般由直流电动机、控制装置和传动机构三部分组成（见图12-3）。

（1）直流电动机　直流电动机一般由电枢总成、磁极、电刷与电刷架及其他附件组成。

1）电枢总成（见图12-4）。电枢也称转子，由电枢轴、电枢铁心、电枢绕组及换向器组成。在电枢轴上压有电枢铁心，电枢铁心的作用是增加磁力，由互相绝缘的电枢叠片（薄硅钢片）叠成，采用叠片是为了减小铁心内感应的涡流电流的损失。每片叠片有槽，叠在一起形成沟槽，电枢绕组分多条支路嵌在铁心的沟槽内，并分别接到固定在电枢轴上互相绝缘的换向器各铜片上。为了获得较大的起动转矩，电枢绕组采用大截面的铜导线制成，以便几百安的起动电流通过。

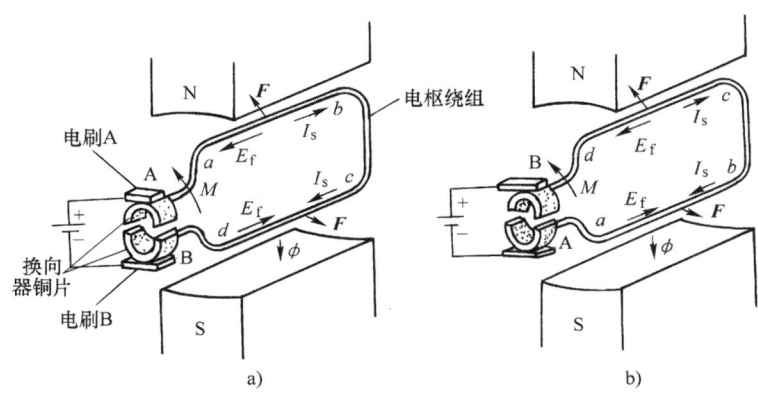

图 12-2　直流电动机工作原理
a) 电流从 A→B　　b) 电流从 B→A

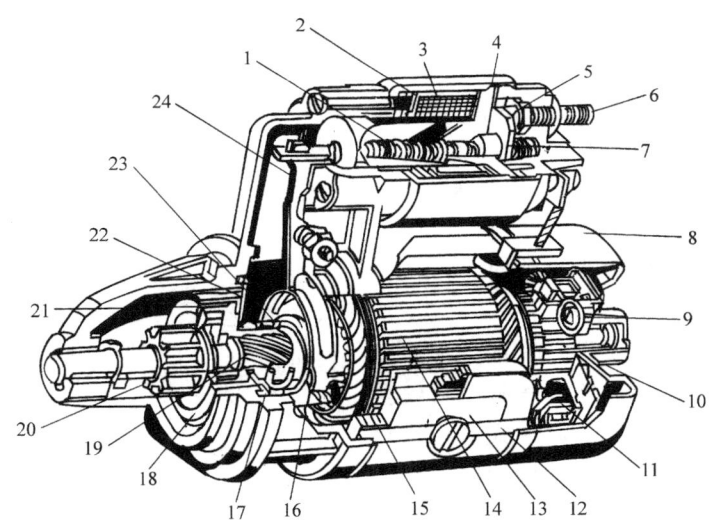

图 12-3　电起动机结构
1—回位弹簧　2—保持线圈　3—吸引线圈　4—电磁开关壳体　5—主触点　6—接线柱
7—接触盘　8—后端盖　9—电刷弹簧　10—换向器　11—电刷　12—磁极　13—磁极铁心
14—电枢　15—磁场绕组　16—移动衬套　17—缓冲弹簧　18—单向离合器　19—电枢轴花键
20—驱动齿轮　21—罩盖　22—制动盘　23—传动套筒　24—拨叉

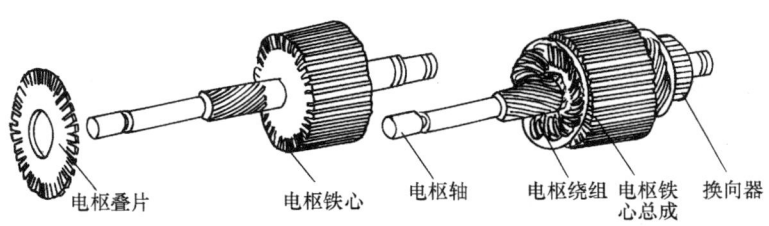

图 12-4　电枢总成

2）磁极。磁极也称定子，有永久磁铁磁极和电磁铁磁极两类，永久磁铁的电动机将在后续介绍。电磁铁磁极由铸钢铁心及励磁绕组构成（见图12-5），固定在起动机壳体的内壁上。为了产生足够强的磁场来使电枢产生足够的起动转矩，磁极的数量一般为两对，功率较大的起动机也有采用三对的。励磁绕组也采用大截面的铜导线制成。

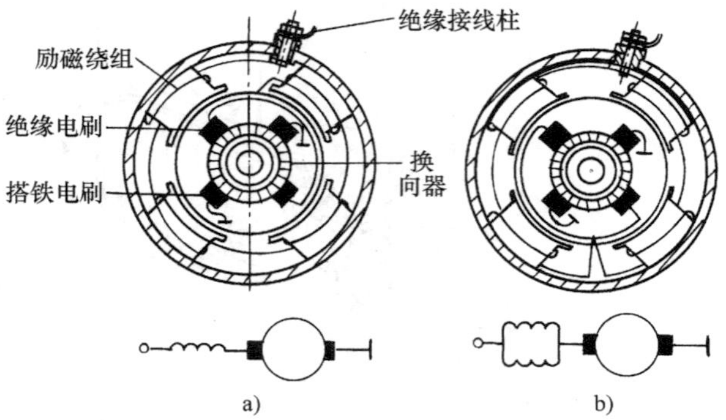

4个励磁绕组的连接方法有串联和并联两种。无论采用何种连接，其产生的磁极必须相互交错。

3）电刷与电刷架。由于起动机电流较大，故所用电刷由铜与石墨粉压制而成。电刷置于电刷架中，由盘形弹簧压紧到换向器上，电极引线接电源或搭铁。

4）壳体及轴承。壳体主要起支承和保护作用。起动机轴承由于结构的限制一般采用滑动轴承，用于支承电枢轴。

（2）传动机构　普通起动机的传动机构主要是单向离合器。它的作用是将电动机的动力传递给发动机飞轮以起动发动机，而发动机起动后则断开发动机对起动机的逆向驱动，以防止发动机带动起动机高速旋转而使起动机"飞散"。

起动机中常见的单向离合器有滚柱式单向离合器、摩擦片式单向离合器及扭簧式单向离合器等。

1）滚柱式单向离合器。滚柱式单向离合器是目前国内外汽车起动机中使用最多的一种传动方式（见图12-6），其外壳2与驱动齿轮1连为一体，十字块3与传动套筒经滑动花键与电枢轴相接，外壳与十字块之间的间隙是宽窄不等的楔形槽结构。

起动时，电枢轴缓慢旋转，电磁开关通过拨叉，推动移动衬套9、缓冲弹簧8等部件，使驱动齿轮1与发动机飞轮14相啮合。

当起动机主电路接通，电枢轴快速旋转时，转矩由传动套筒10传到十字块3，滚柱在单向离合器外壳2的摩擦和弹簧及柱塞5的作用下滚入楔形槽13的窄处被卡死

图12-5　励磁绕组的连接
a）串联连接　b）并联连接

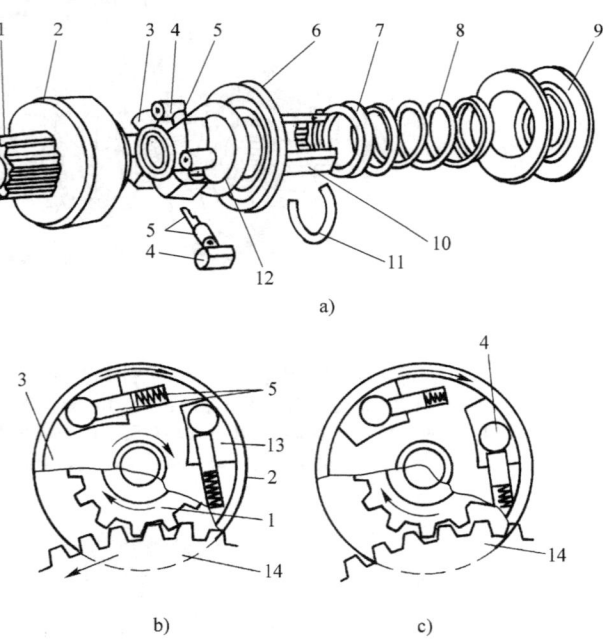

图12-6　滚柱式单向离合器的组成
a）结构　b）工作原理（起动中）　c）工作原理（起动后）
1—驱动齿轮　2—单向离合器外壳　3—十字块　4—滚柱
5—弹簧及柱塞　6—护盖　7—弹簧座　8—缓冲弹簧
9—移动衬套　10—传动套筒　11—卡簧
12—垫圈　13—楔形槽　14—飞轮

(见图12-6b),于是将转矩传给驱动齿轮,带动飞轮使发动机起动。

当发动机起动后,曲轴转速高于起动机,飞轮带动驱动齿轮旋转,在外壳的摩擦作用下,滚柱克服弹簧弹力,滚入楔形槽的宽处而打滑(见图12-6c),防止发动机的转矩传给驱动齿轮,从而避免电枢超速"飞散"的危险。起动后,由于拨叉回位弹簧的作用,使单向离合器退回,驱动齿轮退出飞轮齿环。缓冲弹簧8具有缓和驱动齿轮与飞轮间的冲击、保护驱动齿轮的作用。

滚柱式单向离合器传递较大转矩时,滚柱容易卡住,不能满足大功率起动机的要求,但结构简单,因此在现代汽车上应用广泛。

2)摩擦片式单向离合器。摩擦片式单向离合器的结构如图12-7a所示,离合器的外接合鼓10固定在起动机轴上,内接合鼓4具有螺纹孔,并旋在起动机驱动齿轮柄2的螺纹上,齿轮柄2则自由地套在起动机轴上,用螺母锁住防止脱落。两个弹性圈9和压环8依次装进外接合鼓10中,青铜主动片7以其外凸齿装入外接合鼓10的切槽中,钢制从动片6依其内齿插入内接合鼓4的切槽中。内接合鼓上的两个小弹簧5轻压摩擦片,使摩擦片具有传力作用(力较小)。

起动时,经外接合鼓摩擦片带动内接合鼓转动,驱动小齿轮与飞轮啮合后,由于内接合鼓和驱动小齿轮柄之间的螺旋结构,使得内接合鼓向右移动,压紧摩擦片(力较大),电枢的转矩传递给飞轮,如图12-7b所示。起动后,飞轮带动驱动小齿轮,内接合鼓与驱动小齿轮的螺旋结构使得内接合鼓向左移动,摩擦片松开,飞轮不能带动电枢,避免了电枢超速"飞散"的危险,如图12-7c所示。

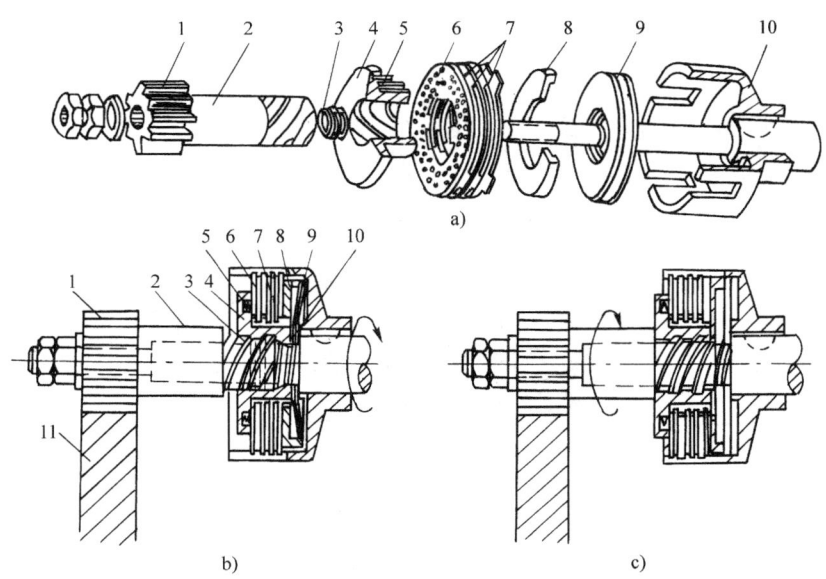

图12-7 摩擦片式单向离合器
a)结构 b)压紧 c)放松
1—驱动小齿轮 2—齿轮柄 3—减振弹簧 4—内接合鼓 5—小弹簧 6—从动片
7—主动片 8—压环 9—弹性圈 10—外接合鼓 11—飞轮

摩擦片式单向离合器可以传递较大的转矩,但其结构复杂,摩擦片磨损后,需经常检修和调整,常用在电枢移动式起动机上。

3) 扭簧式单向离合器。扭簧式单向离合器如图 12-8 所示。驱动齿轮 1 空套在电枢轴前端的光滑部分，连接套筒 6 套在电枢轴的花键部分，扭力弹簧两端各有 1/4 圈内径较小的部分箍紧驱动齿轮 1 与连接套筒 6。

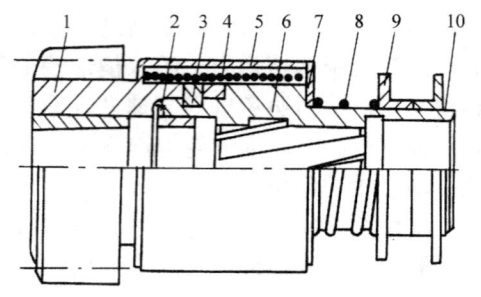

起动时，电磁开关铁心经拨叉移动拨环 9，由缓冲弹簧 8 推动离合器使驱动齿轮 1 与发动机飞轮啮合。电枢旋转时，通过花键带动连接套筒 6，在弹簧与驱动齿轮和主动套筒之间摩擦力的作用下，将连接套筒和齿轮柄抱死，电枢转矩便由此传给飞轮，起动后，飞轮带动驱动齿轮，扭力弹簧被放松而打滑，保护电枢不致被飞轮带动而"飞散"，同时拨叉在回位弹簧的作用下，经拨环使驱动齿轮回位。

图 12-8　扭簧式单向离合器
1—驱动齿轮　2—挡圈　3—月形圈　4—扭力弹簧
5—护圈　6—连接套筒　7—垫圈
8—缓冲弹簧　9—拨环　10—卡簧

扭簧式单向离合器结构简单、使用寿命长，但轴向尺寸较大，故在小型机上的应用受到限制。

(3) 控制装置　起动机的控制装置一般包括电磁开关、安全开关及起动继电器等。

1) 电磁开关。电磁开关安装在直流电动机的壳体上方（见图 12-9），用于控制起动机驱动齿轮与发动机飞轮的啮合与分离及电动机电路的通断。吸引线圈 5 与保持线圈 4 的匝数相同，绕向也相同，都绕在套筒外侧。吸引线圈与电动机串联，保持线圈与电动机并联。

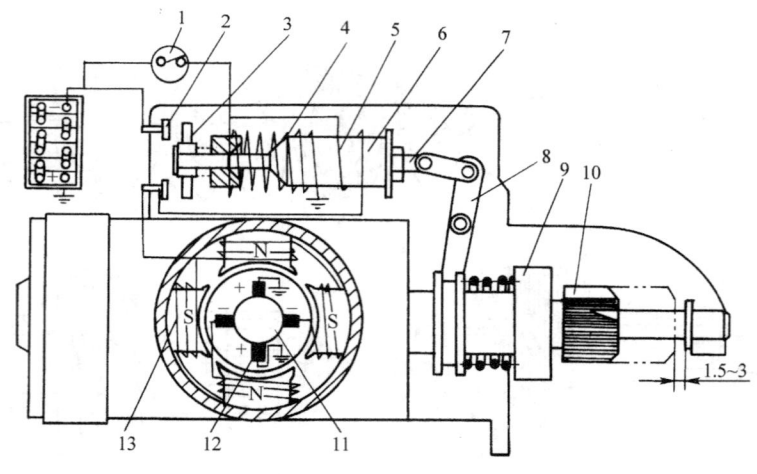

图 12-9　电磁开关
1—起动开关　2—定触点　3—动触点　4—保持线圈　5—吸引线圈　6—动铁心　7—拉杆
8—拨叉　9—单向离合器　10—驱动齿轮　11—电枢　12—电刷　13—磁极

当接通起动开关 1 时，吸引线圈中的电流经起动机的励磁绕组和电枢绕组后搭铁，保持线圈则直接搭铁。此时两个线圈产生较强的相同方向的电磁吸力，吸引动铁心 6 向左移动。

动铁心的移动使拨叉 8 将驱动齿轮 10 推向飞轮，同时通过电枢中的较小电流使电枢轴较缓慢地旋转，因而有利于啮合。当驱动齿轮与飞轮齿圈完全啮合时，动触点与定触点也刚好完全闭合。此时，吸引线圈被短路，只靠保持线圈吸力将动触点与定触点保持在接通状态,强大的起动电流通过励磁绕组和电枢绕组使电动机快速转动。

发动机起动后,从起动开关到保持线圈的电流被切断,但在断开起动开关的瞬间,触点仍在闭合位置,电流从触点到吸引线圈,再经保持线圈搭铁。这时,两线圈产生的电磁力大小相同,方向相反,相互抵消。在回位弹簧的作用下,动铁心返回原位,触点断开,起动机因断电而停转,同时驱动齿轮退回。

2) 起动继电器。为了产生足够的吸力,起动机电磁开关的电流较大,一般为35~40A,如此大的电流会影响起动开关的使用寿命,同时也不安全。为此,有些汽车在控制电路中装有起动继电器,由起动继电器触点的开闭控制电磁开关的通断,而起动开关(或点火开关)只控制起动继电器线圈电路的通断,因而减小了起动开关(或点火开关)的通过电流。起动继电器控制的起动机电路如图12-10所示。

起动时,接通起动开关,起动继电器线圈13通电,起动继电器触点12闭合,起动机电磁开关被接通,起动机工作。

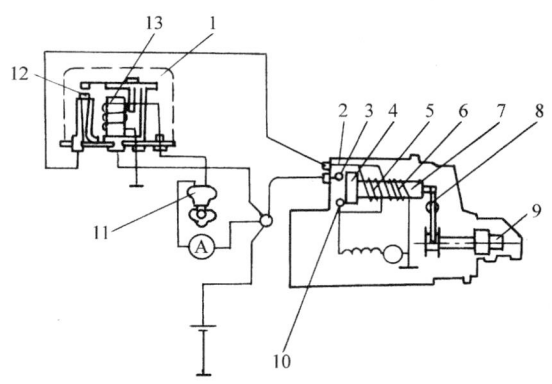

图 12-10 起动继电器控制的起动机电路
1—起动继电器 2—起动机 3—蓄电池接线柱
4—动触点 5—吸引线圈 6—保持线圈
7—铁心 8—拨叉 9—驱动齿轮
10—起动机接线柱 11—起动开关
12—起动继电器触点 13—起动继电器线圈

3) 装备有起动安全开关的起动控制。有些车型在起动控制电路中装有起动安全开关,如装备在汽车自动变速器上的安全开关用于防止自动变速器在挂档状态下起动发动机,如图12-11所示。常开式起动(空档或驻车档)安全开关串联在起动系统的控制电路中,并由变速杆操纵。在空档或驻车档时,起动安全开关是闭合的,电流能流到起动机控制电路。如果自动变速器挂上了档,则起动安全开关是张开的,电流不能流到起动机控制电路。许多装备手动变速器的汽车也采用了类似的安全开关,如用离合器踏板移动来开动的起动/离合器连锁开关,只有踩下离合器踏板时,安全开关才闭合,电流才能流到起动机控制电路。

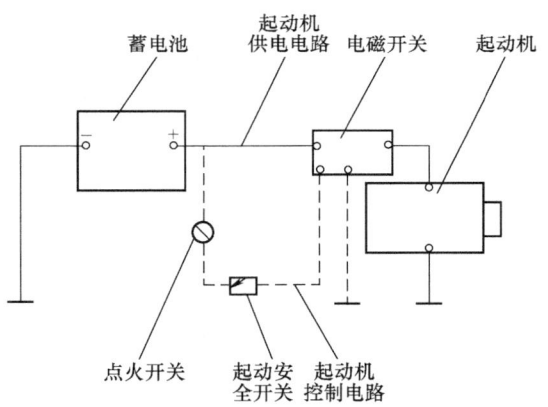

图 12-11 装备起动安全开关的起动系统电路

12.1.5 减速起动机

普通起动机电枢转速与驱动齿轮的转速相同。减速起动机在电枢与驱动齿轮之间装有一级减速齿轮(一般速比为3~4),它的优点是采用了高速低转矩的电动机,可使起动机质量和体积减小,而且便于安装;提高了起动机的起动转矩而有利于发动机起动;电枢轴较短而不易弯曲等。

减速齿轮有外啮合式、内啮合式和行星齿轮式三种，相应的减速起动机被称为外啮合式减速起动机、内啮合式减速起动机和行星齿轮式减速起动机（见图 12-12）。

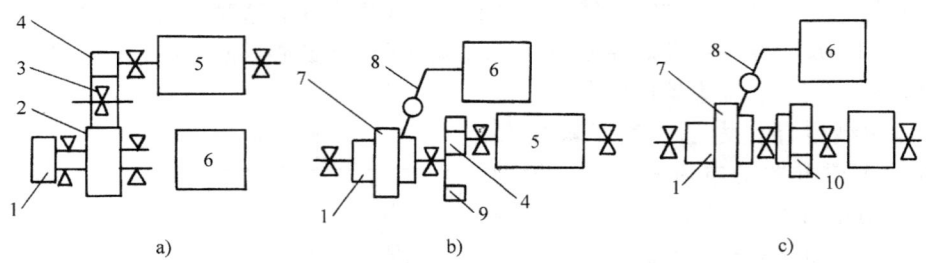

图 12-12　减速起动机的类型
a）外啮合式　b）内啮合式　c）行星齿轮式
1—驱动齿轮　2—减速机构从动齿轮及单向离合器　3—惰轮　4—减速机构主动齿轮　5—电枢
6—电磁开关　7—单向离合器　8—拨叉　9—减速机构从动齿轮　10—行星齿轮减速机构

1. 外啮合式减速起动机

外啮合式减速起动机有的用惰轮作为过渡传动，电磁开关铁心与驱动齿轮同轴，直接推动驱动齿轮进入啮合，无须拨叉（见图 12-13）。也有一些外啮合式减速机构不设惰轮，驱动齿轮进入啮合是通过拨叉来拨动的，图 12-14 所示为丰田皇冠轿车采用的外啮合式减速起动机。

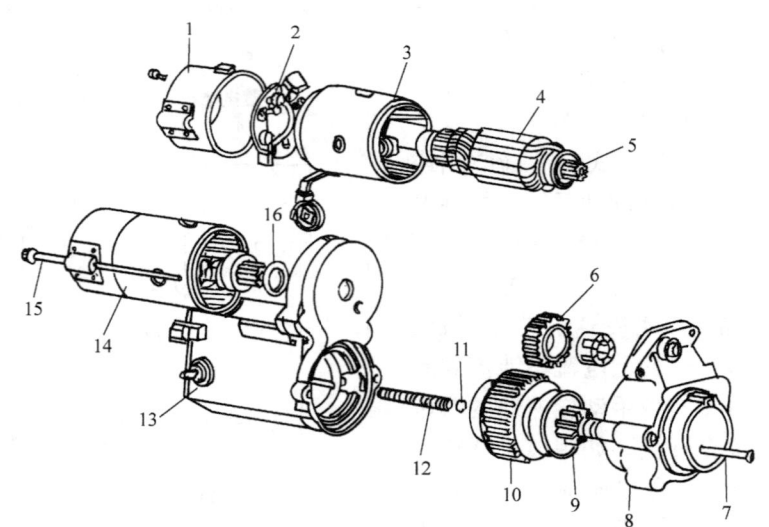

图 12-13　外啮合式减速起动机（有惰轮、无拨叉）
1—后端盖　2—电刷架　3—定子总成　4—电枢总成　5—减速机构主动齿轮　6—惰轮
7—螺栓　8—驱动端盖　9—驱动齿轮　10—减速机构从动齿轮及单向离合器　11—钢球
12—回位弹簧　13—电磁开关　14—直流电动机　15—螺栓　16—毡圈

2. 内啮合式减速起动机

内啮合式减速机构的传动中心距小，可以有较大的传动比，适合于较大功率的起动机。图 12-15 所示为国产 QD254 型内啮合式减速起动机的工作原理。

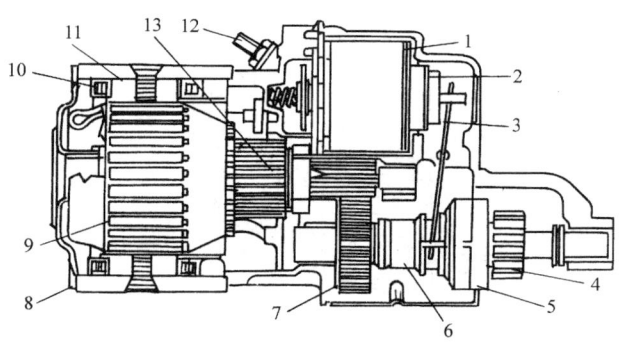

图 12-14 丰田皇冠轿车采用的外啮合式减速起动机（无惰轮、有拨叉）
1—电磁开关 2—活动铁心 3—拨叉 4—驱动齿轮 5—单向离合器 6—从动齿轮轴
7—减速机构从动齿轮 8—外壳 9—电枢 10—励磁绕组
11—磁场绕组 12—蓄电池接线柱 13—换向器

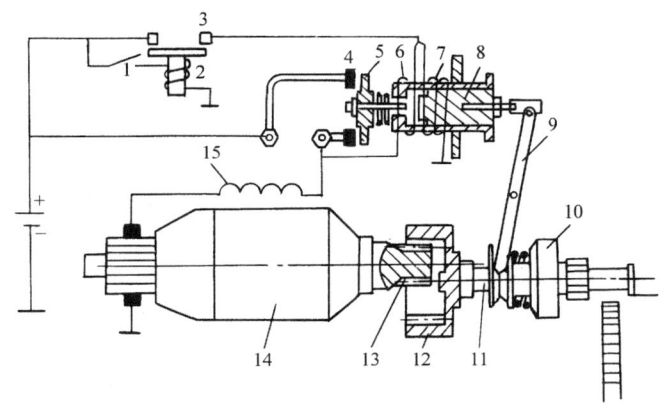

图 12-15 国产 QD254 型内啮合式减速起动机的工作原理
1—起动开关 2—起动继电器线圈 3—起动继电器触点 4—电磁开关主触点 5—接触盘
6—吸引线圈 7—保持线圈 8—活动铁心 9—拨叉 10—单向离合器 11—螺旋花键轴
12—内啮合减速齿轮 13—主动齿轮 14—电枢 15—磁场绕组

3. 行星齿轮式减速起动机

行星齿轮式传动具有结构紧凑、传动比大、效率高的特点。图 12-16 所示为德国 BOSCH 公司生产的 DW-1 型行星齿轮式减速起动机（永磁式）。

减速起动机除了在电枢与驱动齿轮间增加一级减速齿轮，以起减速增矩的作用外，其他工作原理与普通起动机类似。

12.1.6 起动机不转的故障分析【学生分组讨论】

提示：起动机不转的可能原因有蓄电池无电或接头松动、点火开关损坏、起动机线路断路或接触不良、起动继电器接触不良、起动机电磁开关损坏、起动机电刷与换向器接触不良、起动机磁场绕组断路、起动机电枢绕组断路等。

12.1.7 起动机检查与试验【学生分组实训，详见《汽车构造与原理实训第3版》的"任务12.1 汽车电起动机拆装与检查"】

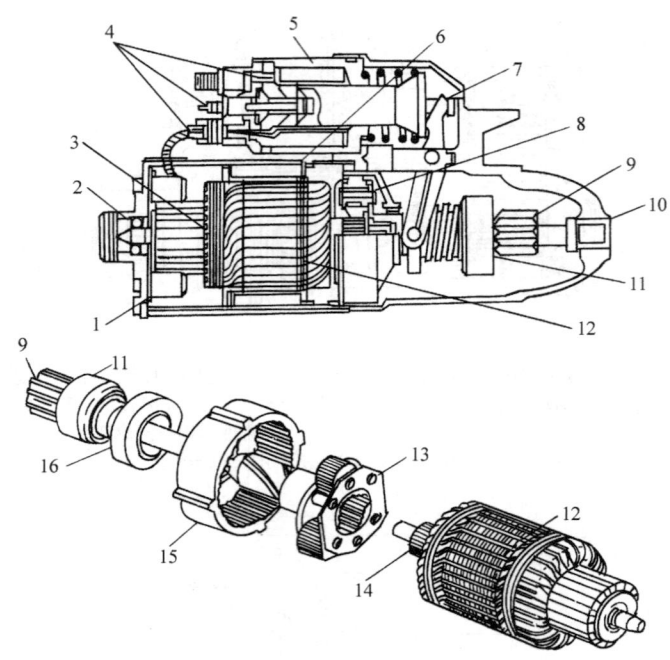

图 12-16　DW-1 型行星齿轮式减速起动机（永磁式）
1—电刷　2—滚珠轴承　3—换向器　4—导线插头　5—电磁开关　6—永久磁铁磁极　7—拨叉
8—行星减速齿轮　9—驱动齿轮　10—轴承　11—单向离合器　12—电枢总成
13—行星齿轮　14—主动齿轮（太阳轮）　15—内齿圈　16—拨叉环

任务 12.2　发动机低温起动困难的故障分析与排除

12.2.1　发动机低温起动困难的故障案例与场景设置

● 一辆金迪尔柴油汽车（装配长城 2.8TC 柴油机）在 -15℃ 时起动困难，要喷射起动液到进气管才能起动，起动后工作正常。请分析排除故障【场景也可以采用其他发动机】。

12.2.2　发动机起动预热装置拆装实训【学生分组实训】

老师指导学生拆装电热塞等预热装置。

12.2.3　低温起动与预热装置

低温严寒气候，燃料汽化及燃烧困难（尤其是柴油），润滑油黏度加大，蓄电池能量下降，造成发动机起动困难。为了确保发动机顺利起动，需要采取相应措施，常见的有预热空气、预热润滑油、预热冷却液、喷起动液、减压起动等。

1. 空气预热装置

目前，普遍使用的发动机预热方法是采用预热装置对进入发动机的空气进行预热。常见的预热装置有电热塞、热敏电阻预热器和电火焰预热器。

（1）电热塞　现代汽车发动机多采用封闭式电热塞（图 12-17），其安装于燃烧室内。螺旋形电阻丝焊在中心螺杆与发热体钢套的底部，电阻丝周围充填有绝缘的氧化铝填充剂，中心螺杆与外壳绝缘，外壳带密封圈装于气缸盖上。

起动时，起动开关旋到预热档，电流通过预热指示器到各缸预热塞，然后经中心螺杆→电阻丝→发热体钢套→气缸盖→车身搭铁→蓄电池负极。电阻丝通电后，金属钢套变得红热，加热燃烧室内的空气。

（2）热敏电阻预热器　热敏电阻预热器安装在进气歧管总入口处（见图 12-18），由安装在发动机冷却液出口处的预热温度开关控制。当起动温度低于一定值时，预热温度开关控制接通电路，陶瓷热敏电阻通电升温，加热进入气缸的空气。

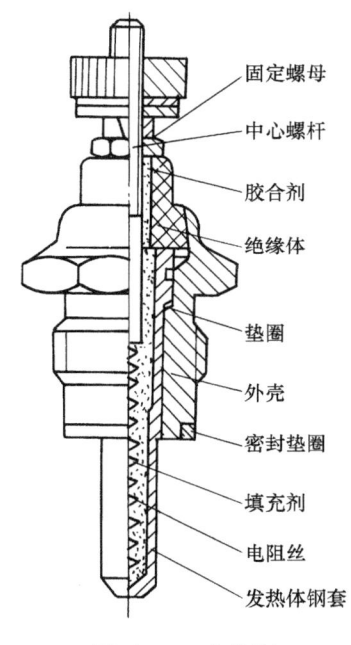

图 12-17　电热塞

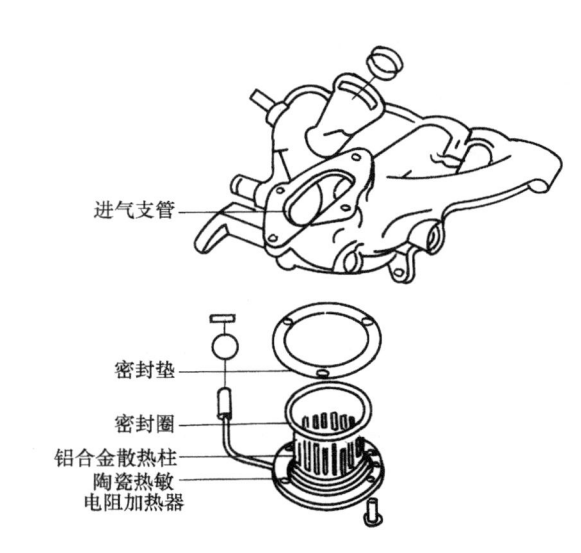

图 12-18　热敏电阻预热器

（3）电火焰预热器　柴油机因压缩比大，起动更困难，常采用电火焰预热器（见图 12-19），其阀体用线胀系数较大的金属材料制成。阀体的内部有空腔，其一端有进油孔，另一端有内螺纹。在预热器不工作时，阀芯的锥形尖端将进油孔堵死，阀的另一端有外螺纹旋在阀体的内腔中。阀体的外部绕有用镍铬丝制成的电阻丝。

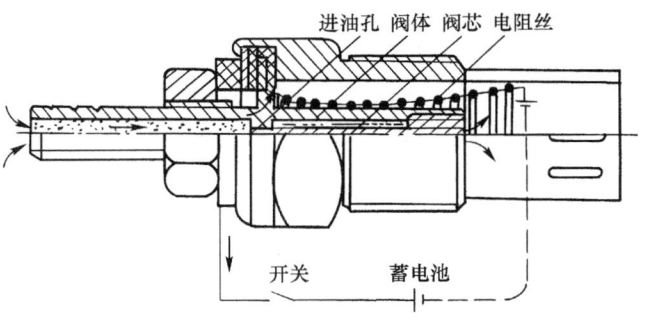

图 12-19　电火焰预热器

当柴油机起动时，接通预热器开关，蓄电池对电阻丝供电，电阻丝变为炽热状态而加热阀体，因为阀体的热膨胀系数较大而伸长，带动阀芯向右移动，使进油孔打开，燃油经进油孔流入阀体的内腔受热而汽化，从阀体内腔喷出，被炽热的电阻丝点燃形成火焰，加热进入气缸的空气。

2. 预热润滑油和冷却液

可以采用外部加热方法，将润滑油和冷却液加热到一定温度，再加入发动机，可以有效地改善起动性能。

也可以采用电热丝等发热元件，直接插入油底壳或散热器，加热机油和冷却液。

3. 喷射起动液

起动液由容易着火燃烧的燃料（乙醚、丙酮、石油醚等）组成，与压缩气体——氮气一起储藏在专用喷射罐内（有商品出售）。使用时，取下空气滤清器（有的发动机设有起动液喷嘴），将喷射罐出口对准进气歧管，轻压喷射罐单向阀，起动液喷出，随空气进入气缸，迅速着火燃烧，从而起动发动机。

12.2.4　发动机低温起动困难的故障分析【学生分组讨论】

提示：故障可能在电热塞。

12.2.5　电热塞检测【学生分组实训】

采用万用表的欧姆档，测量电热塞是否断路、短路和搭铁。

项 目 小 结

1. 起动系统主要由蓄电池、起动机、起动继电器、点火开关、安全开关（有的汽车采用）、低温起动预热装置等组成。

2. 发动机起动有手起动、电起动、汽油机起动、压缩空气起动和拖动等几种方式。现代汽车用发动机，均采用电起动方式。

3. 电起动机一般由直流电动机、控制装置和传动机构组成。

4. 直流电动机是将电能转变为机械能的设备，它由电枢总成、磁极、电刷与电刷架及其他附件组成。

5. 电起动机的传动机构主要组成部分是单向离合器。其作用是将电动机的动力传递给发动机飞轮，以起动发动机，而发动机起动后则断开发动机对起动机的逆向驱动。常见的单向离合器有滚柱式、摩擦片式及扭簧式。

6. 电起动机的控制装置一般是电磁开关，有的还采用了一些中间继电器。其作用是控制起动机驱动齿轮与发动机飞轮的啮合与分离以及电动机电路的通断。为了防止误操作而使起动机损坏，有些汽车的起动系统中采用了起动保护电路。

7. 起动机不转的可能原因有蓄电池无电或接头松动、点火开关损坏、起动机线路断路或接触不良、起动继电器接触不良、起动机电磁开关损坏、起动机电刷与换向器接触不良、起动机磁场绕组断路、起动机电枢绕组断路等。

8. 起动机主要检查项目有电枢轴的弯曲检查，整流子的检查，电枢线圈和磁场线圈的电阻、短路、断路、搭铁等检查。

9. 常见的低温起动措施有预热空气、预热机油、预热冷却液、喷起动液等方法。

项目 12　发动机起动系统

★ **知识与技能评价**

一、选择题

1. 电起动系统主要由蓄电池、起动开关、低温起动预热装置及（　　）等组成。
   A. 起动机　　　　B. 起动继电器　　　C. 发电机　　　　D. 点火线圈
2. 直流电动机一般由电枢总成、（　　）和外壳等其他附件组成。
   A. 起动开关　　　B. 磁极　　　　　　C. 电刷与电刷架　D. 预热塞
3. 电枢总成由电枢轴、电枢铁心和（　　）组成。
   A. 磁极　　　　　B. 电刷与电刷架　　C. 电枢绕组　　　D. 换向器
4. 有关单向离合器说法正确的是（　　）。
   A. 其作用是将电动机的动力传递给发动机飞轮以起动发动机，并有防止逆转动的作用
   B. 增加起动机功率
   C. 提高发动机的经济性
   D. 滚柱式单向离合器传递较大转矩时，滚柱容易卡住，不能满足大功率起动机的要求
5. 减速起动机的优点是（　　）。
   A. 采用了高速低转矩的电动机，可使起动机重量和体积减小，且便于安装
   B. 提高了起动机的起动转矩而有利于发动机起动
   C. 电枢轴较短而不易弯曲
   D. 起动机速度变快，可减小起动噪声

二、问答题

1. 图 12-20 所示为起动机电磁开关工作电路图，请将下列名称填入相应的序号中，并且说明电磁开关工作原理。

   磁极；电枢；吸引线圈；保持线圈；动铁心；动触点；拨叉；单向离合器；定触点；起动开关；驱动齿轮；电刷；拉杆。

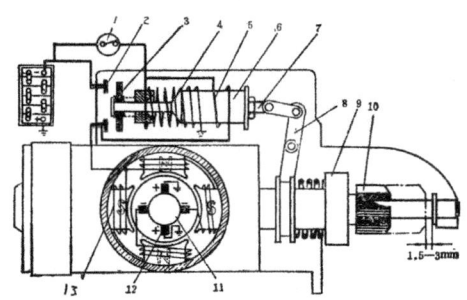

图 12-20　起动机电磁开关工作电路图

2. 画出 CA1091 汽车起动机保护电路图，并且说明起动机保护电路的作用原理。

三、实操题

1. 正确拆装一台电起动机，并进行起动机电枢，磁场线圈的断路、短路、搭铁检测和空载试验。

参 考 文 献

[1] 张西振. 汽车发动机电控技术 [M]. 2版. 北京：机械工业出版社，2011.
[2] 陈家瑞. 汽车构造 [M]. 3版. 北京：机械工业出版社，2009.
[3] 余志生. 汽车理论 [M]. 5版. 北京：机械工业出版社，2009.
[4] 麻友良，丁卫东. 汽车电器与电子控制系统 [M]. 2版. 北京：机械工业出版社，2011.
[5] 蔡兴旺，付晓光. 汽车构造与原理实训 [M]. 2版. 北京：机械工业出版社，2008.
[6] 王正健，苏斌. 现代汽车构造 [M]. 广州：华南理工大学出版社，2006.
[7] 闵永军，万茂松. 汽车故障诊断与维修技术 [M]. 北京：高等教育出版社，2006.
[8] 胡骅，宋慧. 电动汽车 [M]. 3版. 北京：人民交通出版社，2012.
[9] 马富康，董小瑞. 高压共轨式电控喷油系统在柴油机上的应用 [J]. 机械管理开发，2005（5）：50 – 53.
[10] 钱人一. 萨伯（SAAB）公司可变压缩比（SVC）控制概念 [J]. 汽车与配件，2003（36）：28 – 32.
[11] 衣宝廉. 燃料电池的原理、技术状态与展望 [J]. 电池工业，2003（1）：16 – 22.